中国艺术研究院 · 中国非物质文化遗产保护中心主办

中国泛海控股集团有限公司出资设立

第二届
中华非物质文化遗产传承人
薪传奖

主编 罗 微

文化艺术出版社
Culture and Art Publishing House

第二届
中华非物质文化遗产传承人薪传奖
获奖名单

（按姓氏笔画排序）

万政文	马进明	马金山	马金凤	王忠堂	王顺明	王素花
王景才	王毓宝	毛正聪	艾赛提·莫合塔		布　林	石九梅
石春彩	冯久和	尼玛次仁	邢传佩	邢春荣	邢晏芝	西合道
任跟心	刘登雄	闭克坚	杨似玉	杨坚平	李春珂	李增保
连丽如	吴　钊	吴明新	何凯英	张心一	张宝玉	张美芳
张登洋	张静娴	陆光正	阿瓦依·哈尼塞提		陈小旺	陈巧缘
陈育明	陈　林	宝音德力格尔		郎咸芬	柳惠武	洛桑多吉
姚忠贤	袁淑梅	徐秀棠	郭有珍	高凤莲	高公博	唐买社公
萨尔塔洪·哈德尔阿洪			黄云鹏	黄春财	符林早	蒯正华
谭元寿	潘柏林					

前　言

《庄子·养生主》中曰："指穷于为薪，火传也，不知其尽也。"这段话的意思是说，烛薪终有燃烧穷尽的时候，但火种却能传递下去，没有完结的日子。蕴含着中华民族特有的精神价值、思维方式和想象力的非物质文化遗产，如一簇光焰的文明之火，在掌握着非物质文化遗产的丰富知识和精湛技艺的传承人的口传心授的过程中，"薪传"一般"火传而不息"。为了支持和激励非物质文化遗产传承人从事实践和传承活动，中国艺术研究院·中国非物质文化遗产保护中心于2013年6月，再次与中国泛海控股集团有限公司合作主办了"第二届中华非物质文化遗产传承人薪传奖"。

"中华非物质文化遗产传承人薪传奖"（以下简称"薪传奖"），是我国首个由国家级非物质文化遗产专业工作机构设立的国家级专业奖项，每年评选一次，每次评选出60名杰出的非物质文化遗产传承人。"薪传奖"旨在表彰为中华非物质文化遗产传承作出杰出贡献的传承人和其他工作者，以推动我国非物质文化遗产的保护以及中华优秀传统文化的继承和弘扬。

非物质文化遗产不仅承载着历史，承载着中华民族的情感，体现着中华民族的生命力和创造力，而且作为不可或缺的文化资源，是促进当代文化发展、推动文化创新的重要基础。非物质文化遗产传承人是非物质文化遗产的重要承载者和传递者，肩负着延续优秀传统文脉、弘扬优秀传统文化的重要使命，是中华民族优秀传统文化绵延传承的重要力量。近十年来，在党和国家的高度重视、各级地方政府的大力支持、各级文化部门和广大文化遗产保护工作者的积极努力，以及社会各界的广泛参与下，我国的非物质文化遗产保护工作获得了快速发展，取得了令人瞩目的成绩，呈现出崭新的局面。我国的非物质文化遗产保护已从初始的比较单一的项目性保护，进入了整体性、系统性的科学保护阶段，并通过推动国际间合作、推进立法保护、探索形式多样的保护措施、加强理论研究等一系列保护实践，积累了非物质文化遗产保护的"中国经验"，不仅赢得广大人民群众的高度认同，而且也得到了国际社会的广泛肯定。

确保非物质文化遗产的传承性和发挥传承人在传承中的主体地位，是有效保护和传承非物质文化遗产的重要保证。中国共产党第十七届中央委员会第六次全体会议通过的《中共中央关于深化文化体制改革推动社会主义文化大发展大繁荣若干重大问题的决定》中明确指出："重视发现和培养扎根基层的乡土文化能人、民族民间文化传承人特别是非物质文化遗产项目代表性传承人，鼓励和扶持群众中涌现出的各类文化人才和文化活动积极分子，促进他们健康成长、发挥作用。"我国的非物质文化遗产保护工作进程中，在各地党委、政府部门的支持扶持下，各位传承人正是本着求真务实的精神，孜孜不倦、持之以恒的贡献着自己的力量，体现了宝贵的“薪传精神”。“薪传奖”的设立，对营造全社会重视非物质文化遗产传承和保护、尊重传承人的良好氛围起到了明显而积极的作用；对全面履行我国非物质文化遗产“政府主导、社会参与，明确职责、形成合力；长远规划、分步实施，点面结合、讲求突破”的工作原则起到了积极作用；对逐步建立非物质文化遗产传承保护的社会激励机制，探索符合非物质文化遗产自身规律的保护方式，激发非物质文化遗产薪火相传的内在动力具有重要意义。

中国艺术研究院·中国非物质文化遗产保护中心作为非物质文化遗产科学保护的理论研究和工作实践的国家级专业工作机构，伴随着我国的非物质文化遗产保护历程，走过了不平凡的十年。十年来，我国非物质文化遗产保护所取得的成果，已成为凝聚民族情感、绵延民族精神的重要基础。相信随着“薪传奖”的继续举办，它所产生的社会影响必将越来越大，对广大传承人，对非物质文化遗产的保护与传承，对文化事业的推进，也将发生越来越重要的作用。

编者

2013年7月

目　录

王文章
中国艺术研究院院长
中国非物质文化遗产保护中心主任

在“第二届中华非物质文化遗产传承人薪传奖”颁奖仪式上的致辞

尊敬的各位传承人、各位嘉宾：

大家上午好！

今天，“第二届中华非物质文化遗产传承人薪传奖”颁奖仪式在中国艺术研究院隆重举行。受蔡武部长委托，我首先代表蔡武部长并代表中国艺术研究院和中国非物质文化遗产保护中心，向本届“中华非物质文化遗产传承人薪传奖”（以下简称“薪传奖”）的获奖者表示衷心的祝贺！

文化是一个民族的血脉，也寄寓着人民大众的精神家园，中华民族有着悠久的文明史和深厚的文化积淀。活态传承的非物质文化遗产，是中华民族优秀传统文化的重要组成部分。在我们的文化认知体系中，中国传统文化的核心由儒家文化、道家文化、佛教文化组成，但呈现为中华民族生产方式和生活方式形态的非物质文化遗产，其价值却长期未得到应有的重视。实际上，它同儒家文化、道家文化和佛教文化一起，共同构成中华民族传统文化的主体。我们应不断深入认识非物质文化遗产的价值，发动全社会的力量保护、保存那些承载着我们民族记忆、文化轨迹的非物质文化遗产。随着中国非物质文化遗产保护工作的有力推进，目前全社会对非物质文化遗产的重要价值的认知在不断深化，传承和弘扬中华民族传统文化、保护非物质文化遗产的观念已经深入人心。

我国的非物质文化遗产保护工作虽然起步比较晚，但是近十多年来，在党中央、国务院的领导和重视下，我们遵循科学保护非物质文化遗产的原则，并加强与联合国教科文组织和国际间的合作，全面推进了保护工作，得到了国际社会的高度评价。我国在非物质文化遗产保护工作实践中取得的成果与经验主要体现在以下三个方面：

第一，在中国非物质文化遗产保护工作实践中，对传承人的保护是其中的一个重要内容。这种保护就是确立他们在保护工作中的主体地位，并支持他们能够在适宜的环境中创造性地传承。中国的非物质文化遗产保护取得了重要的成果，离不开各级传承人作出的突出贡献，奖励和肯定他们，这也正是我们设立"薪传奖"的初衷。设立"薪传奖"，就是要承认非物质文化遗产传承人的价值，给予他们应有的尊重、肯定与地位，促进非物质文化遗产传承人的作用得以更好地发挥。

第二，我国在十几年的非物质文化遗产保护实践中已形成一个较为科学、健全的保护体系。在这方面，我们重要的经验是：遵循非物质文化遗产自身的传承规律，针对不同形态的项目，采取不同的保护方式。通过普查建立和公布国家级项目名录，建立国家级项目代表性传承人名录公布制度，还有推进整个保护体系和保护措施的不断完善，这都为我国非物质文化遗产保护工作持续健康发展奠定了基础。

第三，我国在非物质文化遗产的立法保护方面取得了重要成果。2011年2月25日，全国人大常委会通过了《中华人民共和国非物质文化遗产法》（以下简称《非遗法》），2011年6月正式实施，使我国的非物质文化遗产保护工作有了根本性的法律依据和保障。新中国成立之后，第一部文化立法是《中华人民共和国文物保护法》，《非遗法》是第二部文化立法。立法要经历一个非常严密和复杂的过程，我参与了这部《非遗法》酝酿、调研、讨论的过程。当时，在我国非物质文化遗产急需保护，形势任务极为紧迫的情况下，各级文化部门和立法部门加紧完成各项筹备工作，积极推进了《非遗法》的建立。随着《非遗法》的进一步贯彻落实，我国的非物质文化遗产保护工作会得到更为科学健康的发展。

总之，中国的非物质文化遗产保护工作之所以能取得今天这样的成果，是因为有党中央、国务院的高度重视与支持，有社会各界的广泛参与。其中，各级传承人的传承活动发挥了主体作用，非物质文化遗产保护成果凝聚了每一位传承人的不懈努力。

非物质文化遗产是以活态方式存续，以人的实践活动为主要载体。传承人肩负着非物质文化遗产的传承任务，承载着延续传统文脉的使命，对确保非物质文化遗产传承内在动力的恒定性和持久性，起到不可替代的作用。非物质文化遗产传承的主体是各项文化遗产的持有人，各名录项目代表性传承人是持有人中的核心组成部分，自然是非物质文化遗产传承的主体核心。在首届《中华非物质文化遗产传承人薪传奖》的画册上我们可以看到，获奖传承人在艰苦的工作环境中，毫无保留地以口传心授的方式言传身教，使自己掌握的传统技艺，能够在文化多元及形态多变的当今时代得以传承，为保证中华民族文化传统、文化根脉的延绵不绝作出了贡献。所以，我们大力宣传和呼吁提升传承人的作用，呼吁提升传承人的地位，尊重传承人的传承实践活动，是非物质文化遗产保护工作持续健康发展的基础，也是设立“薪传奖”的必要性和紧迫性的体现。比如在第二届“薪传奖”颁奖仪式即将举办之时，有一位获奖传承人、著名蒙古族长调民歌演唱家宝音德力格尔因病去世。在我们心情感到无比沉痛的同时，略感欣慰的是这位传承人用毕生精力传徒授艺，使她的艺术生命仍能够在众多的后继传承人身上得以延续，这也是进行非物质文化遗产传承的重要意义所在。因此，保护代表性传承人是中国非物质文化遗产保护工作的重要内容。

代表性传承人不仅肩负着延续传统文脉的使命，彰显着非物质文化遗产实践能力的最高水平，还不断地将天才般的个性创造融入到遗产实践活动中。文化的发展需要不断推陈出新，非物质文化遗产保护不是为了留住历史，而是要着眼于在继承优秀文化传统的基础上，进行文化创新。创新是非物质文化遗产传承很重要的一个方面，传承人在认真学习、地道地继承传统的过程中，以自己的思考与体验赋予非物质文化遗产以时代的新创造，用创新元素去丰富既有的传统。因此，我希望各位传承人在今后的传承中，能继续发扬以往的奉献与创新精神，把中华民族的非物质文化遗产在你们手上一代代传承下去。

“薪传奖”的设立，全面贯彻了我国非物质文化遗产保护“政府主导、社会参与，明确职责、形成合力；长远规划、分步实施，点面结合、讲求突破”的工作原则。文化的繁荣发展，非物质文化遗产保护取得的成绩，一方面是党中央、国务院的高度重视和支持、正确领导的结果；再一方面得益于社会各界的广泛参与和积极支持。在这里我要特别提到，中国泛海控股集团有限公司董事长卢志强先生无任何条件地出资支持创立“薪传奖”，就是高度体现了社会自觉参与非物质文化遗产保护的一种责任心。

文化部高度重视和支持“薪传奖”的举办，2012年6月6日，在首届“薪传奖”举行颁奖仪式时，蔡武部长写来贺信，他在信中指出："'薪传奖'不仅对提升非物质文化遗产传承人的社会影响力，营造全社会尊重传承人的良好氛围具有积极作用，还将对逐步建立非物质文化遗产传承保护的社会激励机制，探索符合非物质文化遗产自身规律的保护方式，激发非物质文化遗产薪火相传的内在动力产生深远的影响。希望大家以此次活动为契机，共同努力，在推动中华优秀传统文化的传承与弘扬工作中作出更大的贡献，取得更好的成绩！"一年来，"薪传奖"的评选在社会上引起了热烈的反响。各位获奖传承人在以更大的积极性、创造性做好非物质文化遗产传承的同时，社会影响力得到进一步提升。在此基础上，今天举行第二届"薪传奖"颁奖仪式。中国泛海控股集团有限公司在出资设立"中华艺文奖"之后，再次出资设立"薪传奖"，更加体现其"得益于社会、奉献于社会"的企业社会责任感，体现了社会参与在非物质文化遗产保护工作中的重要作用。

"薪传奖"作为一个长期设立的奖项，将会越办越好。随着"薪传奖"的继续举办，它所产生的影响必将越来越大，对广大传承人，对非物质文化遗产的保护与传承，对文化事业发展的推进，也将发生重要的作用。作为非物质文化遗产保护主体的传承人与社会各界的力量汇集在一起，一定会营造出全民参与非物质文化遗产保护的良好氛围。我相信，在我们的共同努力下，我国的非物质文化遗产一定会薪火相传，为实现中华民族富强的"中国梦"发挥应有的作用。

最后，我再一次代表中国艺术研究院和中国非物质文化遗产保护中心向获奖的传承人致敬，向今天到会的各位来宾表示感谢！

谢谢大家！

2013年6月6日

徐建兵

中国泛海控股集团有限公司副总裁

在“第二届中华非物质文化遗产传承人薪传奖”颁奖仪式上的致辞

尊敬的王院长，各位专家、艺术家，各位嘉宾：

大家好！

首先我代表中国泛海控股集团，在这里向获得“第二届中华非物质文化遗产传承人薪传奖”的传承人表示热烈的祝贺！同时对主办方和全国各地非物质文化遗产保护中心同志们的辛勤工作表示衷心的感谢！

刚才听了王院长的讲话深受启发和感动。中国泛海是伴随着改革开放发展起来的民营企业，“得益于社会、奉献于社会”是我们长期以来秉持的核心价值观，能够为中华非物质文化遗产的传承和保护尽绵薄之力，是我们的荣幸，更是我们的责任和孜孜以求的愿望。

非物质文化遗产的保护需要广大艺人的聪明智慧和不懈的坚守努力，保护和利用好我国非物质文化遗产，使其世代传承，并不断发扬光大，是我们每一个中华儿女义不容辞的责任。

参与设立“薪传奖”，不仅让我们感受到为中华非物质文化遗产保护尽一份心愿的自豪感，更为重要的是，在这个过程中，我们见证了中华民族非凡的智慧和伟大的创造力。“薪传奖”的评选，已经引发更多的人们开始关注和思考非物质和精神文化领域，这正是“薪传奖”非同寻常的意义和价值。

真诚希望“薪传奖”越办越好，在中华文化的弘扬和传承中承担起更多的责任和使命，真诚希望通过“薪传奖”

这一活动，不断为中国经济发展和社会进步营造文化氛围，增添文化底蕴，不断凝聚起中华儿女的精神力量，为实现中华民族伟大复兴的“中国梦”提供更多的支持和保障！

谢谢大家！

2013年6月6日

祁庆富
国家非物质文化遗产保护工作
专家委员会委员
中央民族大学教授

薪火传无尽，春从腊底生

—— 在“第二届中华非物质文化遗产传承人薪传奖”颁奖仪式上的发言

尊敬的各位传承人，尊敬的女士们、先生们：

2001年，由中国艺术研究院主持申报的“昆曲”项目成为联合国教科文组织首批“人类口头和非物质遗产代表作”，时至今日已过去12年了。

2003年，文化部、财政部联合国家民委、中国文联启动了中国民族民间文化保护工程，并在中国艺术研究院设立中国民族民间文化保护工程国家中心专业工作机构。这个中心，就是今天“薪传奖”主办方中国非物质文化遗产保护中心的前身之一。民族民间文化保护工程，奠定了在我国随之而来的声势浩大的非物质文化遗产保护工作的基础，距今整整10年。

10年前，我的老师、著名的人类学家、民族学家宋蜀华先生作为保护工程专家委员会委员，在中国艺术研究院参加了周和平、王文章先生主持的首次工作会议。正是在老师的带动下，从这一年起，我也跻身于非物质文化遗产保护工作的行列。

在人类的历史发展进程中，10年，不过是弹指一挥的瞬间。然而，就非物质文化遗产传承保护而言，却是个应当载入史册的不平凡的重大时期。

2006年元宵节期间，“中国非物质文化遗产保护成果展”在国家博物馆举办。在公共汽车上，我听到两位上年纪的女性“老北京”的对话，一位说：“在历史博物馆有个‘非什么’展览，可好看啦。”另一位说：“不用买票吧？我得带我孙子去看！”她们的对话让我真的感动。这个展览，把非物质文化遗产保护的理念传给民众，让“老北京们”感动，让老百姓感动！从10年前世人还说不清“非物质文化遗产”这个拗口的语词，到非物质文化遗产写进党的十七大报告，国家出台《中华人民共和国非物质文化遗产法》，如今“非物质文化遗产”已成为社会流行、耳熟能详的常用语汇，非物质文化遗产保护已经在全社会深入人心。

可以说，10年来，我国的非物质文化遗产保护事业感动了中国、感动了世界，以一种前所未有的空前浪潮，向全社会传递中华民族优秀的传统文化的正能量！

非物质文化遗产以其多姿多彩的表现形式和丰富深刻的内涵，体现着中华民族非凡的智慧和伟大的创造力，彰显了中华民族独特的品格和气质，是联结中华民族情感的精神纽带，是促进文化创新和经济社会发展的一种源泉和动力，是维护世界文化多样性和创造性的鲜活体现。非物质文化遗产保护工作焕发出来的正能量，是坚持可持续发展，“守护我们的精神家园”，实现“中国梦”的不可或缺的宝贵精神支柱。

去年，王文章先生在“中华非物质文化遗产传承人薪传奖颁奖仪式”上的讲话中说：“传承人作为非物质文化遗产的重要承载者和传递者，掌握并承载着非物质文化遗产的知识和精湛技艺，是确保非物质文化遗产生生不息、代代相传的最为重要的载体。代表性传承人不仅肩负着延续传统文脉的使命，彰显着遗产实践能力的最高水平，而且对确保非物质文化遗产传承内在动力的持久恒定发挥着不可替代的作用。”这是对传承人、代表性传承人作用的准确、明晰的定位。

今天获奖的各位代表性传承人求真务实、孜孜不倦、持之以恒，为传递中华民族非物质文化遗产正能量作出了突出贡献。在你们身上，体现出的宝贵“薪传精神”，应当在全社会发扬光大！你们是非物质文化遗产保护的楷模，值得全社会学习！

《中华人民共和国非物质文化遗产法》第二条：“本法所称非物质文化遗产，是指各族人民世代相传并视为其文化遗产组成部分的各种传统文化表现形式，以及与传统文化表现形式相关的实物和场所。”“视为”是指遗产“持有人”（社区、群体和个人）事先知情和自愿认可，规定了遗产“持有人”的主体地位。遗产是“自己”“视为”，而不是由外界“被视为”。非物质文化遗产传承的主体是“持有人”，名录项目代表性传承人是“持有人”中的核心组成部分，自然是非物质文化遗产传承的主体的核心，承担着非物质文化遗产保护的主体的重要历史使命。

非物质文化遗产保护工作根本在于使非物质文化遗产“世代相传”。我国非物质文化遗产保护的工作原则是：

“政府主导、社会参与，明确职责、形成合力；长远规划、分步实施，点面结合、讲求突破。”“工作”的“主导”是非物质文化遗产保护工作的主体，但不是取代遗产持有人的主体地位，其目标是提供保障使“视为其文化遗产”的主体在传承中的地位不受到干扰、损害，使该遗产的真实性、整体性和传承性得到保障。

“薪传奖”是由国家非物质文化遗产保护专业机构中国非物质文化遗产保护中心主办的非物质文化遗产保护工作的重要活动，具体体现了“政府主导”的导向性，不仅对提升非物质文化遗产传承人的社会影响力，营造全社会尊重传承人的良好氛围具有积极作用，还将对逐步建立非物质文化遗产传承保护的社会激励机制，探索符合非物质文化遗产自身规律的保护方式，激发非物质文化遗产薪火相传的内在动力产生深远的影响。

中国泛海控股集团有限公司出资设立的“中华非物质文化遗产传承人薪传奖”，具体体现了“社会参与”在非物质文化遗产保护中的重要作用。“薪传”不仅是非物质文化遗产名录项目代表性传承人的义务，也是所有有志于弘扬中华民族优秀传统文化人士的共同追求，我希望通过“薪传奖”，激励、激发出全社会更多、更大保护非物质文化遗产文化自觉的正能量。

“薪火相传”典故出自《庄子·养生主》：“指穷于为薪，火传也，不知其尽也。”明朝后期浙江宁波鄞县有位文士陈之龙（字士夔，号渤海）有感，写过一篇《除夕立春》诗：

薪火传无尽，春从腊底生。
合分知岁序，断续似交情。
柏叶随傩鼓，椒花带爆声。
客中浑得醉，此夕有余情。

诗人在新春伊始寄托了薪火相传的无限深情。在“薪传奖”颁奖之时，我也怀着无比喜悦之情，谨向“薪传奖”的获奖者们表示热烈的祝贺，也向设立“薪传奖”的有关人士表达由衷的敬意！祝愿“薪传奖”越办越好，祝福非物质文化遗产世代相传，“不知其尽”！

谢谢！

2013年6月6日

袁淑梅
第四批国家级非物质文化遗产项目
评剧代表性传承人

传承评剧艺术，为社会主义文化繁荣贡献力量

—— 在“第二届中华非物质文化遗产传承人薪传奖”颁奖仪式上的发言

尊敬的各位领导、各位专家：

大家上午好！

今天，由中国艺术研究院·中国非物质文化遗产保护中心主办的“第二届中华非物质文化遗产传承人薪传奖颁奖仪式”，在这里隆重举行。我作为国家级非物质文化遗产项目评剧代表性传承人获此殊荣，感到无比的荣幸与自豪。在此，首先感谢中国非物质文化遗产保护中心和河北省、石家庄市非物质文化遗产保护中心多年来对我的支持与厚爱，对培养和帮助我的各位领导和老师们表示崇高的敬意和深深的谢意，对今天到场的各位专家和各界朋友表示最美好的祝愿。

评剧是近百年来成长较快、流布较广、影响较大的剧种之一，是集文学、表演、音乐、美术、舞蹈于一体的综合艺术，在京、津、冀及东北三省等地区流行很广。评剧的艺术特点以唱工见长，吐字清楚，唱词浅显易懂，演唱明白如诉，表演生活气息浓厚，有亲切的民间味道。

我从事评剧艺术表演30多年，1996年获得中国戏剧“梅花奖”，一路走来，付出了很多，也收获了很多。30多年来，每一场戏的排练和演出，我都力求精益求精，力争让观众欣赏到最完美的评剧艺术，让观众真正领略到评剧艺术的魅力。在评剧表演和传承过程中，我更注重评剧的创新，先后创作、主演了《西柏坡》、《淀上人家》、《月嫂》、《天山丽人》等一批弘扬时代主旋律的精品剧目，先后荣获第十四届中国戏剧“梅花奖”，第三届全国“五个一工程”奖，“华表奖”、“飞天奖”、“金鹰奖”、“中国人口文化奖”，第五届“中国评剧艺术节”“优秀表演奖”等多个奖项。2002年评剧现代戏《西柏坡》两次晋京在中南海和全国政协礼堂演出，领导同志对该剧给予了关注和好评。

这些荣誉不仅给我的评剧艺术生涯以更多鼓励，而且更坚定了我从事评剧创作和传承评剧艺术的信心。

当今社会飞速发展，社会文化也经历着前所未有的深刻变革。传统文化艺术也遇到了不少危机，这使我认识到不仅要继承好前辈们的艺术成就，搜集、整理有关评剧发展历史和名家的唱腔、剧本、音像等资料，还要把传统艺术传承下去，培养好接班人。1999年，在上级领导的大力支持下，我发起创办了“精英袁淑梅艺术学校”，招收学生近百名，原民盟中央主席费孝通为学校欣然题词。在多年的精心培养下，现在学生们已崭露头角，排演了《花为媒》、《乾坤带》、《小放牛》等几十出优秀传统剧目，多人先后获得“小梅花奖”、“优秀青年演员奖”等多个奖项，现已成为剧团的新生力量，为传承评剧艺术储备了一批优秀的后备人才。为让更多的青年观众喜爱评剧，我充分发挥评剧传承人的自身优势和影响力，用电视剧、电影、动漫、网络等多种群众喜闻乐见的形式，传播和弘扬评剧艺术。在我发起创作的动画电影《西柏坡》中用评剧形式演唱主题曲，得到了青少年观众的认可和好评，取得了很好的传播效应。

为更好地抢救和保护“评剧”剧种，2012年，在各级领导的大力支持下，我们石家庄市评剧院一团成立了评剧传承基地，并于9月正式开课。传承基地依据评剧艺术的自身特点制定了严密的教学计划和管理制度，我作为国家级非物质文化遗产项目评剧的代表性传承人，积极做好“传帮带”工作。目前，学员在唱念和表演等方面已取得了明显进步。看到学生一天天进步，传承队伍一天天壮大，我感到无比高兴与自豪。这也是对各级领导和老师多年来给予我关心与培养的最好回报。

传统艺术不是一成不变的，应该随着时代的发展而发展。我作为评剧“非遗”传承人，将用更好、更有效的形式传播评剧，全心全意做好传承工作，不辜负各级领导多年来对我的培养和帮助。我相信在全社会的关心支持下，传统艺术必将迎来更美好的明天。

最后，再次对本次活动的主办单位中国艺术研究院·中国非物质文化遗产保护中心和“薪传奖”出资方表示最诚挚的谢意！

谢谢大家！

2013年6月6日

黄云鹏
第四批国家级非物质文化遗产项目
景德镇手工制瓷技艺代表性传承人

培养后继人才，继承与弘扬景德镇手工制瓷技艺

—— 在“第二届中华非物质文化遗产传承人薪传奖”颁奖仪式上的发言

尊敬的各位领导、各位专家、各位同仁：

大家好！

我作为国家级非物质文化遗产项目景德镇手工制瓷技艺代表性传承人，荣获“第二届中华非物质文化遗产传承人薪传奖”，这是对我在非物质文化遗产传承与保护方面所做工作的高度肯定。在此，我怀着非常激动的心情，对中国艺术研究院·中国非物质文化遗产保护中心、中国泛海控股集团有限公司和评审专家表示衷心的感谢和崇高的敬意。

千余年来，景德镇历代能工巧匠，在创作无数陶瓷艺术珍品的同时，更创造了对中外陶瓷文化发展具有重要影响的景德镇手工制瓷技艺这一优秀的非物质文化遗产表现形式。我自1962年跨入景德镇陶瓷学院学习时，就开始学习、考查、研究、践行着这份让人崇敬痴迷的非物质文化遗产。至今，我学习的、工作的、爱好的、梦想的都是它。五十年来的经历即使有过不少艰辛，也是非常愉快的。由于痴迷，我取得了一点成绩，发表过十余篇论文，出版过专著《黄窑说瓷》，和同事们编辑出版了《古陶瓷画册》三册、《元青花论文集》一册等学术研究成果；仿古瓷作品被中国国家博物馆、故宫博物院收藏，有的作品还成为国家领导人的外事活动的礼品。我创作的青花瓷作品获中国工艺美术“百花奖”银奖等。

自1980年被国家文物局聘为扬州文物干部培训中心的教师以来，我一直教授“景德镇古陶瓷鉴定”与“古陶瓷工艺知识”这两门课程。2004年至今，由我任会长的景德镇国际陶瓷文化交流中心，开办了“景德镇古陶瓷鉴定研修班”共22期，国内外前来学习的学员共达七百多人次。1980年我在景德镇陶瓷馆工作时，就与馆内几位同事开始做高仿瓷和创作陶瓷新作品。1993年我创办了“景德镇佳洋陶瓷有限公司”，生产高仿古瓷和熔古创新的艺术瓷、实用瓷，所采用的生产工艺都是历代优秀的手工制瓷工艺。仿古瓷力求“乱真”，创新产品必须具有民族风格、地方风格和时代气息。公司创办后，我们深入全面地对景德镇手工制瓷技艺进行保护和传承。我把原料配方、拉坯、利坯、施釉、画瓷、雕刻、烧窑炉等主要工种的高级技艺人才选进厂里工作，他们其中包括身怀绝技的名家。1995年我开始带徒弟，并动员有高级技艺的师傅带徒弟。自2008年起，公司广招陶瓷高校毕业生就业，并与景德镇陶瓷工艺学院、景德镇市高等专科学校实行校企合作，在校美术系设立了根据公司人才需要定向培养的“佳洋班”。为新老员工和“佳洋班”学员上课，是我工作的重要部分。我们公司高级手工制瓷的技艺人才都是自己培养出来的。由于我们注重德艺双馨人才的培养，公司企业文化、品牌、效益等年年大幅提升。今年公司规模由创办时的十几人发展到280人，产值由几万元上升到两千多万元，2012年上交税收279万元，我正式带的徒弟30余人，有的已成为教授、高级工艺美术师和市级传承人。

“薪传奖”的殊荣，是对我的激励和鞭策。我将立足本职，为进一步推动非物质文化遗产的保护和景德镇手工制瓷技艺更好地薪火相传而不懈奋斗！

谢谢大家！

2013年6月6日

第二届中华非物质文化遗产传承人薪传奖

获奖者介绍

万政文

Wan Zhengwen

木鼓舞（反排苗族木鼓舞）项目代表性传承人

苗族，贵州省黔东南苗族侗族自治州人，1951年出生，第二批国家级非物质文化遗产项目木鼓舞（反排苗族木鼓舞）代表性传承人。

木鼓舞（反排苗族木鼓舞）是一个生发于原始宗教的祭祀性舞蹈，源于祭鼓节，已有1000多年的历史。木鼓舞（反排苗族木鼓舞）由“牛高抖”、“牛扎厦”、“厦地福”、“高抖大”、“扎厦耨”5个鼓点章节组成，采用单击、合击、交错敲击等演奏手法，鼓点配合舞蹈动作，节奏明快。祭鼓节每7年举办一届，木鼓舞（反排苗族木鼓舞）是苗族祭鼓节的重要活动环节。

万政文擅长反排木鼓舞鼓点敲击。他在务农之余，坚持在贵州省台江县传授反排木鼓舞鼓点敲击法、芦笙吹奏和舞步跳法。万政文在台江县方召乡的各中小学校开展“木鼓舞进课堂”活动，长期担任贵州省台江县方召乡反排村小学的木鼓舞老师，并把反排木鼓舞的各步法编入学校的广播体操中让学生日常练习。

万政文担任贵州省台江县方召乡反排村村歌舞团团长，自任辅导老师。近年来，万政文经常带村歌舞团外出表演反排木鼓舞，先后到西安、北京、广西、深圳、上海及中国香港和美国等地演出，参加了“全国第三届少数民族传统体育运动会”，1988年举办于美国华盛顿的中、日、苏、美“四国艺术节”，1990年举办的“第十一届亚运会艺术节”，1990年的“国庆41周年联欢晚会”等演出。培养出40余名学徒，有的徒弟已经被列入贵州省级、黔东南苗族侗族自治州级非物质文化遗产传承人。

△万政文与徒弟们演出反排苗族木鼓舞

▽万政文在给徒弟示范反排苗族木鼓舞舞蹈动作

△万政文带领徒弟表演反排苗族木鼓舞

▽万政文在传授木鼓敲击技艺

▽万政文与徒弟们演出反排苗族木鼓舞

马进明

Ma Jinming

撒拉族篱笆楼营造技艺代表性传承人

撒拉族，青海省循化县人，1947年出生，第三批国家级非物质文化遗产项目撒拉族篱笆楼营造技艺代表性传承人。

撒拉族篱笆楼是流行于青海省循化孟达地区、甘肃省积石山县关门一带的撒拉族地区的代表性传统建筑样式，因楼体大部分背侧墙以篱笆编成，故称撒拉族篱笆楼。早在元末明初，撒拉族人因社会经济、居住生活所需，集周边多民族民居建筑文化精艺，开发利用就近丰富的山村河石资源，以上下两层带廊通柱造土平顶的建筑形制，雕檐花栏、板格门扇、花格摘窗，融木、土、石作、编笆的建筑工艺为一体，创建了木结构为主的篱笆楼建筑。在整个明代和清代前期，随着撒拉族人民经济、文化生活的发展，篱笆楼建筑进入兴盛时代，当时循化八宫之一的孟达中心村区，成为篱笆楼建筑之都，该村现为全国古篱笆楼遗存重点的村区。

居住在靠近孟达林区的马进明自幼随父学习篱笆楼营造技艺编笆技术。1973年，马进明参加工作后，仍然坚持学习传承篱笆楼营造技艺。尤其在从事文物保护工作的20多年中，他在多次调查的基础上潜心研究篱笆楼营造技艺。在秉承传统的原则下，他不断改良工艺技法，提高了篱笆楼的牢固性和美观性。

马进明自2008年以来，协助文化部门整理篱笆楼营造技艺的相关资料，并发表了《论撒拉族古民居篱笆楼的建筑》专业论文。为了促进篱笆楼营造技艺的传承，马进明积极争取资金，用以培养后继人才。他曾前后举办了三期人员规模为20人的培训班，重点培养了5名县级篱笆楼营造技艺传承人，为传承撒拉族篱笆楼营造技艺作出了突出贡献。

△马进明修复的篱笆楼（马光辉 摄）

▽马进明在安置门窗框架（韩立军 摄）

△1｜2
马进明在向徒弟示范刨桩技艺（马晓红 摄）

▽马进明在查验篱笆（韩立军 摄）

△1｜2 马进明在向徒弟传授编笆技艺（马晓红 摄）

▽马进明在锯桩梢（韩立军 摄）

马金山

Ma Jinshan

花儿（松鸣岩花儿会）代表性传承人

东乡族，甘肃省临夏回族自治州人，1946年出生，第二批国家级非物质文化遗产项目花儿（松鸣岩花儿会）代表性传承人。

花儿是广泛流传于甘、青、宁及新疆四省区，使用当地方言土语演唱的一种山歌，俗称“野曲”（与“家曲”即“宴席曲”相对），又称“少年”。其演出形式主要有日常生产、生活中的即兴演唱与“花儿会”两种。“花儿会”是一种大型民间歌会，又称“唱山”。松鸣岩花儿会是河湟地区著名的花儿会场之一，每逢农历四月二十六至二十九在甘肃省和政县国家级森林公园松鸣岩举行，也因而得名。松鸣岩花儿会属河州花儿，以曲令多、唱词丰富、结构工整而独成体系：有独唱、对唱、齐唱等演唱形式；唱词内容有历史故事、风土人情、男女情爱等。每年花儿会期时，花儿爱好者及各族群众数万人聚集松鸣岩，在山坡、草坪、山口、林中放声歌唱，绘成独特的民族风情画卷。

马金山自幼跟随父母学唱民歌，七八岁时即能演唱花儿，后正式拜师学艺。马金山尤其擅长演唱河州花儿、打调和回族宴席曲，并且能演奏咪咪、唢呐、板胡等民族乐器。马金山不仅是一位花儿演唱高手，而且为记录和整理原生态的花儿、传承松鸣岩花儿发挥了积极作用。

1985年，马金山为《中国民间歌曲集成·甘肃卷》录制了10多首原生态花儿、打调曲。2011年，马金山整理了大量原生态花儿曲令和唱词，出版了《松鸣岩原生态花儿》一书。2006年4月，马金山在政府和文化部门的支持帮助下，建起了甘肃省临夏回族自治州和政县花儿艺术学校，义务举办青少年花儿歌手培训班，至今已培养出20多名歌手，其中有不少学生已经取得很好成绩。同时，马金山还为和政县儿所学校的学生和松鸣镇的青少年免费传授花儿曲令。马金山带领自己的学生常年在松鸣岩景区为游客演唱花儿，为传播、传承花儿艺术作出了贡献。

△马金山向小学生传授二胡演奏技艺

▽马金山带着徒弟练习花儿演唱

（朱旭龙 摄）

1|2 马金山带着徒弟进行花儿演唱练习（朱旭龙 摄）

马金凤

Ma Jinfeng

豫剧代表性传承人

汉族，河南省洛阳市人，1922年出生，第二批国家级非物质文化遗产项目豫剧代表性传承人，享受国务院政府特殊津贴专家，洛阳市豫剧团一级演员，中国戏曲学院荣誉教授。

豫剧也叫河南梆子、河南高调、河南讴，豫西山区则称之为靠山吼，是我国梆子声腔剧种中极为重要的一支，深受广大人民群众的喜爱。豫剧主要流行于河南省，在全国各地都有流传，至今已有上百年的传承历史。豫剧在生成和发展时期，汲取了昆腔、吹腔、皮簧及其他梆子声腔剧种的艺术元素，同时广泛吸收河南民间流行的音乐、曲艺说唱和俗曲小令，形成了朴直淳厚、丰富细腻、富于乡土气息的剧种特色。

马金凤生于山东曹县，是豫剧“马”派的创始人，其艺术特点是嗓音明亮纯净，唱腔舒展清脆；唱法以假声为主，真假声结合运用；唱工以豫东调、“二八板”大段叙述性为擅长。马金凤3岁随父学艺，7岁登台，先后师从马双枝、周海水等；1953年拜到梅兰芳先生门下为徒。马金凤融青衣、武旦、刀马旦等表演程式为一体创立了“帅旦”行当，塑造了气宇轩昂、雍容大度的巾帼英雄形象。马金凤先后出演过200多出传统剧目和新编历史剧《神都女皇》及《野火春风斗古城》等现代戏剧目。她的代表剧目《穆桂英挂帅》、《花打朝》、《花枪缘》久演不衰，并先后被搬上银幕。马金凤获得了文化部艺术终身成就奖、中国戏剧终身成就奖、中国豫剧艺术终身成就奖、中宣部“五个一工程”奖、中国金唱片奖等重要奖项。

马金凤常年率团到全国各地演出，平均每年演出200多场；先后12次进京汇报演出；两次赴台湾演出并讲学，促进了海峡两岸的文化交流。近年来，马金凤致力于豫剧教学，被聘为郑州大学名誉教授、上海东方卫视“非常有戏”大学堂教学指导、中国戏曲学院荣誉教授。她毫不保留地传授豫剧艺术，和学生同台演出，给学生演配角。目前，已培养出的160余名专业演员中，已有弟子获得了中国戏剧奖和白玉兰奖、梅花奖等重要奖项，多人已成为剧团的台柱子或国家一级演员。马金凤还培养了许多票友弟子，为豫剧艺术的传承、传播和发展作出了突出贡献。

△马金凤在传授豫剧《穆桂英挂帅》

▽马金凤携弟子同台演出豫剧《穆桂英挂帅》

△ 马金凤带领中国戏曲学院的学生演出《穆桂英挂帅》

1/2 ▷

1 马金凤与恩师梅兰芳先生合影

2 马金凤12岁时演出《小花园》剧照

△ 中年马金凤在豫剧《穆桂英挂帅》中扮演穆桂英

王忠堂

Wang Zhongtang

东北二人转代表性传承人

汉族，吉林省长春市人，1934年出生，第二批国家级非物质文化遗产项目东北二人转代表性传承人。

二人转是中国东北地区的走场类曲艺唱曲形式，广泛流传于吉林省、辽宁省、黑龙江省及内蒙古自治区东部地区。因表演时载歌载舞、曲舞相衬，故旧名小秧歌、“蹦蹦”。用东北方言说唱表演，一般认为约在清代中期由东北大秧歌与关内传来的莲花落融合而成。它在发展中广泛吸收东北民歌、太平鼓、东北大鼓等姊妹艺术的音乐唱腔和表演技巧，唱腔曲调异常丰富。二人转不仅有作为主体的“双玩艺”及多人唱叙演出的“群唱”形式，还有属于小戏体裁，如“单出头”和“拉场戏”等形式。

王忠堂，又名王中堂。1945年拜著名老艺人王云朋（艺名：双红）为师学习二人转艺术，初学唱上装（女角），艺名“浪丫儿”。1952年，王忠堂进入舒兰文工团（后改为评剧团）唱小生，先后在九一三八部队歌舞团、榆树县评剧团和地方戏团、吉林省地方剧院、吉林省二人转实验剧团等单位工作，做过演员、导演、身段教员等工作。从1978年至今，在吉林省戏曲学校任教师，现任吉林省戏曲学校高级讲师。

王忠堂近年来培养了多名二人转演员，2010年，王忠堂正式收了8名徒弟，其中有徒弟分别获得了全国曲艺大赛“牡丹奖”提名奖、“全国小戏调演”个人表演一等奖等重要奖项。还有多名徒弟已经成为地方二人转剧团的主要演员。为更好地传承二人转这门极具地方特色的演艺形式，王忠堂贡献了自己的力量，也为二人转的发展发挥了积极作用。

△王忠堂导演的《刘秀坐楼》在首届『全国二人转观摩演出』中荣获导演奖

▽王忠堂向徒弟传授二人转表演技巧

△王忠堂在向徒弟传授二人转表演技巧

王忠堂导演的《巧断案》剧照

王顺明

Wang Shunming

武夷岩茶（大红袍）制作技艺代表性传承人

汉族，福建省武夷山市人，1954年出生，福建省级非物质文化遗产项目武夷岩茶（大红袍）制作技艺代表性传承人，国家级评茶师。

武夷岩茶的制作可追溯到汉代，经历代发展沿革，到清代初年出现了岩茶制作的完善技艺，首开乌龙茶制作的先河。武夷岩茶（大红袍）独有的“岩骨花香”是由武夷山独特的生态环境、气候条件和精湛的传统制作技艺造就的，其传统制作流程共有10道工序，环环相扣，不可或缺，其中对茶质起关键作用的是“复式萎凋”、“看青做青”、“走水返阳”、“双炒双揉”、“低温久烘”等环节。

王顺明从1974年参加工作后一直从事武夷岩茶的制作和管理工作，曾跟随叶先顺、姚月明先生学习和研究武夷岩茶栽培、制作、焙火工艺。他继承武夷岩茶（大红袍）传统制作技艺，着力研究“看天做青”、“看青做青”，针对不同天气、不同品种特征来进行武夷岩茶（大红袍）的制作。在制作中，他注重控制温度，研究低温留香，高温促水，使得汤色清澈艳亮，茶味清纯顺口。2002年，他参与武夷岩茶（大红袍）国家标准的制定，其所制作武夷岩茶（大红袍）产品成为国内大学茶学的教学样茶和中国茶叶博物馆的馆藏茶。

王顺明在从事武夷岩茶制作与管理的几十年来，利用多年制茶经验，培养出一批又一批制茶能手。如今，他的学生都在武夷岩茶的生产第一线工作，有的成为国家级制茶技师，有的创办了中国知名品牌的武夷岩茶企业。王顺明除了在福建省传徒授艺外，还到全国各大院校及东南亚国家传授武夷岩茶（大红袍）制作技艺，使这一古老的制茶技艺得到弘扬与发展。

1 2
3 4
5 6
7

武夷岩茶制作技艺工艺流程：

1 采茶
2 阳光萎凋
3 做青
4 摇青
5 杀青
6 揉捻
7 焙干

武夷岩茶（大红袍）制作工序 采茶

1|2/3

1 王顺明在向徒弟演示扬簸技艺

2 王顺明在向徒弟演示阳光萎凋技艺

3 王顺明在传授摇青技艺

王素花

Wang Suhua

汴绣代表性传承人

汉族，河南省开封市人，1935年出生，第三批国家级非物质文化遗产项目汴绣代表性传承人，中国工艺美术大师。

汴绣也称“宋绣”，是流行于河南开封一带的传统刺绣艺术，因产生于北宋的都城汴京开封而得名。北宋时期汴京刺绣业兴盛，已达到很高的技艺水平，故《东京梦华录》中有“金碧相射，锦绣交辉”之誉。新中国成立后，几代汴绣艺人发掘整理宋代刺绣技艺，借鉴苏绣、湘绣等其他绣种的长处，使汴绣工艺日臻完善成熟。汴绣长于绣制花鸟虫鱼、飞禽走兽等传统题材，同时也精于摹绣名画。其绣作形象逼真，针法严谨工致，技艺精巧细腻，色彩古朴典雅，是刺绣苑中不可多得的珍品。

王素花自幼喜爱绣花，10岁开始跟着姥姥韩程氏、妈妈韩美英学习刺绣，1957年进入开封汴绣厂做绣工。1959年，该厂受省委、省政府的委托，绣制宋代画家张择端的传世名作《清明上河图》，作为河南省向国庆十周年的献礼。由于技术出众，王素花成为绣制《清明上河图》的技术骨干。她带领众人在整理挖掘传统汴绣工艺的基础上，结合图景需要，发展创造出滚针绣、反抢绣、拉练绣、蒙针绣、平针绣等14种新的针法。该作品被陈列于人民大会堂河南厅。1982年，其新作《清明上河图》被轻工部评为中国工艺美术“百花奖”、“优质产品奖”；2010年，绣品《一百单八将》获第五届“中国民间艺术品博览会”金奖。王素花在60多年的创作实践中，形成了自己独特的艺术风格，其作品做工细腻，色彩变化丰富，纹路流畅自然，形象鲜明生动。

从艺60年来，王素花先后带徒百余人，培训学员2000余人。她创办的刺绣技术培训学校，主要面向贫困地区的农村女孩和城市下岗工人。她亲自为学员上课，将自己几十年来积累的汴绣理论知识和针法毫无保留地传授给学员，为汴绣艺术培育了众多杰出人才。

△汴绣宋代张择端《清明上河图——虹桥》（局部）（李力 摄）

▽王素花在向徒弟传授刺绣技艺（金聚泰 摄）

▽王素花在刺绣车间指导员工（金聚泰　摄）

△汴绣《百鸟朝凤图》（局部）
（李力　摄）

▽汴绣《梦幻牡丹》（局部）
（李力　摄）

王景才

Wang Jingcai

苗族芦笙舞（滚山珠）代表性传承人

苗族，贵州省毕节市人，1968年出生，第二批国家级非物质文化遗产项目苗族芦笙舞（滚山珠）代表性传承人。

苗族芦笙舞“滚山珠”原名“地龙滚荆”，苗语叫“子落夺”。它流传在贵州省纳雍县苗族彝族生活区，是苗族人民世代相传的舞蹈之一。“滚山珠”的表演者手执六管芦笙，头戴箐鸡翎帽，身着绣花白褂，吹奏着世代传承的芦笙舞曲，围绕梭镖或盛满水的碗进行舞蹈表演，时而以头抵地，时而多人攀肩叠立，芦笙舞步与技巧的难度随表演进程不断增加，表现苗族同胞在迁徙途中不畏艰险、勇往直前的惊险场面。

王景才12岁开始跟随舅舅黄顺强学习“滚山珠”。在熟练掌握“滚山珠”的跳法后，王景才将芦笙高桩舞、芦笙矮桩舞和杂技技巧等动作融入“滚山珠”舞蹈中，使该舞蹈日趋完善，形成了现今集芦笙吹奏、舞蹈表演、杂技艺术为一体的舞蹈形态。从1989年起，他培训了近百名“滚山珠”的表演人员，率领“滚山珠”表演队参加各类大小演出上千场。1990年，“滚山珠”表演队随贵州省文化厅赴北京参加“第十一届亚运会艺术节”；1991年，赴广西南宁参加“第四届全国少数民族传统体育运动会”，在表演项目比赛中，夺得金杯奖。王景才还带领“滚山珠”表演队赴荷兰、比利时、丹麦、挪威、加拿大等多个国家演出，其表演的“滚山珠”以粗犷豪放的风格、高难惊险的动作和深厚的文化内涵受到观众们的喜爱。

目前，纳雍县已经在纳雍县二中、纳雍县昆寨乡民族中学建立了苗族芦笙舞“滚山珠”传承基地，使该项目进入校园。王景才义务在传承基地当老师，使苗族芦笙舞“滚山珠”后继有人。

王景才的徒弟们在进行苗族芦笙舞（滚山珠）彩排
（祝绯 摄）

▽王景才教徒弟们跳苗族芦笙舞（滚山珠）

◁ 1/2

1 王景才指导徒弟们吹奏芦笙

2 王景才在指导徒弟们练习苗族芦笙舞（滚山珠）的搭桥动作

王毓宝

Wang Yubao

天津时调代表性传承人

汉族，天津人，1926年出生，第二批国家级非物质文化遗产项目天津时调代表性传承人，享受国务院政府特殊津贴专家，天津市曲艺团国家一级演员。

天津时调是我国北方较有代表性的时调小曲类曲种。它源于明清小曲，清末民初形成并流行于天津城区。天津时调的表演形式为一人或两人执节子板站唱，旁边有人操大三弦和四胡等伴奏。其唱腔有靠山调、老鸳鸯调、怯五更调、悲秋调等；句式以7字句为主，有长短句相间；板式有慢板、中板、二六板和垛子板等。天津时调的曲调丰富，腔调高亢爽朗，内容通俗易懂，具有浓郁的乡土气息。

王毓宝从小学唱天津时调，8岁开始“走票”，14岁正式登台演出，迄今已从艺80年，获得第四届中国金唱片奖。她行腔高低婉转自如、吐字清晰利落，高腔大气磅礴、嘹亮奔放；小腔悠扬婉转、柔和细腻。她博采众长，不断从前辈艺人的演唱中汲取营养，形成了质朴、爽朗、甜润的演唱风格。王毓宝善于在继承传统的基础上努力创新，在只唱不说不做的传统演唱中加入动作身段和朗诵，增加了艺术感染力；在一个曲目中根据不同的人物运用不同的曲牌，如在《拷红》中老夫人用“老鸳鸯调”，红娘则运用欢快活泼的“怯五更调”，更鲜明地表现出人物个性。

王毓宝非常重视天津时调后继人才的培养，通过口传身授的方式培养出一批优秀的表演人才，其弟子的作品获得了多项大奖。现已80多岁高龄的王毓宝，仍坚持在家中授课，将自己多年的体悟传授给年轻人，让天津时调薪火相传。

△王毓宝向弟子示范天津时调表演动作

▽王毓宝在家中排练

△王毓宝在家中指导弟子

1 | 2

王毓宝携弟子演唱天津时调

毛正聪

Mao Zhengcong

龙泉青瓷烧制技艺代表性传承人

汉族，浙江省龙泉市人，1940年出生，第四批国家级非物质文化遗产项目龙泉青瓷烧制技艺代表性传承人，中国工艺美术大师，享受国务院政府特殊津贴专家，高级工艺美术师。

浙江省龙泉市以烧制青瓷著称。其烧制技艺始于西晋，鼎盛于南宋，传统龙泉窑青瓷分为哥、弟窑。传统龙泉窑中的哥窑与官、汝、定、钧窑并称为宋代五大名窑。龙泉窑青瓷中的"哥窑"是釉面开片的青瓷，开片有冰裂纹、蟹爪纹、牛毛纹等许多种类。"弟窑"的胎色主要有白胎、灰胎和朱砂胎三种，釉色主要有梅子青、粉青、月白、豆青等。南宋至元初为龙泉青瓷鼎盛时期，制作的青瓷工艺精细、薄胎厚釉、釉面质感细腻、滋润，为皇宫贡品和出口产品。明末清初逐渐衰落，一度中断生产。新中国成立后，在周恩来总理的亲自关心下，龙泉青瓷恢复生产并得到发展。

毛正聪1955年进入建新瓷厂当学徒，跟随毛名达先生学习制瓷技艺。1989年任龙泉市青瓷研究所所长。1996年创办"龙泉市正聪青瓷研究所"。毛正聪在50多年的创作实践中形成了自己独特的艺术风格。他的作品器型简洁、线条流畅，釉层丰厚、端庄古朴。同时，毛正聪挖掘整理了龙泉青瓷的原矿多元配制的手工技艺，提高了铁红窑变、哥窑釉面开片的艺术表现力；还原了龙泉宋代贡品铁胎哥窑青瓷，被称为"紫口铁足"的烧制技艺，为龙泉青瓷烧制技艺的古法恢复贡献了力量。

毛正聪很注重龙泉青瓷烧制技艺的传承工作，近年来，他传承徒弟、徒孙40余人，其中有多位已成为国家级的陶瓷大师、省级工艺美术大师和高级工艺美术师，为龙泉青瓷界培育了众多的杰出人才。

1 | 3
2 | 4
　| 5

龙泉青瓷烧制技艺工艺流程：

1 练泥
2 拉坯
3 修坯
4 粘接
5 装窑

龙泉青瓷《鼎》

◁ 龙泉青瓷《皇冠》

▷ 毛正聪给徒弟讲解龙泉青瓷造型特点

艾赛提·莫合塔

Aisaiti Moheta

新疆维吾尔木卡姆艺术（哈密木卡姆）代表性传承人

维吾尔族，新疆维吾尔自治区哈密地区人，1938年出生，第二批国家级非物质文化遗产项目新疆维吾尔木卡姆艺术（哈密木卡姆）代表性传承人。

哈密木卡姆是流传在新疆东部哈密地区的一种历史悠久、篇幅宏大、结构完整的大型维吾尔音乐套曲，共有“琼都尔木卡姆”、“乌鲁克都尔木卡姆”等12套。哈密木卡姆在其形成和发展过程中，在西域“伊州乐”的基础上，不同程度地吸收了来自中原、中亚及西亚的音乐元素，在歌词、风格、结构等方面体现了文化多元性的特点。哈密木卡姆在历史上经过了从民间到王宫、最后又回到民间的流传整合过程，经由民间艺人的不断演唱和整理规范，形成结构完整的套曲形态。

艾塞提·莫合塔出生于木卡姆世家，受家庭影响自幼喜爱木卡姆，后跟随著名木卡姆大师塞都拉·哈米都拉学唱哈密木卡姆。从18岁在正式场合演唱哈密木卡姆开始，艾塞提·莫合塔多次参加哈密地区举办的文艺比赛，并数次获得最佳表演奖。作为唯一一名能够完整演唱哈密木卡姆的民间艺人，艾赛提·莫合塔在1962年至2009年间，前后10次参加了哈密木卡姆的整理、录制工作。1991年，艾塞提·莫合塔参加了由哈密地区语委会编纂的《哈密民间歌谣》的编辑工作；1992年参加了《哈密市民间歌谣》、《哈密市民间故事》、《哈密市民间谚语》的编撰工作；2011年参加了《哈密木卡姆歌词全集》的搜集、整理工作。通过多年的努力，艾赛提·莫合塔整理出散失在民间的13首歌曲。

艾赛提·莫合塔一直十分注重对哈密木卡姆传承人的培养。1969年至1971年，他对陶家宫乡20多名木卡姆爱好者进行了为期三年的系统培训，向他们教授了哈密木卡姆的全部套曲。1990年至2010年，他在哈密地区的二堡乡、西山乡、回域乡、花园乡等乡镇开办木卡姆培训班，前后培训了300多名传承人，为哈密木卡姆的传承、发展发挥出积极作用。

△艾赛提·莫合塔在木卡姆演唱大赛中演奏哈密木卡姆
（阿卜杜热西提 摄）

▽艾赛提·莫合塔与其他艺人在诺肉孜节文艺晚会中演奏哈密木卡姆
（帕米尔·塔西 摄）

4 1 2 3

艾塞提·莫合塔与徒弟一起演奏哈密木卡姆（玉努斯·伊布拉音 摄）

布林

Bu Lin

蒙古族马头琴音乐代表性传承人

蒙古族，内蒙古自治区呼和浩特市人，1940年出生，第三批国家级非物质文化遗产项目蒙古族马头琴音乐代表性传承人，内蒙古师范大学硕士研究生导师、内蒙古大学艺术学院客座教授。

马头琴是蒙古族音乐文化的典型代表。无论是它的造型、制作材料，还是它的音质音色、音乐表现风格和演奏方法，均体现着蒙古族的性格内涵，反映了蒙古族游牧生活的历史形态，表达着蒙古族对自然宇宙哲学性的思考和体悟。无论在官方正式隆重的场合，还是民间婚典祝仪和亲朋聚会等活动中，都有马头琴的身影，它既可为歌伴奏，亦可独奏曲目。马头琴有"潮尔演奏法"、"泛音演奏法"、"胡尔演奏法"、"实音演奏法"四大传统演奏流派，每种流派都有自己的传统演奏曲目。

布林精通蒙古族马头琴的各种演奏方法，能将传统乐曲演绎出多种风格，并在理论上对蒙古族马头琴音乐进行系统梳理和深入阐释，是一位将传统与现代、民间与专业、实践与理论融为一体的马头琴艺术大家。1959年，布林到内蒙古人民广播电台民族民间演唱队担任马头琴演奏员，先后师从色拉西、孙良、桑都仍、巴拉贡、巴布道尔吉、马希巴图等著名民间艺术家。从事音乐工作20多年间，布林创作、演奏了《牧马人之歌》、《叙事曲》、《怀念》、《在戈壁高原上》等曲目。他组织、导演的6集木偶电视连续剧《马头琴的传说》获全国"骏马奖"二等奖。20世纪80年代初，他发表《马头琴的渊源及其各流派艺术特色》等学术论文，论述了蒙古族马头琴各流派的艺术特点，第一次系统提出马头琴"三种定弦、五种演奏法"理论体系，为传统马头琴音乐遗产的理论研究奠定了基础，为当代马头琴艺术发展开拓了空间，引起业内人士的广泛关注。

布林多年来致力于后继人才的培养，培育了一批马头琴演奏及教学人才，为蒙古族马头琴音乐的传承作出了积极贡献。

△布林在内蒙古电视台录制马头琴节目

▽布林向徒弟传授马头琴演奏技艺

△布林在演奏蒙古族马头琴的前身乐器潮尔（董小健 摄）

1
2
3

1 青年时期的布林在演奏马头琴

2 布林在艺人培训班上授课

3 布林虚心向民间老艺人学习

石九梅

Shi Jiumei

挑花（黄梅挑花）代表性传承人

汉族，湖北省黄冈市人，1951年出生，第一批国家级非物质文化遗产项目挑花（黄梅挑花）代表性传承人。

黄梅挑花又名架子花、十字挑花，广泛流传于湖北省黄梅县。相传起源于唐宋时期，成熟于明末清初。长期以来，经过一代又一代农家妇女的精研细作，这门工艺日臻完善，以其明快的色彩组合、精巧的图案构想凸显出独特的艺术表现力。黄梅挑花不同于一般刺绣，刺绣重刺，挑花重挑。黄梅挑花以元青布作底，用针将五彩丝线挑绣在底布经线和纬线交织的网格上，形成色泽绚丽、立体感强的图案。作品最初主要用于制作民间妇女装扮自己和装饰居室的头巾、衣边、门帘、帐沿、床围等生活用品。

石九梅出生在湖北省黄冈市黄梅县挑花之乡邹桥村一个挑花世家。13岁开始跟随母亲梅金定学习黄梅挑花，从艺近50年。她擅长的挑花品种有20余个，挑花手法简练、针脚平整，图案精美，色彩富丽，花色繁多。表现的对象有龙凤、花鸟、人兽、虫鱼及少量的文字；内容涉及婚嫁、娱乐、戏曲故事等主题。石九梅不但掌握着出众的挑花技艺，还注重收集、整理濒临失传的挑花品种，目前已整理出六七个传统挑花品种和一批挑花花色。石九梅的黄梅挑花作品多次参加国内外展演活动并获得奖项。1987年，其制作的大型黄梅挑花被面受邀参加首届“中国艺术节美术展览”；2001年，她受文化部邀请赴香港参加“中华传统民间艺术博览活动”；2012年，其作品《五祖寺》荣获“首届中国（黄山）非物质文化遗产传统技艺大展”金奖。

近年来，石九梅在湖北省非物质文化遗产生产性保护基地开办的黄梅挑花传习所，招收了20多名徒弟，她还多次走进江汉大学艺术学院、黄冈师范学院等高校传授黄梅挑花技艺。2006年至今，石九梅共收徒200余名，其中能熟练掌握黄梅挑花常用针法的徒弟有50余名，为黄梅挑花的传承和发展贡献了自己的力量。

△石九梅向学员传授黄梅挑花技艺

▽挑花（黄梅挑花）《福寿双桃》

△挑花（黄梅挑花）《骨牌心方巾》

△ 1/2 石九梅在向学生传授黄梅挑花技艺

石春彩

Shi Chuncai

花鼓灯（蚌埠花鼓灯）代表性传承人

汉族，安徽省蚌埠市人，1951年出生，第四批国家级非物质文化遗产项目花鼓灯（蚌埠花鼓灯）代表性传承人。

花鼓灯是广泛流行在淮河两岸，熔歌、舞、锣鼓、小戏于一炉的综合性民间艺术，其舞蹈部分是典型的汉族舞蹈之一。花鼓灯在宋代就已流传，有800余年的历史。花鼓灯的传统演出程式有“大花场”、“小花场”、“后场小戏”等。大花场是集体舞蹈，表演形式有滚伞、绕门转子、编篱笆、九连环、满天星等。小花场是男女双人舞。男称“鼓架子”，舞蹈动作刚劲矫健；女称“兰花”，舞蹈动作柔婉细腻。传统节目有《抢扇子》、《抢手巾》、《抢板凳》等。

石春彩是花鼓灯怀远流派第三代杰出代表，还是至今仍活跃在灯场上的为数不多的男“兰花”之一，多次参加国家级和省市级的花鼓灯展演活动，受到好评。1962年，石春彩拜花鼓灯一代宗师“小红鞋”杨在先为师。石春彩的花鼓灯舞蹈粗犷泼辣，热情奔放，自然质朴，带有浓郁的乡土气息。他善于发挥自身条件，扬长避短，博采众长，巧妙地将“小白鞋”郑九如和“小红鞋”杨在先两种风格迥异的艺术表现形式融汇结合，逐渐形成了秀丽中含端庄、典雅时藏娴静的独特艺术风格。石春彩不仅以舞见长，还十分注重从当地民间小调和戏曲曲调中吸收营养，丰富花鼓灯灯歌曲调，逐渐形成了委婉悠扬、自然纯美的灯歌演唱风格。

1987年，石春彩和其他老艺人一起开办了花鼓灯培训班。近十年来，他先后培育了三批近百名学员，为蚌埠花鼓灯艺术的继承和发展作出了贡献。1987年，石春彩培训的小演员参加了对外宣传片《怀远花鼓灯》的拍摄工作。2004年，石春彩辅导的《大花场》在“怀远县第十三届花鼓灯艺术节”上获得优秀辅导奖。

△石春彩在给花鼓灯艺术团学员做示范动作

▽ 1/2

1 花鼓灯表演前绑衬子（夏大利 摄）

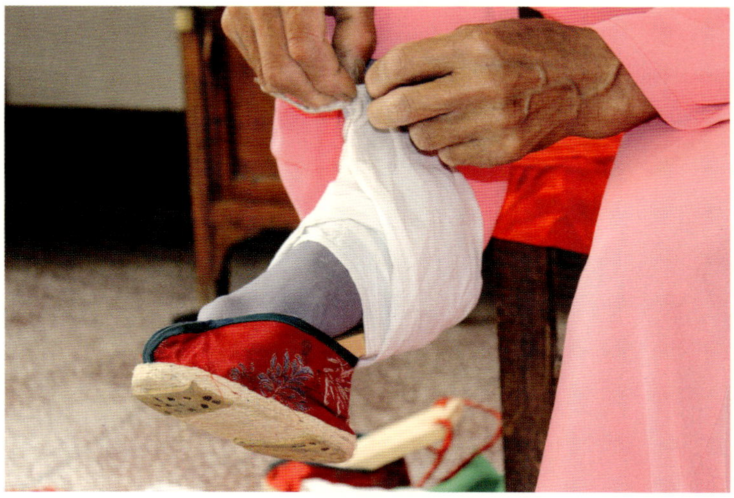

2 花鼓灯表演中的踩衬子步法（夏大利 摄）

△花鼓灯小花场
（王祥智　摄）

△花鼓灯小花场
（巨万祥　摄）

▽花鼓灯道具：
衬子和扇子

△▽石春彩在向学员传授花鼓灯表演技艺

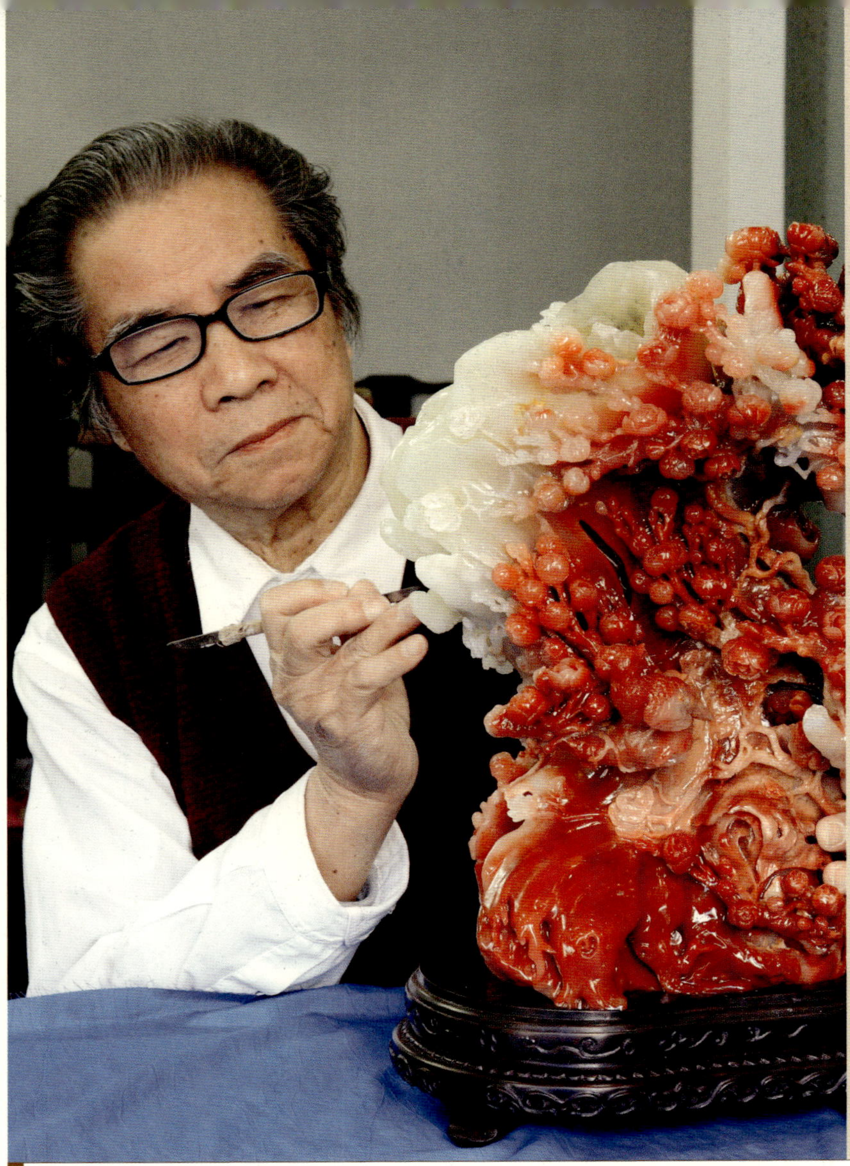

冯久和

Feng Jiuhe

寿山石雕代表性传承人

汉族，福建省福州市人，1928年出生，第一批国家级非物质文化遗产项目寿山石雕代表性传承人，中国工艺美术大师。

寿山石雕是传统的民间雕刻艺术，以产于福州北部山区北峰的寿山石为材料，通过特殊技艺制作出供人玩赏的小型雕刻。具有独立造型的寿山石雕作品1500余年前就已出现。寿山石雕技法丰富多样，精湛圆熟，讲究利用石形石色巧施技艺，以达到“天工合一”的境界。寿山石雕在中国传统玉石文化中占有突出地位，相关雕刻品已成为高雅、精美、凝重和睿智的象征。

冯久和16岁即师从寿山石雕著名艺人黄恒颂，深得师傅真传。后进入雕刻工艺品总厂，从事寿山石雕刻工作。他70年如一日，从未间断对寿山石雕艺术的追求。他是最早采用镂空术雕刻寿山石的大师之一。其作品以大气著称，不论是动物、果篮，还是花、鸟、虫、鱼，都栩栩如生，富有艺术张力。他的作品多次获国家级大奖。1972年创作的《花果累累》获中国工艺美术“百花奖”优秀作品奖，被中国工艺美术馆收藏；《欣欣向荣》被福建省人民政府收藏，《丰产母猪》被福建省精品馆收藏；《含香蕴玉》被印成邮票。2005年获得中国工艺美术学会颁发的“中国工艺美术终生成就奖”。

冯久和为保护和传承寿山石雕不遗余力，积极培养后继人才。他传授技艺时从来不作任何保留。许多学生学艺期间吃住都在冯久和家里。目前，10多位得其真传的学生已能独立创作寿山石雕作品，不少作品荣获国家和省市级大奖。数名学生被评为中国工艺美术大师、福建省工艺美术大师和福建省民间名艺人。

印章《欣欣向荣》
（寿山高山石）

寿山石雕《争艳》（寿山鸡角岭石）

冯久和在向徒弟传授寿山石雕技艺

尼玛次仁

Nimaciren

藏医药(拉萨北派藏医水银洗炼法和藏药仁青常觉配伍技艺)代表性传承人

藏族，西藏自治区拉萨市人，1959年出生，第一批国家级非物质文化遗产项目藏医药(拉萨北派藏医水银洗炼法和藏药仁青常觉配伍技艺)代表性传承人，享受国务院政府特殊津贴专家，西藏藏医学院院长、教授，北京中医药大学博士生导师。

藏医水银洗炼法和藏药仁青常觉配伍技艺是藏药制作独具特色的药物加工技法。"水银洗炼法"是把含有剧毒的水银经过复杂的特殊加工炮制后，炼制成无毒且具有奇特疗效的药物成分"佐塔"(配制名贵藏成药不可或缺的重要原料)。"仁青常觉"属藏药珍宝类药，由120多种植物药、动物药和矿物药配伍而成，其用药技术极其繁复，基本涵盖了藏成药的各种制作工艺。

尼玛次仁9岁起跟随民间藏医学习藏医药知识，16岁考入拉萨市卫生学校藏医班，32岁接受全国首批师承制培养，师从藏医药大师措如·才朗，全面继承了藏医"水银洗炼法"和藏药"仁青常觉"配伍技艺。从业40多年来，尼玛次仁在藏医药制作、科研开发等方面做了大量工作。他编写的《藏药水银洗炼法》、《藏药炮制学》入选"21世纪藏药本科教育规划教材"，获国家级教学成果二等奖。他主持制定的"水银洗炼法炮制规范和标准"，被西藏自治区食品药品监督管理局载入《藏药炮制规范》，成为西藏藏药企业的制药标准，并逐步推广全国。他还承担了"863"、"973"等一批国家级、省部级重大藏医药科研项目。2008年获得卫生部、中央统战部颁发的"中国民族医药杰出贡献奖"。

尼玛次仁将继承、弘扬藏医药文化作为毕生追求，他主持建设了首个国家级藏药重点学科、国家级藏药优势特色专业和传统藏药炮制及质量控制国家三级科研实验室；培育了4个国家中医药管理局藏医药学重点学科和1个西藏自治区藏医优秀教学团队；培养了2000余名藏医药本专科生、硕士生和博士生；他的许多学生已经成为全国藏医药产业的骨干力量。

△尼玛次仁向学生讲解古籍文献

▽尼玛次仁为患者诊脉

△ 1/2

1 尼玛次仁在西藏藏医学院向中医药专家介绍藏医药历史

2 尼玛次仁为学生讲解四部医典挂图

△ 1/2
1 尼玛次仁研读藏医药古籍文献资料
2 尼玛次仁向学生传授云母石的煅灰工序

△ 加工仁青常觉所需要的矿石类药材

邢传佩

Xing Chuanpei

高跷（海城高跷）代表性传承人

汉族，辽宁省海城市人，1953年出生，第二批国家级非物质文化遗产项目高跷（海城高跷）代表性传承人。

海城高跷属大鼓高跷，是辽南高跷的一支，距今有300多年的历史。它融合了舞蹈、音乐、杂技、戏曲等多种艺术形式，是一门综合性的民间舞蹈艺术。海城高跷通常由七副架（14人）或十二副架（24人）组成，有“扭、浪、逗、相”四大技法要素，人物分生、旦、丑等行当，扮相各具特色，动作扎实有力，手上脚下翻飞灵活。其表演形式可分为“过街楼”、“大场”、“小场”、“下武场”等类型。

邢传佩8岁跟随父亲学习踩高跷，16岁时师从伯父专攻“头跷”技艺。此后，他又先后得到王广让、胡藻文、郭丽华等人的指点，技艺不断提高。他以头跷（领舞）、老生见长，并精通俊生、老旦、小旦。后由于年龄偏大，转而专攻编导。20世纪80年代末，邢传佩组建了海城民间高跷秧歌艺术团并担任团长。在他的带领下，艺术团经常赴各地演出，取得了一系列成绩：1989年参加“欧洲克雷姆斯国际民间艺术节”，演出50多场，受到热烈欢迎；2005年参加南京十运会开幕式、闭幕式表演；2007年参加“CCTV全国舞蹈大赛”，获得二等奖；2008年参加北京奥运会开幕式前表演；2009年参加“第二届中国成都国际非物质文化遗产节”，获得最高荣誉“太阳神鸟金奖”；2010年参加上海世博会辽宁活动周花车巡游表演；2011年参加“关东风情宝岛行”辽宁非物质文化遗产展示展演活动。

作为海城高跷第五代传承人，邢传佩积极传承这项技艺，尤其注重从娃娃抓起。他言传身教，针对不同徒弟的特点制定带徒计划和授徒方法，现已带出“头跷”徒弟2人，“老生”徒弟2人，其他生、旦、丑等行当徒弟30余人，他的学生已成为海城高跷的第六代传承人。

△▽ 邢传佩的学生在进行海城高跷表演

◁青年邢传佩（左一）在海城高跷表演中担任头跷（领舞）

◁邢传佩和海城高跷队员彩排

◁邢传佩带领娃娃队员在沈阳表演海城高跷

▽邢传佩的学生表演海城高跷

邢春荣

Xing Chunrong

宣纸制作技艺代表性传承人

汉族，安徽省宣城市人，1954年出生，第一批国家级非物质文化遗产项目宣纸制作技艺代表性传承人，高级工艺美术师，全国造纸工业标准化技术委员会文化、办公用纸和纸板分技术委员会委员。

宣纸具有百折不损、墨润万变、不腐不蛀等特点，是中国书法、绘画艺术的最佳载体，为中国书画艺术和中国传统文化的传承和发展作出了突出的贡献。宣纸制作技艺是传统手工造纸的杰出代表，其技艺源远流长，有文字记载的历史最早可以追溯到唐代，1000多年来依靠师徒口传心授而代代相传，从未间断。宣纸生产工艺严格选用安徽省泾县及其周边地区的青檀树韧皮和沙田稻草，经过原料加工、抄纸、晒纸、剪纸等百余道传统手工工序，制作周期长达两年多。

1973年，邢春荣进入安徽省泾县宣纸厂，师从宣纸第二十六代传人学习晒纸技艺，并逐步掌握了原料制作、碓皮和捞纸等大部分技艺。2009年，他被任命为中国宣纸集团公司总工程师兼宣纸研究所所长。40多年来，邢春荣致力于宣纸技艺的传承与创新，是宣纸恢复传统工艺的技术带头人和负责人。2002年至2008年，作为主要撰稿人之一，他起草了宣纸和书画纸国家标准；他参加晒制的宣纸，1979年、1984年、1989年三次蝉联国家质量金奖；他主持开发的“香港回归纪念纸”、“澳门回归纪念纸”、“国庆50周年纪念纸”、“千禧宣”等名优特品被故宫、荣宝斋等机构收藏。

邢春荣一直注重培养宣纸制作技艺传承人。多年来，他共带出徒弟60余人，为宣纸行业培养了众多杰出人才，其中省级传承人5名，安徽省工艺美术名人1名。

△邢春荣在检验宣纸

▽邢春荣在制作宣纸

1	2	3
4	5	6
7	8	9

宣纸制作工序

工艺流程：

1 检验原料
2 洗草
3 原料选捡
4 碓皮
5 切皮
6 袋料
7 捞纸
8 做帖
9 晒纸

邢晏芝

Xing Yanzhi

苏州评弹（苏州弹词）代表性传承人

汉族，江苏省苏州市人，1948年出生，第二批国家级非物质文化遗产项目苏州评弹代表性传承人，享受国务院政府特殊津贴专家，国家一级演员。

苏州评弹是苏州评话和苏州弹词的总称，用苏州方言演唱。明末清初起源于苏州，清乾隆时已颇为盛行，流行于江、浙、沪一带。乾隆年间有御前弹唱的王周士，嘉庆、道光年间有陈遇乾、毛菖佩、俞秀山、陆瑞廷等四大名家，咸丰、同治年间又有马如飞、赵湘舟、王石泉等，之后名家辈出，流派纷呈。

邢晏芝自幼受家庭影响喜爱苏州评弹，7岁登台，13岁随父邢瑞庭学艺，并问艺于严雪亭，15岁表演苏州弹词长篇《杨乃武与小白菜》和《贩马记》。后先后拜祁莲芳、杨振雄为师。她擅唱多种流派，尤精祁调、俞调及杨派俞调，在俞调基础上融入祁调和杨派艺术，音域宽阔，音色甜美；说表口齿清晰，嗓音清丽圆润，角色感情丰富。邢晏芝获得了中国文华奖表演奖、中国曲艺牡丹奖表演奖、首届中国评弹艺术节金奖等奖项，为全国五一劳动奖章获得者，全国三八红旗手。

邢晏芝以传统师徒制授艺，有27名入室弟子，培养了不少一级、二级演员。她从事苏州评弹艺术教学、教育管理近30年，创办实验演出团，创设传承重点班，创立中国曲艺界首个社会艺术水平考级项目，创建首批全国职业院校民族文化传承与创新示范专业点、首批江苏省五年一贯制高职教育特色专业和示范专业，培养了近千名毕业生。她创立的传承班连续多次被评为“江苏省先进班集体”，“传承班”教育实践项目获得省级“教学成果奖”。获得苏州市第二届文化遗产抢救整理研究类优秀成果一等奖。她还多次到全国各地和国外演出，推广苏州评弹。

青年邢晏芝在表演苏州评弹

△青年邢晏芝在朝鲜访问演出

△邢晏芝在表演中篇弹词《四大美人》选回

▽邢晏芝在表演苏州评弹

△邢晏芝在表演长篇弹词《贩马记》等选回

△邢晏芝与杨振雄合作演出苏州弹词选段《长生殿·醉吟》

▽邢晏芝在向学生传授苏州评弹（姜立中 摄）

西合道

Xi Hedao

热贡艺术代表性传承人

藏族，青海省黄南藏族自治州人，1946年出生，第三批国家级非物质文化遗产项目热贡艺术代表性传承人，第五届中国工艺美术大师，中国艺术研究院民间艺术创作研究员，中央美术学院、南开大学唐卡专业名誉教授。

热贡艺术是我国藏传佛教艺术的重要流派，产生于13世纪的青海黄南藏族地区，主要包括唐卡、壁画、堆绣、雕塑、建筑彩画等绘画造型艺术。热贡艺术以藏传佛教中的佛本生故事，藏族历史人物和神话、传说、史诗等为主要内容，同时也包括一些世俗化的内容。热贡艺术凭借其独特的审美观念、绘画材料和传承习惯在藏传佛教、民间美术、建筑艺术等方面具有重要的历史价值和艺术价值。其中的唐卡艺术，是用彩缎装裱后悬挂供奉的宗教卷轴画，其绘制过程极为复杂，颜料全部采用天然矿植物原料，色泽艳丽，经久不褪，具有浓郁的雪域风格。

西合道出生在青海省同仁县隆务镇吾屯下庄村一户从事热贡艺术的家庭中，7岁时跟随舅舅赴甘肃拉卜楞寺边学习经文、边学习热贡艺术中的唐卡绘制。1963年开始，西合道便行走于藏区各大寺院，在艰苦的条件下坚持学习，不断提高画技。在半个多世纪的从艺生涯中，西合道从最初打磨颜料、制作画布的学徒成为热贡艺术代表性传承人。其所画的佛像面庞饱满，表情静穆慈悲，云彩、花朵等图案艳丽生动。西合道吸收了西洋画的施色技法使画面富有层次感，以细腻生动的笔法表现出神佛世界的曼妙意境，树立了热贡唐卡艺术转型时期的典型样式。2006年，西合道被评为“中国工艺美术大师”；2009年，被授予“国家级非物质文化遗产热贡艺术代表性传承人称号”；2012年，唐卡作品《四臂观音》被中国国家博物馆收藏。

从1982年至今，西合道共收学徒380余人，其中数十名徒弟荣获青海省工艺美术大师称号。他为热贡艺术的传承与发展作出了杰出贡献。

西合道在家中与学徒一起绘制唐卡（普华 摄）

△热贡艺术（唐卡）《黄财神》

△西合道在绘制唐卡（普华 摄）

任跟心

Ren Genxin

蒲州梆子代表性传承人

汉族，山西省临汾市人，1963年出生，第一批国家级非物质文化遗产项目蒲州梆子代表性传承人，中共十三大、十六大代表，第八届全国人大代表，享受国务院政府特殊津贴专家，临汾市蒲剧院国家一级演员。

蒲州梆子又称乱弹、蒲剧，因兴起于山西古平阳的蒲州而得名，明中叶后由北曲遗响与山陕民歌、小曲说唱结合发展而成，主要流行于晋、冀、豫和西北五省区。蒲州梆子具有慷慨激越的特点，音乐节奏强烈明快，唱腔高亢豪放；擅用帽翅、髯口、翎子、梢子、鞭子、跷工等表演特技表现人物，表演既粗犷、舒展，又细腻、活泼、轻快。

任跟心11岁从艺，吸收已故旦角演员王存才的表演风格，继承蒲州梆子的扇子功、手帕功、水袖功、椅子功等传统表演技巧，创“跪步双托荷叶袖”的水袖功，表演朴实、自然。其代表剧目主要有《挂画》、《烤火》、《打神告庙》、《卖水》、《拾玉镯》、《孙成打酒》、《杀狗》、《土炕上的女人》等。她主演的《烟花泪》被搬上银幕，《挂画》入选《中国戏剧家协会建国五十周年戏曲精品荟萃》。获得了中国戏剧梅花奖、文化部全国第二届戏曲观摩演出主演一等奖。

任跟心合作创办蒲剧院定向班，培养了20余名“小梅花奖”演员，并在此基础上以整体接班的方式组建小梅花蒲剧团，将蒲州梆子技艺传授给年青一代。目前已有多名学员获全国戏曲“红梅奖”、山西省戏曲大奖赛“杏花奖”、“金花状元”奖、“金花”奖等。她还恢复、排演了多个剧目，对老艺人绝技绝活录音配像，重视对传统剧目的汇编、再版，组织专家编纂《蒲州梆子志》，为蒲州梆子的传承发展及资料的总结整理作出了贡献。

△任跟心在蒲剧《薛刚反朝》中扮演纪鸾英（杜建东 摄）

▽ 1 | 2 任跟心在向弟子传授蒲剧特技水袖功（杜建东 摄）

任跟心在蒲剧《挂画》中扮演叶律含嫣

△任跟心在蒲剧《拾玉镯》中扮演孙玉姣（杜建东 摄）

△任跟心在蒲剧《土炕上的女人》中扮演杨三妞（杜建东 摄）

▽任跟心正在指导弟子（杜建东 摄）

刘登雄

Liu Dengxiong

祁剧代表性传承人

汉族，湖南省邵阳市人，1961年出生，第二批国家级非物质文化遗产项目祁剧代表性传承人，湖南省祁剧院国家一级演员。

祁剧发祥于湖南祁阳，旧称“大戏”、“祁阳戏”、“祁阳班子”、“楚南戏”等。新中国成立后，始称祁剧。流行于邵阳、衡阳、永州、郴州、怀化、娄底、桂北、粤北、赣南、闽西等部分地区。明代永乐、万历年间，弋阳腔由江西传入祁阳后，融合当地民间艺术、民间音乐和生活习俗，逐渐形成和发展成为祁剧这一有昆腔、高腔、弹腔的戏曲形式。祁剧在发展过程中逐渐形成永河、宝河两大流派。祁剧随着不断融合、吸收其他姊妹剧种的声腔元素，逐步发展成为以弹腔为主体的多声腔的湖南地方大剧种。

刘登雄于1975年拜何少连、严利文为师，习文武小生。经多年艺术实践，成功掌握了祁剧表演技艺，成为祁剧宝和派小生行当优秀传承人。20世纪80年代起，他先后在50多出剧目中扮演主要角色。刘登雄善于挖掘剧中人物的内心世界，充分利用眼神和脸部表情展现人物在不同环境下的思维和行为，使人物既有深度，又显光彩，个性鲜明，栩栩如生。其代表剧目有《目连救母》、《岳飞》、《黄鹤楼》、《追鱼记》、《白门楼》、《闹严府》、《薛平贵与王宝钏》等，被评为全国文化系统先进工作者。

刘登雄近年来致力于培养祁剧新人，他主持举办了湖南省祁剧精品剧目展演暨中青年演员折子戏比赛，鼓励并选拔了祁剧新秀。他亲授的2名徒弟，先后获得了湖南省第四届艺术节“田汉特别大奖”第一名和第二十五届“中国戏剧梅花奖”等重要奖项。刘登雄作为祁剧院团的管理者，还很重视祁剧这一剧种的发展，他选送20余名学生到北京进修，学习其他剧种的优秀表演技巧，以充实丰富祁剧的表演技巧。在他主持下，祁剧曾在湖南省艺术节上连续三届获得第一名。他重排了已停演近60年的《目连救母》，并获得湖南省“保护非物质文化遗产贡献奖”。

△刘登雄在祁剧《黄鹤楼》中扮演周瑜

▽刘登雄在祁剧《目连救母》中扮演傅罗卜

刘登雄在祁剧《岳飞》中扮演岳飞

1
—
2

刘登雄向弟子传授祁剧表演技艺

闭克坚

Bi Kejian

壮剧代表性传承人

壮族，广西壮族自治区百色市人，1938年出生，第二批国家级非物质文化遗产项目壮剧代表性传承人。

壮剧是壮族人民创造的一种戏剧形式，有独特的唱腔和表演程式，分为北路壮剧和南路壮剧两个流派。北路壮剧原称“土戏”，起源于明朝末年的田林县旧州镇，清康熙二十年（1681）已有内容丰富的唱本《太平春》。其形成经历了板凳戏、门口戏、地台戏、搭台戏等阶段。主要分布在广西西北部、贵州册亨和望漠，以及云南汶山和富宁一带。北路壮剧音乐有45个声腔。“正调”是北路壮剧的主要唱腔，由旧州山歌发展而成，调式稳固明朗，旋律恬静优美；其主要伴奏乐器马骨胡是壮剧独创的一种乐器，音色高亢嘹亮。北路壮剧剧目内容反映了壮族人民的生活方式和生存状态，主要有生、旦、武、丑四大行当，用本地壮话演唱，通俗易懂，词汇丰富，包含不少民间谚语、俚语和格言，脍炙人口，充满生活气息。

闭克坚为北路壮剧第十代艺师，他出生于北路壮剧之乡，自幼受祖父和父亲影响，热爱壮剧艺术。12岁拜北路壮剧第八代艺师黄福祥学艺，18岁开始专研壮剧。他对北路壮剧音乐、唱腔和台步加以创新，丰富了传统壮剧表演形式；在传统“正调”基础上创出正调连板、中板、高板、喊板等板式变化；同时创新了采花调、十二月花调、太平歌、姐妹乐、牡丹调等36个曲调，丰富了北路壮剧音乐唱腔，增强了艺术感染力。他还收藏大量壮剧资料，整理了历代壮剧艺师传承谱系，改编、新编壮剧剧目并收编成册，主要作品有《北路壮剧古今音乐集》。

自1958年至今，闭克坚在滇、黔、桂三省区从事传统北路壮剧传授工作，先后共给40多个业余壮剧团进行培训，培养学员约2000名。1986年被田林县人民政府授予“北路壮剧第十代新师”称号。近年来，闭克坚收徒授艺，培养了不少北路壮剧新一代传承人。

△闭克坚在壮剧开场戏《华光开台》中扮演王友江（黄卫平 摄）

◁闭克坚在壮剧《山大王》中扮演徐鸾胜（黄卫平 摄）

△闭克坚给弟子做示范

▽闭克坚向小学生传授壮剧表演技艺（黄卫平 摄）

▷闭克坚在给青年演员作示范动作

杨似玉

Yang Siyu

侗族木构建筑营造技艺代表性传承人

侗族，广西壮族自治区三江侗族自治县人，1955年出生，第一批国家级非物质文化遗产项目侗族木构建筑营造技艺代表性传承人，中国工艺美术大师，享受国务院政府特殊津贴专家。

侗族人很早就依树积木以居其上，后逐渐形成侗族木构建筑营造技艺。三江侗族木构建筑以风雨桥、鼓楼为代表，整座建筑凿榫打眼、穿梁接拱、立柱连枋不用一颗铁钉，全以榫卯连接，结构牢固，接合缜密。其代表性作品有广西博物馆民族文物苑、武汉市田子民族文化村、广西南宁青秀山荔园山庄风雨桥、三江鼓楼、三江风雨桥等。

杨似玉出生在木匠世家，自幼受身为匠工的父亲杨善仁的影响，16岁正式随父学艺，走村串寨，开始木匠生涯。杨似玉得祖传技艺，并形成自己的独特技术风格。他营造的建筑造型别致，结构复杂，做工细腻，纹路流畅自然。他先后参加修复程阳永济桥工程、设计建造南宁青秀山荔园山庄风雨桥等。数十年来，共设计吊脚楼100多座，大型风雨桥12座，鼓楼8座，大小寨门、戏台、凉亭40多座，风雨桥、鼓楼模型3000座。

杨似玉重视技艺传承和交流，积极授徒传艺。在建筑工地和工棚里，杨似玉让徒弟上手实践，他从识香杆、下墨线、磨刀具等基本功开始，手把手地进行技术指导。他注意调整授徒方法，因材施教，引导徒弟参与侗族木构建筑设计、图纸规划，放手让徒弟亲自掌墨，让徒弟们在具体实践中不断学习和提高技艺操作能力。杨似玉先后带徒260余人，其中已经能够独立承建侗族木构建筑、具备掌墨师资格的有26人。杨似玉为保护和传承侗族木构建筑营造技艺贡献了自己的力量，被评为全国非物质文化遗产保护先进工作者。

1	2
3	4
5	6

1 杨似玉在侗族木构建筑工场教徒弟掌墨技艺

2 杨似玉在指导徒弟制作木构建筑模型

3 三江风雨桥上的踩桥盛宴仪式

4 杨似玉在进行上彩梁仪式

5 杨似玉主持修建的三江鼓楼内景

6 杨似玉主持修建的三江鼓楼

（张梅英 供图）

杨似玉主持修建的三江风雨桥

杨坚平

Yang Jianping

粤绣（广绣、潮绣）传承人

汉族，广东省深圳市人，1932年出生，中国工艺美术终生成就奖获得者，中国艺术研究院工艺美术研究所客座研究员，中国工艺美术学会刺绣艺术专业委员会秘书长，第六届中国工艺美术大师评审专家。

粤绣历史悠久，始于唐宋，发展于明清，清末民初为鼎盛时期。粤绣分广绣和潮绣两大流派。广绣流布于广州和顺德，潮绣流布于潮州、潮安、汕头和揭阳。粤绣既有蚕丝线绣，也有人造丝绣、金银线绣、金线混合绣、绵线绣和发绣等，耗材广，绣种多。其绣艺以铺、垫、钉、贴、缀等60多种针法技艺绣制而成，以“垫高立体、丰富瑰丽”为其艺术特色。

杨坚平1948年肄业于潮州义安艺术学校，后拜师郑茂熙、庄华岳学习美术，1952年起从事民间刺绣搜集、研究与创作。他重视粤绣技艺理论研究工作，近年曾三次主持研讨会，倡导保持与发扬刺绣艺术的各地域特色；目前已主编、编著出版《粤绣传统针法技艺》等论著20余册。杨坚平参与设计的《九龙屏》（合作）和通锦绣《春满南国》屏风（合作）分别获首届中国工艺美术“百花奖”金杯奖和“创作设计奖”。

杨坚平以办班方式授徒，他传授粤绣技艺不限于仅仅培养“绣娘”，而更着意于培养既擅长设计又掌握绣艺的当代刺绣人才。先后培养了20余名有成就的粤绣技艺人员，其中10名艺徒已成为工艺师或高级工艺师。他还参与组建中国工艺美术学会刺绣艺术专业委员会，并先后到苏州、扬州、杭州等地传授传统刺绣技艺。

△粤绣《九龙屏》（局部）

▽粤绣《九龙屏》（林智成、杨坚平设计，林玩英等绣制）

请勿吸烟
NO SMOKING
江西夏绣

◁粤绣中『博古』图案钉金绣艺工艺流程：

1 垫丁

2 垫棉、铺平金

3 铺绒、勾勒

1 | 2 | 3

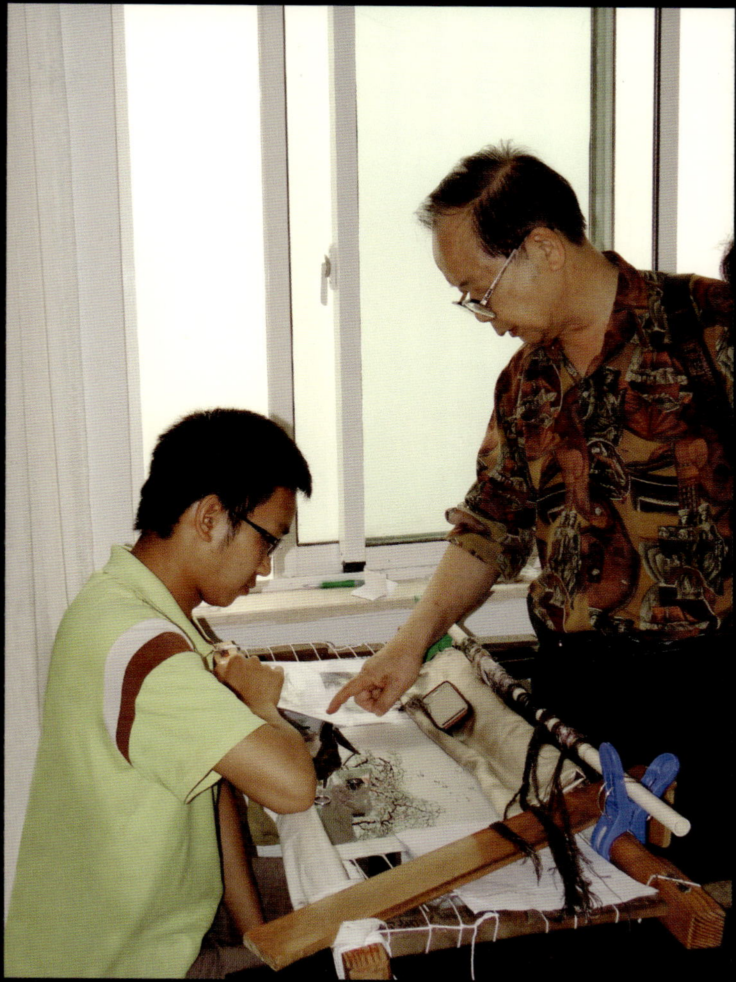

▷杨坚平在指导男绣工

◁杨坚平向学徒讲授传统粤绣技艺

李春珂

Li Chunke

象牙雕刻代表性传承人

汉族，北京市人，1949年出生，第四批国家级非物质文化遗产项目象牙雕刻代表性传承人，中国工艺美术大师，北京市特级工艺美术大师，享受北京市政府特殊津贴专家，中国艺术研究院工艺美术研究所客座研究员、北京服装学院艺术设计学院客座教授兼硕士生导师。

象牙雕刻是指以象牙为材料的雕刻工艺及其成品，有出自北京和广州两地的艺术风格之分。北京象牙雕刻，可考的历史至少可追溯到2000多年前。在发展过程中，经工匠不断改进工艺，到了近代，北京象牙雕刻形成题材广泛，工艺复杂，造型独特的特点，具有了雍容华贵的宫廷艺术品格。

李春珂1964年进入北京象牙雕刻厂，进厂后师从于工艺美术大师杨士俊学习花鸟雕刻。为了全面掌握技艺，1978年又跟随中国工艺美术大师孙森学习人物雕刻。1976年、1983年分别到中央工艺美术学院和西北大学进行深造。

李春珂在近50余年的创作实践中，不仅全面地掌握了牙雕的设计、凿、铲、开脸等全套技艺，并逐步形成个人独特的艺术风格，即："因材设计、主题新颖、刀法洗练、繁简结合、形神兼备、重在神韵"。在全面继承传统牙雕艺术的同时，李春珂开拓进取、勇于创新，从主题构思到雕刻刀法等方面都进行了大胆实践，其作品蕴含着深厚的文化底蕴，为工艺美术事业的发展作出了重要贡献。

1989年，我国全面禁止象牙贸易，象牙雕产业曾一度陷入尴尬境地。但李春珂没有放弃自我要求，继续刻苦钻研，2003年获得高级工艺美术师职称，2004年被评为国家一级高级技师。2009年，我国境内开放合法的象牙贸易，李春珂掌握的象牙雕刻技艺得到进一步发扬。

李春珂现已培养艺徒20余人，其中多名学生已被评为国家中高级技师，部分学生作品在国家及地方举办的各种评比中荣获各类奖项。

▷象牙雕刻《书卷观音》

▽李春珂正在指导学生

象牙雕刻《思维菩萨》

象牙雕刻《送子观音》

李增保

Li Zengbao

拉祜族芦笙舞代表性传承人

拉祜族，云南省普洱市人，1929年出生，第三批国家级非物质文化遗产项目拉祜族芦笙舞代表性传承人。

拉祜族芦笙舞是富有浓厚生活气息的集体舞蹈，多在春节和中秋之时，全寨人在吹芦笙者的带领下手拉手围成圆圈，随着曲子载歌载舞。芦笙舞模拟生产劳动、日常生活和动物的动作，以跳、踩、扫、绕、蹉等步法带动身段的俯、仰、摆、转及横移的步伐，有80多个舞蹈动作套路，用舞蹈的形式表现了拉祜族的原始宗教礼仪、生产和生活方式。

李增保15岁起跟父亲及当地艺人学跳芦笙舞和吹奏技艺。30岁左右，基本已熟悉和掌握了芦笙舞的动作与内容，且有所创新。45岁左右，已能全部掌握80多套芦笙舞动作套路。55岁时能演唱拉祜族创世史诗《牡帕密帕》，拉祜族迁徙史《根古》、拉祜族年节歌《科跟哈科》，拉祜族爱情歌《乃哈雅哈科》，拉祜族《劳动生产调》、《情歌》等。近年来，经常受到附近村寨邀请，教村民们跳芦笙舞，成为本区域内公认的“嘎麦、嘎剋巴”（教芦笙舞的师傅）。

李增保每逢年节时，或利用农闲的时间，通过各种形式将自己所掌握的技艺毫不保留的传授给乡邻。1985年7月，李增保表演的《芦笙舞》编入澜沧县民族民间舞蹈集成丛书《拉祜族民族舞蹈》；2010年8月，他演出的《拉祜族芦笙舞》，被录制成教学光碟，发放到全县20个乡镇160个村寨，进行拉祜族芦笙舞的传承和推广；2012—2013年，在澜沧县南岭、酒井、糯福等14个乡镇举办了“芦笙舞、牡帕密帕、根古”项目培训班，李增保担任授课老师，受到了学员的好评。李增保已传授了芦笙舞学员44人、牡帕密帕学员23人，其中有几名学员已经可以胜任拉祜族芦笙舞教师职责，多数学员已成为所属村寨跳芦笙舞、唱史诗《牡帕密帕》的骨干力量，促进了拉祜族芦笙舞的传承发展。

▷李增保向徒弟传授《编囤箩舞》（李娜安 摄）

▷李增保表演《女人舞》（李娜安 摄）

▷李增保表演《蜻蜓舞》（李娜安 摄）

李增保带领村民跳《圆圈舞》（李娜安　摄）

连丽如

Lian liru

北京评书代表性传承人

满族，北京市人，1942年出生，第三批国家级非物质文化遗产项目北京评书代表性传承人，中国煤矿文工团国家一级演员。

评书，也叫评词，是流行于华北、东北、西北一带的一种口头文学。北京评书是北方评书的主体，它形成于北京，盛行于京、津、冀和东三省等地。传统评书的表演程序一般是先念一段“定场诗”，或说段小故事，然后进入正式表演。“古事今说，佐以评论”是评书艺术的重要特征。

连丽如是评书连派艺术传人，她1960年开始随父亲连阔如学习评书艺术，同年加入北京市宣武区说唱团，1961年在北京天桥刘记茶馆演出长篇评书《三国》，成为北京第一个女评书演员。1985年调入中国煤矿文工团。连丽如严谨的分析书理章法，借鉴京剧艺术手段刻画人物，声情并茂，神完气足，表演风格大气、细腻温婉，尤以批讲见长，口齿清晰，朗声气宏，具有英姿飒爽的魅力和风采。

连丽如的代表作有《东汉演义》、《三国演义》、《康熙私访》、《智圣东方朔》等。她出版了多部评书录音资料及评书《康熙私访》录像资料。曾在电视台、电台录制播出《三国》、《东汉》等十几部长篇评书，被广播电影电视部评为“优秀演播艺术家”。其中，《智圣东方朔》荣获2000年度中国广播文艺奖（小说连播类）一等奖。2002年，连丽如出访美国，在哈佛大学、麻省理工学院等十几所大学做讲座及示范表演，并在华盛顿荣获“史密森尼民俗生活艺术节表演奖”。

年过古稀的连丽如，不但自己依然坚持演出，而且注重培养传承人。她每周都为弟子进行业务辅导，言传身教，目前所有弟子都能上台演说长篇评书。在政府的支持下，连丽如从2007年起先后开办了宣南、崇文、东城三座书馆，每周演出三场，迄今已连续演出700余场。这三个书馆的创立，使绝迹京城20余年的书馆评书重新恢复，让广大观众重新在现场领略评书的艺术魅力，对弘扬和传播传统曲艺文化发挥了积极作用。

△连丽如向弟子传授评书表演技艺

▽连丽如在新加坡广播电台录制评书节目

▽ 连丽如在新加坡参加华人文化节演出

▽ 连丽如为北海舰队的海军指战员慰问演出

1 | 2

△ 连丽如在表演评书

▽ 20世纪80年代的第一届地坛庙会，连丽如在风入松茶馆表演评书

吴钊

Wu Zhao

古琴艺术代表性传承人

汉族，北京市人，1935年出生，第二批国家级非物质文化遗产项目古琴艺术代表性传承人，中国艺术研究院研究员、博士生导师。

古琴又称“琴”、“七弦琴”，别称“绿绮”、“丝桐”。它主要体现为一种平置弹弦乐器的独奏艺术形式，另外也包括唱、弹兼顾的琴歌与琴、箫合奏。古琴相传创始于史前传说时代的伏羲氏和神农氏时期。以目前考古发掘的资料证实，古琴作为一件乐器的形制至迟到汉代已经发展完备，其演奏艺术与风格经历代琴人及文人的创造而不断完善，一直延续至今。古琴演奏是中国历史上最古老、艺术水准最高，最具民族精神、审美情趣和传统艺术特征的器乐演奏形式。

吴钊是古琴泛川派与虞山吴派代表性传人。他自幼受家庭熏陶喜爱古琴，1953年读中学时得查阜西赏识，收为琴生。1954年在北京中山公园音乐堂首次与查阜西同台演出古曲《普庵咒》。1955年考入天津南开大学历史系中国古代史专业，兼从吴景略学琴。学琴之初，吴钊并不急于追求“创新”或“发展”，而仅以“学像”为念努力耕耘，故其对导师的吟猱技法与自由跌宕等传统古法以及儒、道、禅审美情趣，钻研颇深。吴钊得两师真传，擅弹曲目有查阜西的《潇湘水云》、《阳关三迭》、《梅花三弄》、《鸥鹭忘机》与吴景略的《忆故人》、《渔樵问答》、《秋塞吟》等。其演奏风格既有查阜西的儒雅恬淡，又有吴景略的灵巧飘逸，深情多姿，具有极强的艺术感染力。

吴钊不但是著名古琴家，而且是音乐史家。近年来，他致力于《汉宫秋月》、《山居吟》、《静观吟》等经典古谱的发掘，他用明代丝弦古琴演奏的《山居吟》由风潮唱片公司发行专集，荣获了2013年度金曲奖“最佳传统音乐诠释奖”。

吴钊更着力于传统琴艺的传承，得其教者既有大、中、小学生或研究生，也有年岁较大的事业有成者。他数次与青年学生合作演出，还多次应邀赴台湾、海外的多所大学教授琴艺，广泛传承、传播了古琴文化。

▽吴钊在给学生讲古琴弹奏技艺

◁吴钊抚琴

吴明新

Wu Mingxin

赫哲族伊玛堪代表性传承人

赫哲族，黑龙江省佳木斯市人，1942年出生，第一批国家级非物质文化遗产项目赫哲族伊玛堪代表性传承人。

赫哲族伊玛堪是流行于黑龙江省的赫哲族聚居区的一种叙事传统和口头艺术，由于赫哲族只有语言没有文字，伊玛堪即成为赫哲族传承宗教信仰、人文习俗等信息的重要方式。伊玛堪表演时无乐器伴奏，说、唱结合，内容包括赫哲族历史上的英雄故事、萨满求神、渔猎生活、风俗人情和爱情故事，具有鲜明的地域和渔猎文化特征。

吴明新表演的赫哲族伊玛堪口齿清楚，符合伊玛堪独有的赫哲语口头说唱艺术的原始特点。吴明新自幼随父亲吴连贵学习赫哲族伊玛堪说唱。长期的艺术实践，使其演唱形成了曲调优美动听，音乐形象生动，节奏多变等独特风格，他还注意进一步完善伊玛堪说唱技艺，在各种场合演唱伊玛堪和民歌。代表曲目有《赫哲莫日根》、《美丽的姑娘》及《被遗忘了的网滩》等，被评为全国非物质文化遗产保护先进工作者。

2008年，吴明新在佳木斯市成立了全国第一个赫哲族语言、伊玛堪传习所，深受孩子们的欢迎。他自费租教室，不收学费，平均每周授课两次，每年授课64节，传授赫哲语100句，教授伊玛堪段子10段。现有学员300余名，能够掌握260个单词，200句赫哲语，其中100多名学员会唱“伊玛堪”，传承工作收到了显著的成效。在饶河的传习所，吴明新教授的50多名学员已完全掌握了6个“伊玛堪”唱段，他每月还坚持进行一次“伊玛堪”走进校园传习活动。在吴明新的不断努力下，佳木斯市郊区敖其乡于2008年建立了赫哲族博物馆。吴明新为传承、传播赫哲族民族文化作出了突出贡献。

1/2 吴明新向徒弟传授伊玛堪

◁ 1
2
3

1 吴明新在敖其萨满神屋前教学生说赫哲族语言

2 吴明新在敖其萨满神屋前教学生说唱伊玛堪

3 吴明新在第八次赫哲族乌日贡大会上表演伊玛堪

▽ 吴明新在第八次赫哲族乌日贡大会上表演伊玛堪

何凯英

He Kaiying

内联升千层底布鞋制作技艺代表性传承人

汉族，北京市人，1956年出生，第三批国家级非物质文化遗产项目内联升千层底布鞋制作技艺代表性传承人。

内联升鞋店创建于清咸丰三年（1853），以制作厚底朝靴起家。“内联升”一名中之“内”指大内，即宫廷；“联升”意为顾客穿上此店制作的朝靴，可以官运亨通，连升三级。内联升鞋店的特色产品“千层底”布鞋全部手工制作完成，其制作工艺继承了民间传统制鞋工艺，讲究“工精料实”。内联升千层底布鞋用料精选纯棉、纯麻、纯毛礼服呢等天然材料，鞋底每平方寸用麻绳纳81－100针，针码分布均匀。

何凯英1980年来到内联升，先后做过制鞋工、检验工、新品试制员、设计员、中层管理员（主任），做过皮鞋、布鞋，经过长时期多部门的锻炼，积累并吸收其他师傅的制鞋经验，再通过自己苦练制鞋手艺，成为了内联升首屈一指的高级技师。

何凯英在内联升千层底布鞋制作技艺、操作规程、产品质量等方面，不断加大创新、研发力度。对原有的工艺标准、图纸、楦型等进行了更新及调整。在他的积极参与下，内联升打破了传统的用料和工艺标准，在用料上改用定织的全新纯白棉布作为打袼褙的原料。此项革新突破了旧有理念的拘束，推动了我国传统手工制鞋工艺的发展。

2009年，何凯英正式招收3名年轻人为徒，使得内联升千层底布鞋制作技艺能够后续有人。他通过自己的学习与工作实践，将制鞋工艺流程、技艺要领、制作体会等信息加以提精，毫无保留地传授给徒弟。同时，除保留传统口传心授的教学模式外，何凯英还不断调整授徒方式，采用循序教导的方式，因材施教，发掘每名徒弟的学习潜能，培养出了一批业务技能扎实的青年传人。

何凯英在展览会上现场演示内联升千层底布鞋制作技艺

1|2/3, 4|5

▷内联升千层底布鞋制作技艺主要工艺流程：

1 纳底
2 关底
3 绑楦
4 翻鞋
5 整鞋

△何凯英向徒弟传授内联升千层底布鞋制作技艺

▷1|2 何凯英在制鞋

◁内联升千层底布鞋

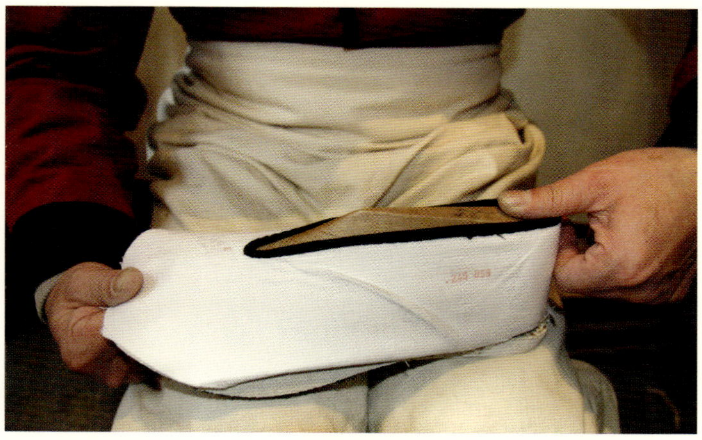

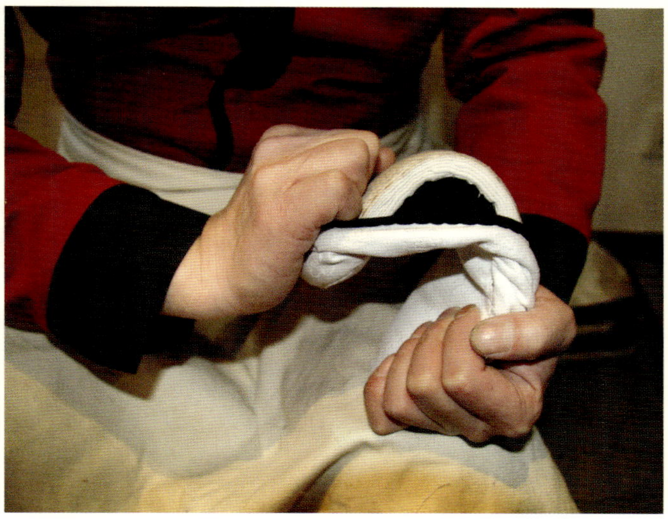

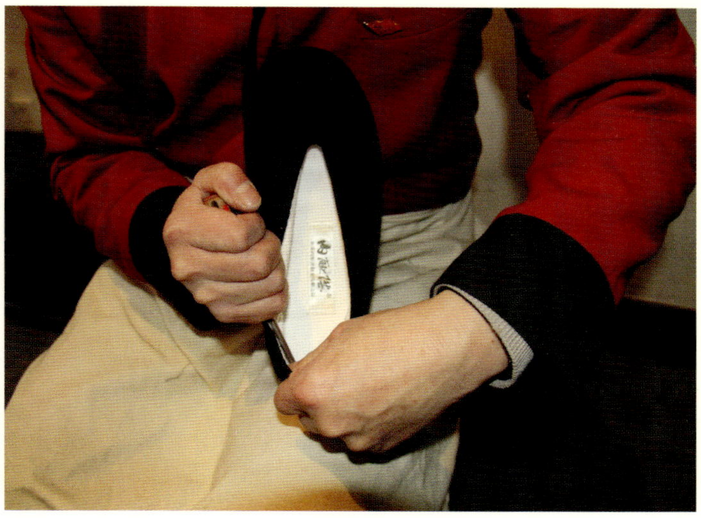

张心一

Zhang Xinyi

上海金银细工制作技艺代表性传承人

汉族，上海市人，1958年出生，第四批国家级非物质文化遗产项目上海金银细工制作技艺代表性传承人，中国工艺美术大师。

金银细工制作技艺是以金、银为主要材料，制作供室内陈设欣赏或兼具实用功能的传统金银器物的一门独特精细工艺。创始于清代道光二十八年（1848）的上海老凤祥。经历清代、民国、新中国至今数代人的传承，融汇了我国传统金银细工技艺的精华。其中抬压、鎏金、扳金、拗丝、镶嵌和錾刻等技法，全面传承了中国金银细工的精湛工艺。从制作金银饰物、翠钻珠宝、器皿、镀金珐琅到制作徽章、盾牌摆件、微型建筑等，老凤祥几乎涵盖了我国传统金银细工制作技艺的所有内容。

张心一从1972年起学习金银细工制作技艺，师从陶良宝、边炳森。他继承了中国传统金银细工制作技艺，先后设计制作出一批代表中国金银细工技艺顶尖水平的摆件精品：他设计制作的镶嵌摆件《盛世观音》，总高88厘米，耗用黄金5000余克，镶嵌象牙、翡翠、珍珠、钻石等奇珍异宝数千粒，是一件不可多得的艺术珍品；他设计制作的摆件《龙华塔》、《奔马》被誉为金银细工制作技艺的代表性作品；摆件《龙的传人》、《驰骋》荣获中国工艺美术“百花奖”一等奖等重要奖项。张心一曾获全国劳模、全国五一劳动奖章、上海市十大杰出职工等荣誉称号；他的金银细工制作作品获得中国工艺美术“百花奖”和“金杯奖”、国际“首饰设计制作奖”等奖项。

张心一领衔的“上海原创设计大师工作室”——老凤祥名师设计中心共有20多位设计师，他们在张心一的带领和指导下，已经完全具备了独立设计金银细工制作工艺品的能力。设计中心下设贵金属工艺礼品、珠宝、钻石、镶嵌首饰和工艺美术品等原创工作室，形成金银细工制作方面的有力团队。张心一培养的徒弟，已成为国内金银细工制作技艺方面具有影响力的人才。

金银细工摆件《如意祥云纹金盘》（千足金）

金银细工摆件三件套《仿古龟盖龙柄鸳鸯提梁壶套件》

△上海金银细工制作技艺

1 塑模

2 表面处理

3 总装

▽张心一向徒弟传授上海金银细技艺

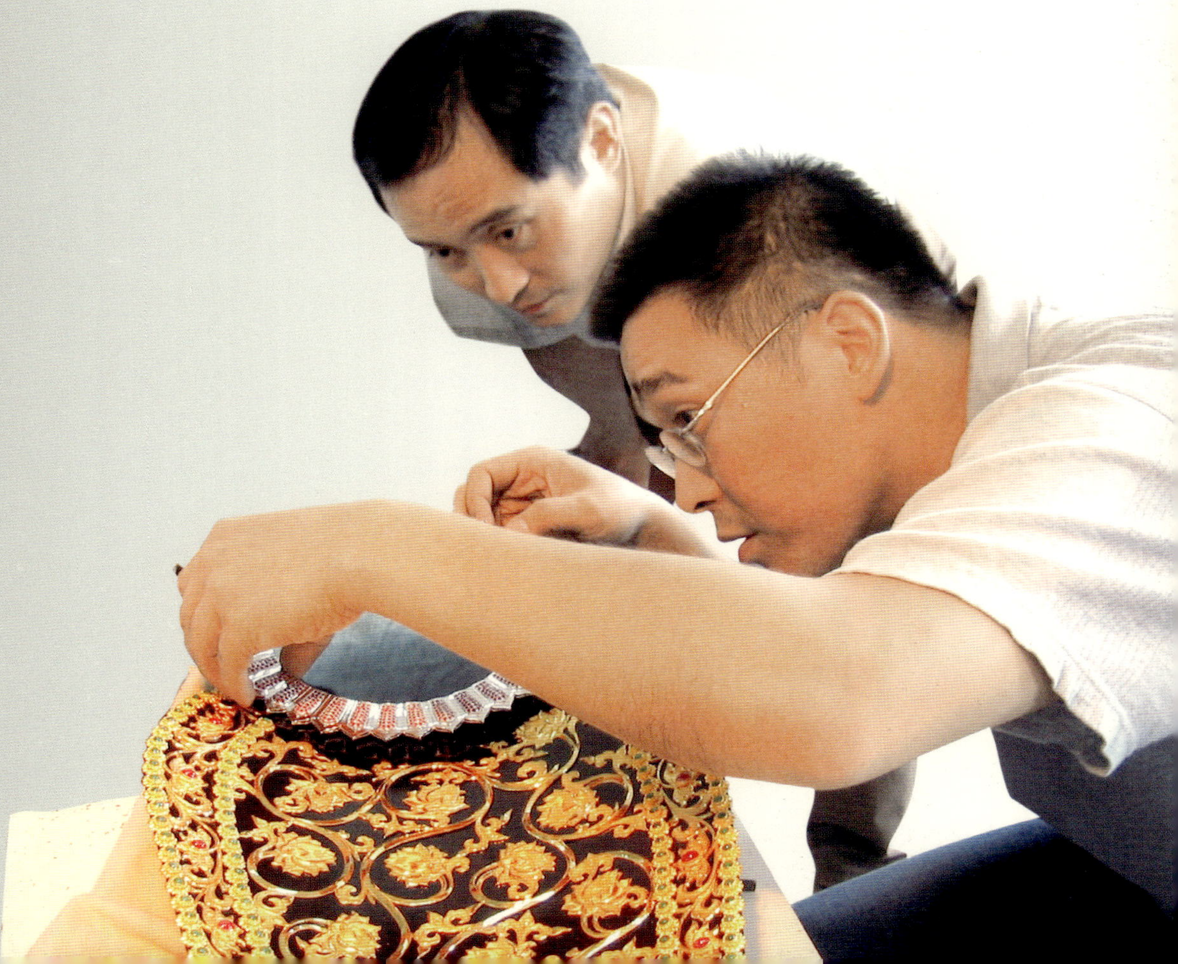

张宝玉

Zhang Baoyu

回族医药（张氏回医正骨疗法）代表性传承人

回族，宁夏回族自治区银川市人，1946年出生，第四批国家级非物质文化遗产项目回族医药（张氏回医正骨疗法）代表性传承人。

张氏回医正骨疗法以回族医学理论为基础，以祖传回医正骨方法为特色，经四代相传，又博采各家之长，结合现代先进的医学技术，反复实践，不断归纳总结，形成了独具简便、有效、价廉的技术特点。使用张氏回医正骨疗法治疗各类骨折、关节脱位、骨髓炎、骨迟缓、颈肩腰腿痛、烧烫伤及各类外科疮疡等病痛具有独特优势，尤以治四肢创伤骨折见长。治疗骨折不开刀、不打石膏、不用内外金属物穿刺固定，采用手法复位结合小夹板外固定，配合骨伤回药膏外敷，深受患者认同，在群众中拥有良好的口碑。

张宝玉是张氏回医正骨疗法第三代传人，宁夏张氏回医正骨医院院长。张宝玉自幼随父张成仁学习张氏回医正骨医术，16岁就掌握了张氏正骨疗法的基本要领。荣获“全国中医药应急工作先进个人”、“第一批全国优秀民营中医医院院长”及“中国民族卫生医药发展贡献奖”等荣誉称号。

为扩大张氏回医正骨的服务范围，张宝玉先后于1986年、2003年、2004年分别在吴忠市马莲渠乡、银川市为各族群众提供简便、优质的诊疗服务。诊疗患者近8万人次，来求医问药的患者不仅来自宁夏本地，还辐射到陕、甘、青、晋、豫、贵、川等省市各地。2011年，张宝玉在银川市举办“张氏回医正骨适宜技术推广培训班”，培训来自全区各级中医医院骨伤科、推拿按摩科、康复理疗科和回医药临床技术骨干160余人。如今，由他亲传的几位第四代传人已经具备了独立行医的能力和资格，并且都取得了很突出的成绩。

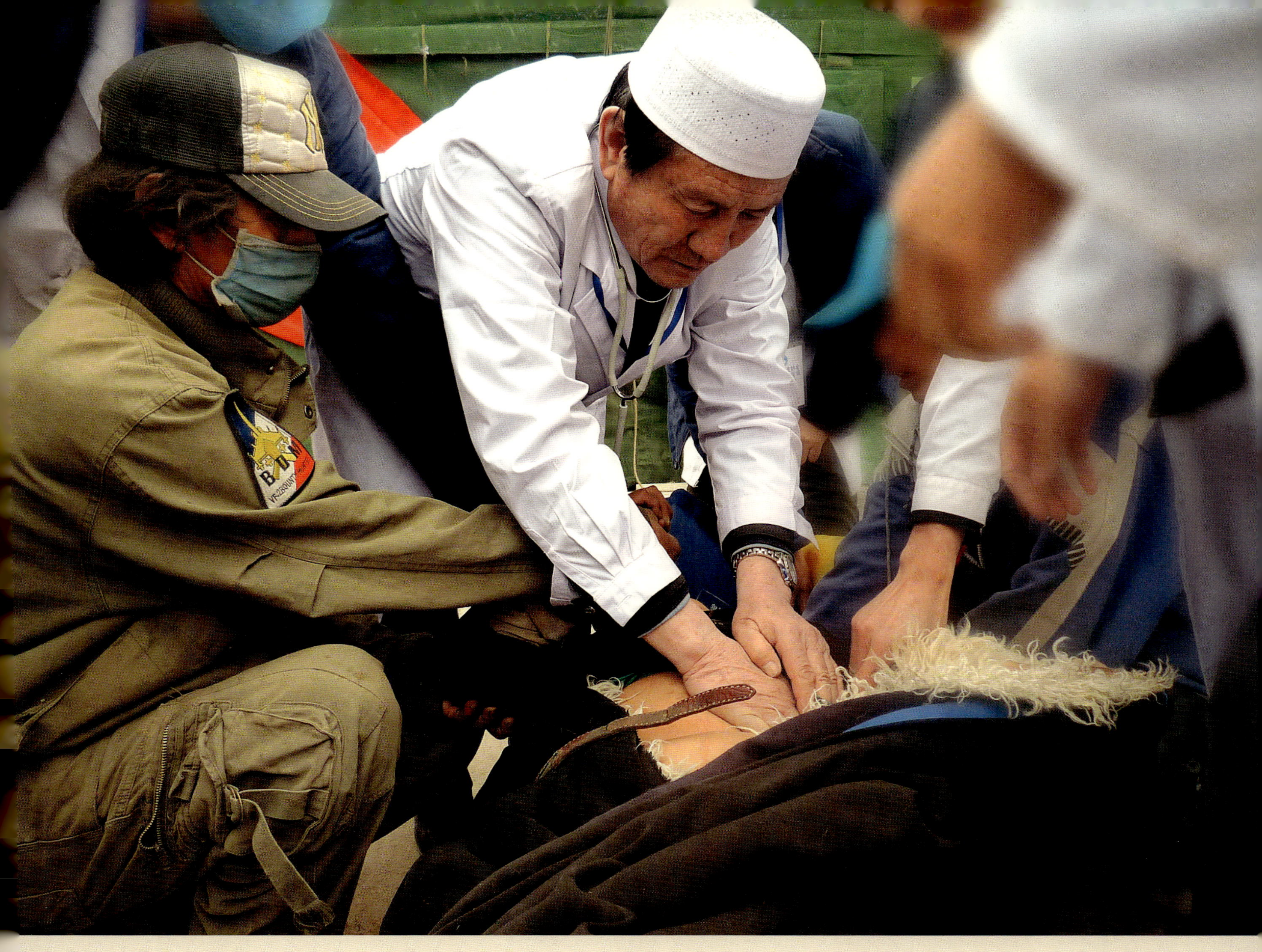

张宝玉带领医疗救援队赶赴青海省玉树地震灾区救治灾区患者

△张宝玉在研读医药书籍

◁祖传张氏回医正骨疗法制药工具及器皿

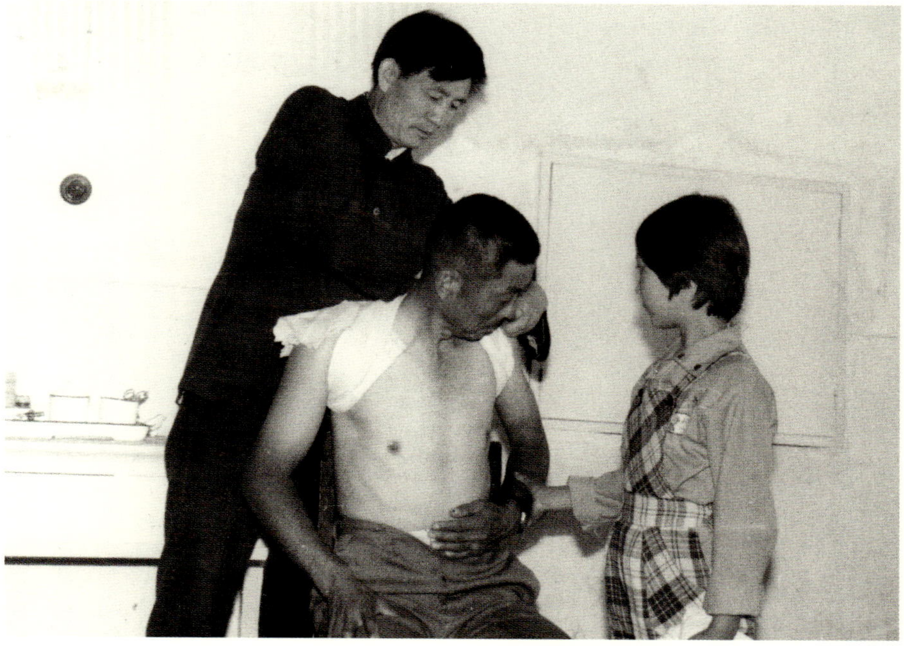

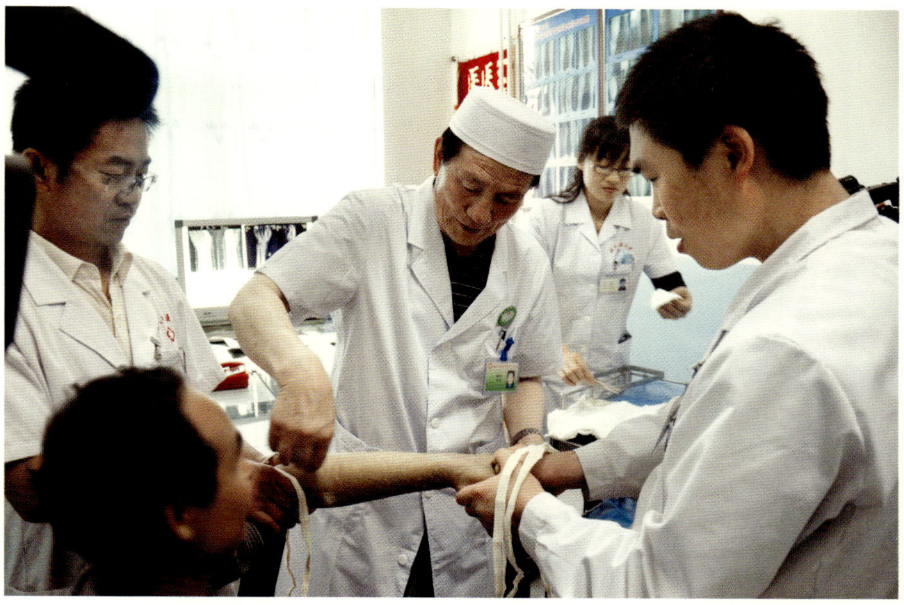

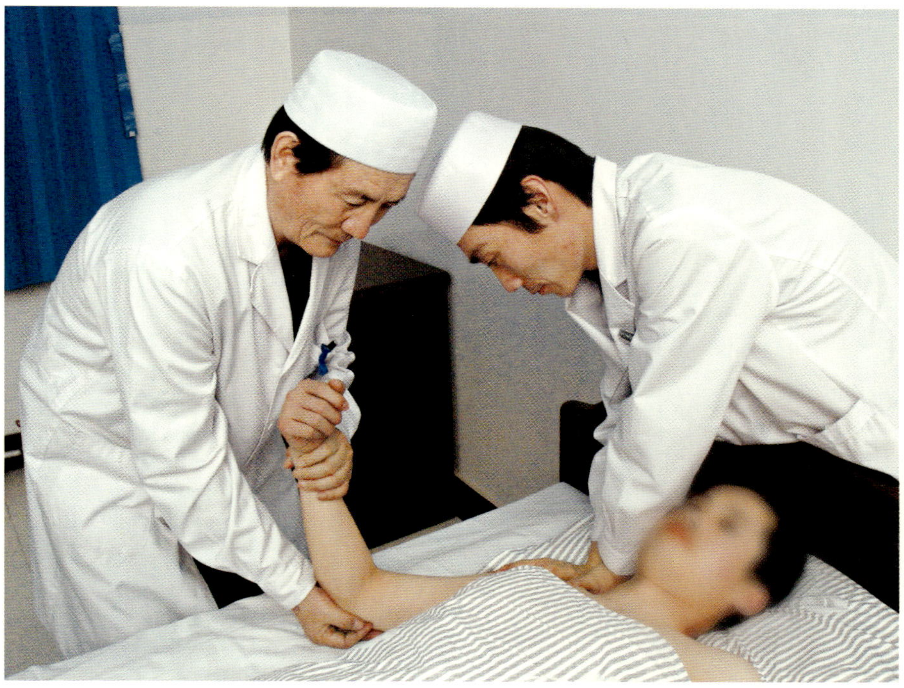

1 青年张宝玉在为患者诊治

2 张宝玉运用张氏回医正骨疗法为病人诊治骨伤

3 张宝玉向徒弟示范张氏回医正骨疗法

张美芳

Zhang Meifang

苏绣代表性传承人

汉族，江苏省苏州市人，1946年出生，第四批国家级非物质文化遗产项目苏绣代表性传承人，第六届、第七届、第八届全国人大代表，享受国务院政府特殊津贴专家，现任苏绣艺术创新中心主任、艺术总监。

苏绣是中国四大名绣之一，因产自于苏州而得名。苏州是历来文人雅士辈出之地，深厚的文化积淀对苏州刺绣技艺风格的形成，影响颇深。因而，在长期发展中，苏绣形成了色彩淡宜雅致，绣工精丽细致的艺术特点。

张美芳1964年进入苏州刺绣研究所专修班，1972年起，先后进入针法研究室和乱针绣针法研究室担任技艺专业负责人，1984年任苏州刺绣研究所技术所长，1994年获高级工艺美术师职称，1997年被授予江苏省工艺美术大师，获得“全国三八红旗手”称号。

在几十年的刺绣实践和理论研究中，张美芳逐步形成了独特的艺术风格，题材选择眼光独到，对于针法、技法的运用，不因循守旧，在继承传统的基础上，不断融入创新思维，提升刺绣作品的文化艺术内涵。她提倡因材施技，不落窠臼，如与著名科学家、诺贝尔奖获得者李政道先生合作了《金核子对撞科学图像》作品，在苏绣题材的选择上，张美芳大胆尝试表现敦煌题材的刺绣精品《净土经变》、《藻井》及《唐卡》、《万花筒》系列等，展现了典型苏绣技艺的精、细、雅、洁的风格，同时又在传统苏绣技艺的基础上，创新表现手法，在多次参展中，被国内外专家、学者评述为：用最古老的技艺，表现最新的创意，延展了传统苏绣技艺的文化艺术生命。

张美芳因材施教，尽心培养传承人，为苏绣培养了众多高端刺绣技艺人才。同时，张美芳也注重理论总结，她带领刺绣技艺人员系统梳理传统苏绣的技艺要素和文化内涵，对苏绣技法、针法系统进行归纳整理，将各种针法的原始形态，以实例演绎，并结合文字阐述和图片演示，准备出版《苏绣针法技法汇综》一书，便于学徒直观、准确地了解苏绣的技艺特点，从而增加和增大苏绣传播、传承的力度与范围，利于苏绣这一古老优秀民族技艺的保护。

△苏绣《金丝猴与哈巴狗》

▽张美芳向学生传授苏绣技艺

△苏绣《龙首吉补》（局部）

◁苏绣清代恽南田《蒲塘金粉》

张登洋

Zhang Dengyang

吹打（金桥吹打）代表性传承人

汉族，重庆市人，1963年出生，第二批国家级非物质文化遗产项目吹打（金桥吹打）代表性传承人。

金桥吹打具有鲜明的民族特色和地方特色，有音域宽、音量大、力度厚、音色明快、穿透力强等艺术特点，其最显著的特色技巧是清代刘多二创造的“马风派”。“马风派”的艺术风格是在演奏中唢呐高鸣酷似马啸，伴以犹如马蹄声的鼓点声，曲至高潮，马啸与蹄声共鸣，有万马奔腾之势。经五代人200多年的传承，“马风派”技艺日臻成熟。

张登洋自幼喜爱音乐，小学时开始学吹笛子。初中时对吹打乐产生了兴趣，于1977年拜本村吹打乐艺人许绍华学习吹打。在师傅的指导下，学完了【品打】、【散打】、【花灯】等系列曲牌。为了提高吹打乐技艺水平，张登洋于1979年师从吹打乐高手向紫钦之子向仕林学习【鸡公调】、【采桑调】、【青山水落音】等，体会新村地方唢呐音的“柔”性。1989年又拜重庆市民间优秀艺术家翁庆华学习【将军令】、【二排鼓】、【接马锣】等，感受河坝村唢呐音的“刚”性。

张登洋学艺至今，已完全掌握了正宗的全部“马风派”曲牌。并保持了传统的“五音调式”记谱方法。在吹奏中保持独特换气法，一口气能吹奏五分钟以上，如【鸡公调】。

2002年至今，张登洋任重庆市万盛经济开发区“马风派”民间吹打艺术团团长。其间，他收集、整理了大量金桥民间吹打曲牌。张登洋根据金桥吹打第四代传人向紫钦后裔的描述谱曲完成“青山莽”唢呐曲，为金桥吹打器乐申报国家级非物质文化遗产保护项目作出了贡献。

2008年张登洋配合原万盛区“文广”新局和原万盛区金桥镇“文广”中心撰写了金桥吹打乡土教材。张登洋共授徒350余人，其中能熟练掌握金桥吹打技巧的有100余人，业余爱好者100余人。张登洋亲授的18名徒弟，现在在重庆市万盛经济开发区“马风派”民间吹打艺术团专门从事吹打演出工作，他为传承和传播金桥吹打发挥了积极作用。

张登洋在吹奏唢呐

△ 1|2
张登洋的徒弟在表演金桥吹打

▽ 张登洋授徒传艺

◁ 张登洋授徒传艺

张静娴

Zhang Jingxian

昆曲代表性传承人

汉族，上海市人，1947年出生，第二批国家级非物质文化遗产项目昆曲代表性传承人，上海昆剧团国家一级演员。

昆曲又称昆腔、昆山腔、昆剧，是元末明初南戏发展到昆山一带，与当地的音乐、歌舞、语言结合而生成的一个新的声腔剧种。昆曲是一种高度文人化的艺术，明清许多从事昆曲剧目创作的剧作家，取得了很高的文学成就。昆曲历史悠久，影响广泛而深远，它是传统文化的结晶，也是戏曲表演的典范。昆曲艺术形式精致，内涵深厚。由于昆曲具有的独特文化价值，因此于2001年成为我国首批入选联合国教科文组织“人类口头和非物质遗产代表作”名录的项目。

张静娴幼年习艺上海戏曲学校昆剧演员班，师承“传字辈”戏曲教育家朱传茗，并得方传芸、沈传芷、姚传芗诸名家亲授。后又经京昆泰斗俞振飞悉心指导，于“字、音、气、节、情”的处理和体现上愈加巩固了张静娴规范、出众的唱念水平。至此，动听、动情、动人成为她对于唱念的理解、追求和特色。

张静娴的表演，情致深婉，意蕴幽远，于内着重层次铺排、于外讲究节奏对比，且擅于掌握角色个性表现的分寸，情真意切，具有端凝隽妙的艺术感染力。张静娴塑造的赵五娘、费贞娥、窦娥、崔氏等闺门正旦形象，能够在柔弱温存的人物性格中表现出刚烈坚贞的气质，在娴雅静穆的气氛中营造激越迅捷的动感，雅俗共赏，曾荣获二度中国戏剧梅花奖、文华表演奖等。

张静娴在培养后继人才时注重因材施教，从不主张学生囿于一家之风。她授徒既教授行当程式的规范，又注重引导学生准确表现角色的个性特点。此外，她能在口传心授的传统传艺方式之外，利用现代学院教学模式，更大范围的传徒和传播昆曲艺术。目前，张静娴的徒弟已经不限于上海、苏州昆剧院、团的专业演员，还有的在中国戏曲学院任教，并多已成为当代昆曲界闺门旦行当的领军人物。

△▽ 张静娴在给弟子说戏

张静娴在昆曲《血手记·闺疯》中扮演铁氏

张静娴在昆曲《班昭》中扮演班昭

Lu Guangzheng

陆光正

东阳木雕代表性传承人

汉族，浙江省乐阳市人，1945年出生，第一批国家级非物质文化遗产项目东阳木雕代表性传承人，中国工艺美术大师，中国工艺美术学会木雕艺术专业委员会会长，中国科学技术协会第七届全国委员会委员。

东阳木雕是浙江省优秀传统工艺。其始于唐宋，盛于明清，从木制生活器物雕刻而及家具木雕、工艺陈设、厅堂布置、建筑装饰，广泛流布于浙、苏、皖、赣及南方各省。东阳木雕多以香樟木、椴木、红木等为原材，以人物、山水、花鸟、走兽为表现主体，工艺技法平面浮雕为基础，兼蓄浅浮雕、深浮雕、镂空雕、多层叠雕等多种技法，具有材质珍贵，刻工细腻的特点。

陆光正13岁考入东阳木雕技校，15岁师从“雕花状元”楼水明先生，1960年进入东阳木雕总厂工作，1965年赴浙江美院进修，1985年起担任东阳木雕总厂厂长，1997年成立陆光正创作室。从艺55年来，陆光正融会贯通东阳木雕各种技法，创作了各种题材的木雕艺术珍品500余件，代表作有木雕台屏《三英战吕布》、浙江省政府赠送香港特区政府回归礼品《航归》、杭州雷峰塔木雕壁画《白蛇传的故事》、人民大会堂浙江厅大型木雕壁挂《锦绣西湖》等。

陆光正收徒14人，其中有省级工艺美术大师9人，有8人创办工作室或企业，都已是具备相当规模的企业。2008年，浙江广厦学院新创木雕系，陆光正被聘为该系专业负责人，通过院校教育培养木雕专业人才。其个人创建的创作室，现有员工100余人，是国家级和省级非物质文化遗产生产性保护示范基地，兼具东阳木雕生产和技艺培训、传承的功能。作为东阳市工艺美术协会会长，陆光正以高度的责任感，主动担负起东阳木雕保护、传承与发展的历史使命，积极参与东阳“中国木雕城”的建设和发展，协助举办中国（东阳）工艺美术博览会。作为中国工艺美术学会木雕艺术专业委员会会长，陆光正积极促进全国各大木雕流派的合作交流，积极指导全国各类木雕主产地发展，对东阳木雕的传承、创新和多元化发展作出了贡献。

陆光正在创作
东阳木雕

◁东阳木雕《锦绣西湖》（局部）

△东阳木雕《锦绣西湖》

◁陆光正在指导徒弟制作泥塑

阿瓦依·哈尼塞提

Awayi Hanisaiti

哈萨克毡绣和布绣代表性传承人

哈萨克族，新疆维吾尔自治区生产建设兵团人，1963年出生，第二批新疆生产建设兵团级哈萨克毡绣和布绣代表性传承人。

哈萨克族毡绣和布绣，是新疆哈萨克族的民间刺绣艺术，主要流行于新疆生产建设兵团农六师红旗农场垦区、一零七团、奇台农场垦区一带。哈萨克族毡绣和布绣历史悠久，与哈萨克族人民的生活息息相关，是人们不可缺少的日常生活用品。它们多由家庭主妇自制自用，也在社会交往中用作馈赠的礼物。毡绣和布绣分别是在毡子和布料上施绣，所绣图案题材与草原生活相关，多采用连续纹样，将富有吉祥寓意的花草植物类抽象纹饰，用细腻多变的线条和强烈的对比色加以表现，形成极具视觉张力与民族特色的艺术风格。

阿瓦依·哈尼塞提从小跟随母亲学习织绣，经母亲的悉心传授及阿瓦依·哈尼塞提的刻苦学习，她的织绣与众不同，独具特色。她选用质地上好的材料，其织绣工艺精细、方圆规矩、针脚均匀细腻，追随时代潮流，不断丰富绣样款式，调整、创新颜色搭配与图案设计。阿瓦依·哈尼塞提的哈萨克毡绣和布绣作品先后两次代表新疆建设兵团参加了全国非物质文化遗产博览会，并获得了优秀参展项目奖，其代表作品《羊角对花毡》被评为“第一届中国非物质文化遗产博览会”银奖。2012年代表兵团参加了中国非物质文化遗产生产性保护成果大展。

阿瓦依·哈尼塞提的精湛技艺，吸引着周边的哈萨克姑娘，她们纷纷主动投师学艺。几年来，阿瓦依·哈尼塞提授徒20多人，其中有徒弟分别在乌鲁木齐、奇台和当地开了织绣店铺。2011年，阿瓦依·哈尼塞提组织创办了“毡绣、布绣和织绣合作社”，吸引了众多的哈萨克妇女积极报名参加，合作社的成立，缓解了部分就业问题，活跃了市场，促进了当地经济的发展，提高了牧民的家庭收入，改善了牧民生活，受到了社会赞扬和当地政府的好评。

△哈萨克毡绣和布绣《提布绣装饰品》(局部)

▽阿瓦依·哈尼塞提在擀毡工序前拣选原料

△ 1|2

阿瓦依·哈尼塞提在指导徒弟学习毡绣制作技艺

▽ 哈萨克毡绣布绣展示会一角

△1|2 阿瓦依·哈尼塞和同伴及徒弟研究毡绣制作技艺

Chen Xiaowang

陈小旺

太极拳（陈氏太极拳）代表性传承人

汉族，河南省郑州市人，1945年出生，第三批国家级非物质文化遗产项目太极拳（陈氏太极拳）代表性传承人，中国武术高级教练、中国武术国际推广中心武术教授。

太极拳是东方文化的瑰宝，是中华武苑的古老奇葩，数百年来已衍生出广播海内外的陈、杨、武、吴、孙、和等诸多流派。陈氏太极拳出现于明末清初，系河南省焦作市温县陈家沟的陈王廷经过潜心研究创编而成的。太极拳是集技击、强体、健身、益智和修性为一体的独特运动方式，其中蕴藏着东方哲学的深刻内涵。它将阴阳、动静、正反、有无、形神等对立统一的内容融入武术之中，以符合人体运动规律的演练形式强体健身，体现了中华民族生生不息的活力。

陈小旺为陈氏第十九世太极拳掌门人，约五六岁时就随父亲陈照旭、堂伯陈照丕、叔父陈照奎习武，精通陈氏太极拳理论、套路、器械、推手、散手。他在承袭世代家传武学的基础上，继承发展了陈氏太极拳。

为了普及陈氏太极拳，陈小旺在传统陈氏太极拳的基础上，删繁就简，创编了“陈氏三十八式太极拳”、“陈氏十九式太极拳”，使陈式太极拳这一武术奇葩在广大群众中更好地传承和发展。

1990年，陈小旺赴国外开拓中国武术传承空间，创办了“世界陈小旺太极拳总会”，在30多个国家和地区建立了分会，在世界几十个国家的上百个城市推广太极拳，为太极拳走向世界作出了贡献。他多次以其精湛的太极功夫战胜和折服了不少前来挑战的武士和力士，为祖国赢得了荣誉。多年来培养出了一大批国内外太极拳冠军和优秀太极拳手。辅导传授学生数万人次。编著了《世传陈氏太极拳》、《陈氏三十八式太极拳》等书籍；发表了《论陈氏太极拳的五层功夫》、《陈氏太极拳的发劲》、《陈氏太极拳的抖杆》等多篇论文，丰富了太极拳的理论研究。

△陈小旺在斯洛文尼亚传授拳术（陈军　摄）

▽陈小旺在波兰传授拳术（陈军　摄）

陈小旺在爱尔兰传授拳术（陈迎军　摄）

陈巧缘

Chen Qiaoyuan

川剧代表性传承人

汉族，四川省成都市人，1967年出生，第二批国家级非物质文化遗产项目川剧代表性传承人，享受国务院政府特殊津贴专家，成都市川剧研究院国家一级演员。

川剧是流行于四川省为主地区的地方剧种，在中国西南部影响较大，主要有高腔、胡琴、弹戏、昆曲、灯调五种声腔，具有鲜明的地域特色和民族风格。川剧剧目丰富，有传统剧目和创作剧目6000余个，体现了巴蜀人民的生存状态和精神面貌。明末清初，昆曲、弋阳腔、青阳腔、陕西梆子、湖北汉调、徽调等声腔流入四川，乾隆、嘉庆年间与当地的薅秧调、川江号子、地方小调、宗教音乐等逐渐融合，基本完成了外来声腔“四川化”的演变过程。1911年前后，高腔、昆曲、胡琴、弹戏及四川本土的灯戏在同台演出过程中融为一体，形成“五腔共和”的川剧，一直延续至今。

陈巧缘，艺名陈巧茹，1979年开始学艺，1984年调入成都市川剧院，师承著名川剧表演艺术家张光茹，工花旦、青衣、武旦。陈巧缘扮相俊美，功底扎实，唱腔悠扬委婉，身段潇洒，善于运用川剧唱、念、做、打传统程式技能刻画人物形象，颇具功力。在长期的川剧舞台艺术实践中，她的艺术才华得到了充分展示，逐渐形成了细腻、清挺、稳健自如的表演风格，为川剧这个古老的剧种注入了新的活力。

陈巧缘擅长表演的剧目有《打神》、《劈棺》、《四川好人》、《白蛇传》、《打饼》、《好女人、坏女人》、《激流之家》、《欲海狂潮》、《死水微澜》、《红梅记》、《马前泼水》、《卓文君》等，曾携其主演的剧目出访多个国家和地区。

陈巧缘很早就致力于川剧的推广和对传承人的培养。她在2010年成立了“个人剧目生产实验工作室”，培养了多名学生，为川剧艺术输入了一批颇具实力的新生力量。陈巧缘经常带领这些青年川剧演员，深入各大院校演出，对推广和传承川剧艺术发挥出了积极作用。

陈巧缘在川剧《白蛇传》中扮演白素贞

△陈巧缘在川剧《马前泼水》中扮演崔巧凤

△陈巧缘在川剧《欲海狂潮》中扮演蒲兰

△陈巧缘在川剧《红梅记》中扮演李慧娘

◁陈巧缘与弟子同台表演川剧

陈育明

Chen Yuming

琼剧代表性传承人

汉族，海南省海口市人，1937年出生，第三批国家级非物质文化遗产项目琼剧代表性传承人，享受国务院政府特殊津贴专家，第九届全国政协委员，海口市琼剧团国家一级演员。

琼剧是海南省的大戏种，形成于明末清初，至今已有300多年的历史。它融汇了江西戈阳腔、元木偶戏、闽南杂剧和海南民间小调的表演形式和唱腔，从产生到现在已有近400年的历史，传统剧目总计约有2000多个。琼剧唱腔以板腔为主，兼有少数曲牌，地方韵味浓郁，表现技艺独特。

陈育明1952年从艺，师承郑长和、韩文华、王秀明（三升半）、李长城、林道修、谭大春等琼剧艺术家。陈育明以其“大方自然、内涵丰富、稳重中显潇洒，豪放中含细腻”的表演风格，在琼剧唱腔艺术方面的改革和创新，形成了自己独具魅力的表演流派“育明腔”。他主演过近百个剧目，塑造了诸多人物艺术形象。主要扮演过古装戏《红楼梦》中的贾宝玉、《三看御妹》中的封加进、《梁山伯与祝英台》中的梁山伯、《红叶题诗》中的文东和、《刁蛮公主憨驸马》中的孟飞雄、《林攀桂》中的林攀桂和《红丝错》中的张秋人等经典人物形象。除了传统剧目之外，陈育明还在现代戏《红色娘子军》中扮演洪常青、《八一风暴》中扮演方大来、《泪血樱花》中扮演秦滔、《海角惊涛》中扮演冯白驹、《恨深情长》中扮演郭金宝等主要角色。

陈育明在半个多世纪的琼剧表演生涯中，积累了丰富的舞台表演和演唱经验，他都毫无保留的传授给了后辈，亲手培养出了一批新生代琼剧艺术传承人，很多已经成长为优秀琼剧演员，其中有几位徒弟已经成为国家一级演员、“梅花奖”获得者。

△陈育明在琼剧《林攀桂》中扮演林攀桂

▽陈育明为学生说戏

△陈育明在琼剧《海角惊涛》中扮演冯白驹

陈育明为弟子做动作指点

陈林

Chen Lin

蒸馏酒传统酿造技艺（五粮液酒传统酿造技艺）代表性传承人

汉族，四川省宜宾市人，1960年出生，第三批国家级非物质文化遗产项目蒸馏酒传统酿造技艺（五粮液酒传统酿造技艺）代表性传承人，高级品酒师，首届中国酿酒大师，享受国务院政府特殊津贴专家。

以杂粮酿造为特色的五粮液，其前身可追溯到宋代的“姚子雪曲”。五粮液酒传统酿造技艺是以大米、玉米、糯米、高粱、小麦五种粮食为原料，遵循古传“陈氏秘方”，通过制曲、复式固态窖池发酵、蒸馏提纯、量质摘酒、分级陈酿、勾兑调味等主要工序，含淀粉或糖质的原料在微生物活性状态过程中发生酶的作用，使酒液具有香气悠远、入口净爽的特点。

1980年，19岁的陈林进入宜宾五粮液酒厂工作，至今已从业30余年。陈林作为北宋王公权初创的五粮液酒传统酿造技艺在发展期的第四代传承人，直接师承被誉为“中国勾兑圣手”的范玉平，在中国浓香型大曲酒的生产技术方面，特别是传统白酒生产工艺及勾兑调味技术方面有着很深的造诣。她凭借长期培养的灵敏感官、丰富经验和独特悟性，成为了白酒生产、勾兑调味技术方面的权威专家。她在继承传统勾兑调味技术的基础上，进行创新，成功研制了众多五粮液系列酒产品。她先后参加并主持了《五粮液计算机勾兑专家系统、调味系统》、《利用超临界二氧化碳萃取技术从酿酒资源中提取酒用呈香呈味物质的研究》、五粮液传统酿酒生产工艺查定等众多科研项目，开创了1000吨勾兑大桶和勾兑组合工艺的先河，并发表有《白酒中金属元素的测定及其与酒质的关系》等多篇专业论文。获得全国“优秀女企业家”，首届“中国白酒科技技术大会突出贡献科技专家”等称号。

陈林在生产实践中充分发挥其骨干带动作用，通过传统技艺学习、培训等活动，把自己长期积累的所悟所得传授给新一代传人，已经培养出了一批批新的五粮液酒传统酿造技艺传承人。

△陈林向酿酒工人传授五粮液酒传统酿造技艺

▽陈林参与并指导五粮液酒传统酿造技艺之制曲工序：大曲感官检验

△陈林参与并指导五粮液酒传统酿造技艺之酿酒工序：调味

▽陈林向调酒师传授五粮液酒传统酿造技艺

▽陈林参与并指导五粮液酒酿造技艺之酿酒工序：看糟配料

△陈林参与并指导五粮液酒传统酿造技艺之酿酒工序：组合

宝音德力格尔

Baoyindeligeer

蒙古族长调民歌代表性传承人

蒙古族，内蒙古自治区呼和浩特人，1935年出生，2013年5月逝世，第二批国家级非物质文化遗产项目蒙古族长调民歌代表性传承人，内蒙古歌舞团国家一级演员，内蒙古大学艺术学院客座教授。

蒙古族长调民歌是北方草原游牧民族在畜牧业生产劳动中创造，在野外放牧和传统节庆时演唱的一种民歌，具有鲜明的游牧文化和地域文化特征。蒙古族长调民歌传承历史久远，旋律悠长舒缓、意境开阔、声多词少、气息绵长，集中体现了蒙古游牧文化的特色与特征，并与蒙古民族的语言、文学、历史、宗教、心理、世界观、生态观、人生观、风俗习惯等紧密联系在一起，贯穿于蒙古民族的全部历史和社会生活中。

宝音德力格尔出生在内蒙古自治区呼伦贝尔盟（现已改为市）新巴尔虎左旗。1949年在本旗举行的那达幕大会上登台演唱长调民歌，崭露头角。1951年参加呼伦贝尔盟文工团，1952年调至内蒙古歌舞团，任独唱演员。她嗓音甜美、音质纯净、气息充沛、行腔自如、高亢豪放，是呼伦贝尔草原民歌流派的杰出代表之一。宝音德力格尔曾举办独唱音乐会，为多部电影演唱插曲，为中央人民广播电台及内蒙古人民广播电台录制数百首歌曲。20世纪50年代至今，她先后出访多国，在第五届世界青年联欢节上，演唱了《海骝马》、《辽阔的草原》等蒙古族长调民歌，荣获金奖，被草原人民尊称为“长调歌后”、“草原百灵”、“草原夜莺”，被评为全国非物质文化遗产保护先进工作者。

宝音德力格尔将流传于民间的蒙古族长调艺术引入了学院音乐教育殿堂，培育了一批又一批的蒙古族长调民歌传人。退休后，宝音德力格尔仍然在艺术学院授课之余，深入牧区教牧民们唱歌。宝音德力格尔将毕生精力献给了蒙古族长调的宣传推广、保护和传承工作，直到生命的最后时光都在为本民族的文化艺术传承贡献着自己的力量。

△宝音德力格尔在牧区

▽宝音德力格尔参加东乌珠穆沁祭祀活动『长调敖包』（叔嘎拉 摄）

宝音德力格尔参加民族艺术家文化交流活动
（叔嘎拉　摄）

▷ 1/2/3 青年时期的宝音德力格尔在指导学生演唱蒙古族长调民歌

郎咸芬

Lang Xianfen

吕剧代表性传承人

汉族，山东省济南市人，1935年出生，第三批国家级非物质文化遗产项目吕剧代表性传承人，第一届、第五届、第七届全国人大代表，山东省吕剧院国家一级演员，中国剧协常务理事。

吕剧是山东省地方戏曲剧种之一，曾名“化装扬琴”、“琴戏”。起源于山东以北黄河三角洲，流行于山东和江苏、安徽部分地区，是由山东琴书吸收民间花鼓、小曲、扽腔等发展演变而来，具有浓郁的生活气息和地方特色。吕剧音乐的结构形式为板腔体，剧本大致可分小戏和连台本戏两种。基本戏是小戏，如《小姑贤》、《王定保借当》、《小借年》等；连台本戏多根据鼓词、小说和琴书的脚本改编，如《金鞭记》、《金镯玉环记》、《五女兴唐》等。吕剧曲调简单朴实、优美动听，善于运用生动的群众语言，灵活顺口、易学易唱，有浓郁的生活气息，富有强烈的艺术感染力。

1951年，郎咸芬成为潍坊市文工团一名专业演员。1952年调入山东省吕剧团。在积极向老艺人学习请教的前提下，她参与和经历了吕剧剧种改革、发展的全过程，成为吕剧剧种的代表人物。她不拘泥于技巧程式的羁绊，以扎实的生活体验为根基，从角色的个性特点和情感波动出发，形成演唱深沉含蓄，情浓韵淳，表演真实质朴，富有激情的艺术风格。

郎咸芬塑造了众多舞台形象，她主演的《李二嫂改嫁》曾被长春电影制片厂搬上了银幕；她扮演的《穆桂英》中的穆桂英、《蔡文姬》中的蔡文姬、《沂河两岸》中的梁向荣、《杜鹃山》中的柯湘、《梨花狱》中的武则天、《山高水长》中的薛逢春、《苦菜花》中的冯大娘，都以其生动饱满的表演而深入人心。

几十年来，郎咸芬培养了许多新一代吕剧优秀演员。她亲授弟子迄今为止有15人，都在省内外获得多个戏曲奖项，其中已有几位徒弟荣获梅花奖、文华表演奖、白玉兰奖等戏曲界大奖。

郎咸芬在吕剧《李二嫂改嫁》中扮演李二嫂

郎咸芬在吕剧《苦菜花》中扮演冯大娘

▷青年郎咸芬与师兄弟们探讨剧本

▽郎咸芬在给学生说戏

柳惠武

Liu Huiwu

中医传统制剂方法（龟龄集、定坤丹传统制作技艺）代表性传承人

汉族，山西省晋中市人，1955年出生，第四批国家级非物质文化遗产项目中医传统制剂方法（龟龄集、定坤丹传统制作技艺）代表性传承人，执业药师。

龟龄集系中国最早的中药复方升炼剂，它采取多种珍贵药材，应用道家特有的升炼技术炼制而成。制作龟龄集所用的每种药材需经不同辅料逐一炮制，整套工艺流程分类繁琐，制作要求极为严格。定坤丹为妇科综合治疗制剂，系清代乾隆年间中医妇科制剂中的一大珍品，属于“古方所未备，珍秘而不传”的国家级保密处方。

柳惠武出生于山西太谷县的一个医药世家，其父柳子俊老先生为已有400多年历史的老字号中药店“广誉远”的一名资深药师，也是龟龄集的正宗传人。柳惠武从五六岁起跟随其父学习剪淫羊藿、剥雀脑、采集蚕蛾及蜻蜓等传统技艺，稍长后在其父亲授下学习药材功效、鉴别及炮制方法，成为父亲的得力助手。1971年进入山西中药厂后从事药材鉴别及储存工作，后进入“龟龄集”车间，以其丰富的中药炮制经验从事“龟龄集”药材的独特炮制。1983年担任山西中药厂及改制后的山西广誉远中药有限公司“龟龄集”车间主任。2003年任公司的基础部经理，负责包括中药材的炮制与龟龄集、定坤丹等传统中药品种的生产。2008年担任公司的高级中药炮制师。2009年任公司的生产总监，全面负责公司的生产工作，现为太谷县传统医药协会副会长。

柳惠武在其40多年的传统医药制作生涯中，不仅对中药材功效、鉴别、使用、配伍等深刻把握，而且在全面掌握传统中药独特的炮制技艺的基础上，根据自己对药性的认识，改良了传统炮制中药方法。同时，他长期在生产一线对制作人员手把手地指导示范，亲传弟子4人，并培养了一大批基本制作人员，保证了龟龄集、定坤丹传统制作技艺的后续发展。他还积极对该项目进行广泛宣传展示，普及中医药常识，扩大中国医药文化的社会影响力。

△柳惠武向徒弟传授龟龄集技艺

▽老药师柳子俊向柳惠武传授龟龄集制作技艺

△柳惠武向徒弟传授定坤丹传统制作技艺

△龟龄集传统制作技艺工艺流程：炒药

△龟龄集传统制作技艺工艺流程：炮制原料

制作技艺工艺流程：升炼前准备

▽柳惠武运用传统制作技艺制成的『定坤丹』

洛桑多吉

Luosangduoji

藏医药（藏药七十味珍珠丸配伍技艺）代表性传承人

藏族，西藏自治区拉萨市人，1956年出生，第三批国家级非物质文化遗产项目藏医药（藏药七十味珍珠丸配伍技艺）代表性传承人，藏药副主任药师。

七十味珍珠丸成方于公元8世纪，始载于藏医巨著《四部医典》中。此药根据藏医学原理，选用生长在世界屋脊特殊生态环境下天然、珍贵、稀有的藏药材，严格按照传统工艺方法精制而成。其采药、炮制、配方无不遵循古法，具有选料上乘、炮制特殊、做工考究、功能广泛、副作用小的特点。1000多年的临床实践证明，七十味珍珠丸具有安神、镇静、通经活络、调和气血、醒脑开窍之效，在临床上用于治疗中风、瘫痪、半身不遂、癫痫、脑溢血、脑震荡、心脏病、高血压等急重症，即使无病服用亦具有滋补健身、提高身体免疫力的功效。

洛桑多吉1978年毕业于拉萨市卫生学校，后进入西藏自治区藏医院藏药厂工作，曾先后师承著名的藏药大师土登格桑、丹增曲扎、措如·次朗、强巴赤列、丹增平措，系统研习了藏药配制和炮制学以及藏药材鉴别学，继承和掌握了传统藏医学的技艺精髓，荣获国家中医药管理局等二部一局颁发的“出师”证书。1987年起担任西藏自治区藏医院藏药厂副厂长、主管药剂师，全面主持药品生产、经营工作。

洛桑多吉在30多年的传承实践中先后研制生产了1克/丸和30克/丸两种规格的七十味珍珠丸，前者为日常保健用药，后者为速效型急重症用药，便于临床对症掌握用药剂量。洛桑多吉先后编著出版了《传统藏药加工炮制实践库》、《藏药材炮制规范》等多部藏医药书籍。他亲授的徒弟有几十余人，皆为藏药生产企业的中流砥柱，其中有多位已成为西藏自治区非物质文化遗产传承人及藏药界的专家、学者。

△洛桑多吉向徒弟传授理论知识

▽洛桑多吉向徒弟传授虫草辨别知识

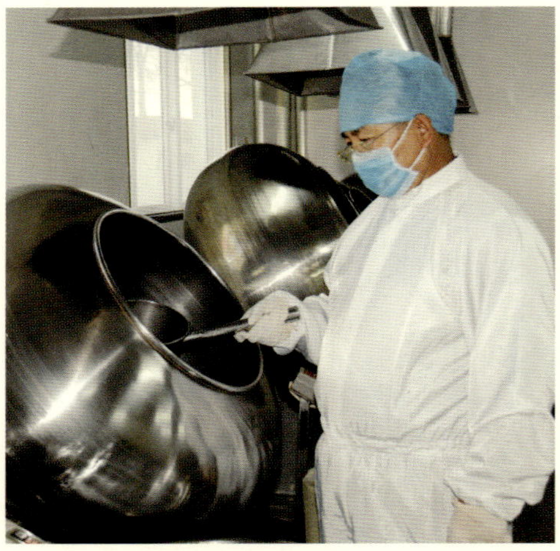

1 2
3
4 5
6 7

藏药七十味珍珠丸配伍技艺工艺流程：

1 种植药材
2 投料
3 煅制
4 炮制
5 制丸
6 检验
7 成品验收

1/2

1 洛桑多吉向徒弟讲解《四部医典挂图》

2 洛桑多吉向徒弟讲解中药材知识

姚忠贤

Yao Zhongxian

山东琴书代表性传承人

汉族，山东省济南市人，1941年出生，第二批国家级非物质文化遗产项目山东琴书代表性传承人，济南市曲艺团国家一级演员。

山东琴书是山东重要的地方曲艺品种，又称“唱扬琴”或“山东扬琴”。它源于明代中期鲁西南菏泽（古曹州）地区兴起的民间小曲自娱演唱形式“庄家耍”（又称“玩局”），至清代中期，原来唱曲使用的伴奏乐器古琴和古筝改为扬琴（又称“蝴蝶琴”）、四胡、古筝、琵琶、简板和碟子。表演采用山东方言，为多人分持不同乐器自行伴奏，分行当围坐表演，以唱为主，间有说白或对白。山东琴书因脱胎于民间的“小曲子”联唱，所用唱腔曲调十分丰富。其艺术形态、流派风格、音乐结构、作品题材体裁具有多样化的特征。

姚忠贤是北路邓派山东琴书传人，中国曲艺最高奖“牡丹奖”获得者。他14岁便拜在山东北路琴书创始人邓九如的门下。从1955年至1969年，他一直跟着师傅学艺，直到邓九如病故。由于生活、工作都在书场里，耳濡目染，姚忠贤的技艺得到了迅速提高，吐字发声、唱腔念白、伴奏表演都得到了师傅的亲传，比较扎实、全面地继承了山东北路琴书文雅大方的表演风格。1957年，姚忠贤随邓九如一起加入了刚刚成立的济南市曲艺团。曲艺团解散后，姚忠贤被分配到省运输公司的业余宣传队工作，由于宣传队的演出环境贴近群众，使姚忠贤的演唱更具有了生活气息。1977年姚忠贤回到了济南市曲艺团工作，并开始到各个学校传授山东北路琴书技艺。

姚忠贤承袭了山东琴书艺人善于吸收姊妹艺术的作风，借鉴了当代流行歌曲的节奏和河南大调等民间音乐的曲调，改变了原来山东琴书一句一个小过门、四句一个大过门的演唱方式，加快节奏，将过门尽可能减到最少，使其更能为当代观众所欣赏，让一些老段子焕发了新光彩。20世纪80年代以来，姚忠贤先后多次在中国北方曲艺学校担任鼓曲专业代课老师，培养出一批山东琴书艺术的新一代传人。

姚忠贤带领弟子演出山东琴书

◁ 1/2/3

姚忠贤在向弟子传授山东琴书唱法及乐器弹奏技艺

△姚忠贤与弟子同台演出

袁淑梅

Yuan Shumei

评剧代表性传承人

汉族，河北省石家庄市人，1966年出生，第四批国家级非物质文化遗产项目评剧代表性传承人，石家庄市评剧院一团国家一级演员，享受国务院政府特殊津贴专家，第十届、第十一届全国人大代表。

评剧原名蹦蹦戏、落子戏，又名平腔梆子戏，简称平戏，1935年正式使用评剧的名称。它流行于北京、天津、河北及东北等地，是东北、华北地区的主要剧种之一。早期评剧只有男、女角色之分，在发展过程中逐渐有了生、旦、丑三个行当，后来又受京剧和梆子的影响，形成青衣、花旦、老旦、小生、老生、小丑等行当。其表演吸收梆子和京剧的身段动作及唱腔，但仍保持着自由活泼的民间小戏特征，唱词浅显易懂，演唱明白如诉，富于生活气息。

袁淑梅是中国戏剧“梅花奖”获得者，她擅演青衣、花旦、刀马、老旦、彩旦等行当。除了一些传统剧目，她还主演了《西柏坡》、《淀上人家》等现代戏剧目，荣获了多个国家级奖项。在舞台艺术实践取得突出成绩的同时，袁淑梅为抢救、保护评剧经典名剧，完成了为筱白玉霜、新凤霞、喜彩莲等评剧名家的“音配像”的摄制工作。袁淑梅积极搜集、整理有关评剧发展历史和名家的唱腔、剧本和音像等资料，使《花为媒》、《刘巧儿》等优秀的传统剧目得到完整保护和传承。

为传承评剧艺术，袁淑梅于1999年创办了精英袁淑梅艺术学校，招收学员生近百名，为评剧艺术培养了一大批后备人才。在袁淑梅的精心培养下，多位学生先后获得小梅花奖、优秀青年演员奖。袁淑梅为更好地传播和弘扬“评剧”艺术，抢救和保护“评剧”剧种，于2012年成立了“评剧”传承基地。为了争取青年观众，袁淑梅充分利用电视剧、电影、动漫、网络等现代传媒工具，在社会上发挥项目传承人的自身优势和影响力，用电视剧、电影、动漫、网络等多种群众喜闻乐见的形式，传播和弘扬“评剧”艺术，掀起了学唱“评剧”的热潮，取得了良好的社会传承社会效应。

△袁淑梅指导弟子练习评剧唱腔

▽袁淑梅在评剧《西柏坡》中扮演柏凤

袁淑梅在评剧《窦娥冤》中扮演窦娥

1 | 2

袁淑梅在给弟子指导表演动作

徐秀棠

Xu Xiutang

宜兴紫砂陶制作技艺代表性传承人

汉族，江苏省宜兴市人，1937年出生，第四批国家级非物质文化遗产项目宜兴紫砂陶制作技艺代表性传承人，中国工艺美术大师。

宜兴紫砂陶制作技艺产生于宋元，成熟于明代，迄今已有600年以上的历史。它以特产于宜兴的一种具有特殊团粒结构和双重气孔结构的紫砂泥料（具体有紫泥、朱泥、本山绿泥等多种）为原料，采用百种以上的自制工具，经过打泥片、拍打身筒（圆器）、镶接身筒（方器）或镶接与雕塑结合（花器）、表面修光、陶刻装饰等步骤最终完成。宜兴紫砂陶制作技艺成品以茗壶为代表。紫砂器内外一般均不施釉，以纯天然质地和肌理为美。明代晚期以后，紫砂陶制作艺人创造了陶刻、镶嵌、描绘、绞泥、模印等一系列装饰技艺，融诗文、金石、书画、篆刻艺术与紫砂制作技艺为一体，具实用和艺术鉴赏的双重功能。

徐秀棠出生于宜兴蜀山紫砂徐门世家，1954年随紫砂著名老艺人任淦庭学习陶刻。1958年参加中国民间雕塑研究班学习后进入中央工艺美术学院张景祜工作室学习民间泥塑，1984年至1993年任紫砂二厂雕塑分厂厂长，1993年创办中日合资长乐弘陶艺有限公司，1996年创办长乐陶庄至今。

徐秀棠既有扎实的能力，又能恰到好处地运用夸张变形的艺术手法把紫砂陶材质优良的可塑性张扬开来，使用诸色兼备的造型和不拘一格的装饰手段，把紫砂陶塑从民间小品制作提升到艺术品的高度。徐秀棠陶刻技艺深厚，刀工线条明晰轻快、顿挫有致，善于在不规则的空间营造艺术氛围和艺术效果，讲求布局跌宕和格局变化，增强了艺术感染力，他将雕塑元素注入于抟壶作坯，除“光货、花货、筋囊”等形制外，扩充了塑器类茶壶的形制和品种。徐秀棠书画能力兼具，尤擅隶书和行书。而且，他还注重理论总结，在紫砂文化方面专著较丰，对紫砂陶文化的传播起到了推动作用。

徐秀棠带徒弟无数，为紫砂雕塑界培养了大批人才，其中不少徒弟已成为省级陶瓷艺术大师与高级工艺美术师。

紫砂陶塑《四大金刚》之三

紫砂陶塑《四大金刚》之一

◁紫砂陶塑《高瞻壶》

▷徐秀棠在传授紫砂雕塑制作技艺

郭有珍

Guo Youzhen

梅葛代表性传承人

彝族，云南省姚安县人，1943年出生，第三批国家级非物质文化遗产项目梅葛代表性传承人。

彝族梅葛是一部恢弘的彝族历史叙事长诗。“梅葛”一词是彝语的音译，意为“唱述过去的事”，最早发源于楚雄州姚安县西部山区的马游村。它是彝族人民口耳相传的文化经典，被彝族人民视为本民族的“根谱”。梅葛概括了彝族古代历史发展、彝族先民生产、劳动和社会生活的轮廓，展示了古代彝族先民的恋爱、婚事、丧葬等奇异的风俗习惯，被称为“彝族的百科全书”。现仍流传的彝族梅葛创世史诗长达5770余行，分为“创世”、“造物”、“婚事和恋歌”、“丧葬”四个部分。其种类有“老年梅葛”、“中年梅葛”、“青年梅葛”、“娃娃梅葛”四种。

郭有珍9岁就和奶奶学唱梅葛调，到如今有62年的梅葛演唱经历。在一批老艺人的口传心授下，经过自己长期演唱的经验积累，郭有珍演唱的彝族梅葛调较为全面、完整掌握当地流传的故事及曲目。每逢婚丧嫁娶、宗教祭祀、民族节日、上梁竖柱等喜庆节日，就和同伴们一起聚拢来，或围坐在火塘边，或相聚庭院、村头篝火旁唱梅葛。郭有珍演唱的彝族梅葛具有自己的独特风格，特别是在“老年梅葛”、“中年梅葛”、“青年梅葛”、“娃娃梅葛”中的演唱，曲调优美、自然、朴实，有浓郁的地方特色。近年来，郭有珍参加了一些歌唱比赛，获得了不少奖项，如2006年8月，参加云南省首届酒歌大赛楚雄赛区比赛，歌曲《闹喜场》获得楚雄州二等奖；2006年11月，参加云南省第五届歌舞乐展演，歌曲《火塘边的梅葛》获得声乐类银奖。

郭有珍在姚安县组织了一支梅葛演唱队，常年参加各种活动和比赛，还义务到村社和学校教唱梅葛。如今，她已经带出了一大批省、州、县级非物质文化遗产项目传承人，还教授着近百多名弟子，为保护和传承梅葛这一优秀的彝族文化遗产而努力着。

△郭有珍教徒弟演唱梅葛

▽郭有珍和徒弟演唱梅葛

◁郭有珍教娃娃学唱梅葛

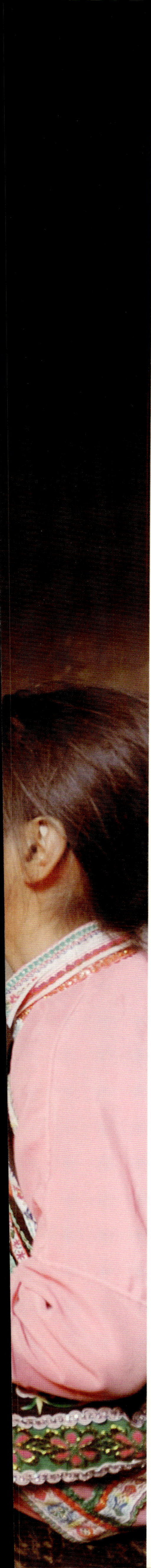

▽郭有珍在演唱梅葛

高凤莲

Gao Fenglian

剪纸（延川剪纸）代表性传承人

汉族，陕西省延川县人，1936年出生，第四批国家级非物质文化遗产项目剪纸（延川剪纸）代表性传承人，中国艺术研究院特聘民间艺术创作员。

延川剪纸是陕西省延川县境内富有特色的民间艺术形式之一，有悠久的历史，其起源与当地祈福驱邪的民间风俗有关。多用于民间的信仰祭祀活动，亦被广泛地用于当地的社会生活之中，逢年过节、婚丧嫁娶都离不开剪纸。延川剪纸是以妇女为创作主体的民间艺术，也是当地的广大劳动妇女展示才干的重要方式。延川剪纸题材广泛，有神仙佛像、吉祥图案、农事耕作、戏剧故事、飞禽走兽、风景花卉、生殖繁衍等，多采用窗花、墙花、顶棚花、灯花和礼花等形式表现。画面简洁，疏密得当。具有粗犷浑厚、热情奔放的地方风格。

高凤莲是一名普通农家妇女，她自幼受祖母和母亲的熏陶，开始接触剪纸艺术。从1986年开始，高凤莲在农闲之余从事剪纸和布堆画创作。她凭借自身的艺术天赋和对现实生活的感悟，随手剪出众多艺术形象。她的剪纸作品风格粗犷质朴、抽象生动，将现实生活和我国古老的图腾文化有机地结合起来，既有浓郁的乡土气息，又体现了西北人民勤奋善良的精神内涵。1995年“第四次世界妇女大会”期间，被中央美术学院邀请到陈列馆展出剪纸和布堆画；2000年她的作品《陕北风情》参展“中国剪纸世纪回顾展”，获特等奖；2001年作品《黄河人家》参展“山东威海中国民俗风情剪纸大展”，获金奖；2005年被中国艺术研究院聘为“民间艺术创作研究员”。多幅作品被中国美术馆收藏。

高凤莲现在的乡间生活中，剪纸成了她主要的文化娱乐活动。高凤莲不但自己剪纸，创作布堆画，还带动了村里的妇女们跟着她一起进行剪纸和布堆画创作实践。在高凤莲的积极传承下，有的传承人已经获得各级剪纸比赛的重要奖项。高凤莲非凡的剪纸艺术实践能力和组织开展的传承保护工作，为延川剪纸的传承和弘扬起到了重要作用。

高凤莲向晚辈传授剪纸技艺

◁高凤莲指导孩童剪纸

△高凤莲在剪纸

◁
1
2 | 3 | 4

1 剪纸《莲生贵子》

2 剪纸《娃娃抱鱼》

3 剪纸《羊》

4 剪纸《牛》

高公博

Gao Gongbo

乐清黄杨木雕代表性传承人

汉族，浙江省乐清市人，1949年出生，第四批国家级非物质文化遗产项目乐清黄杨木雕代表性传承人，亚太地区手工艺大师，中国工艺美术大师，享受国务院政府特殊津贴专家，中国根艺美术学会副主席，高级工艺美术师。

黄杨木是珍贵树材，质地坚韧，纹理细腻，生长周期慢，有“千年黄杨难成柏”之说。黄杨木雕工艺流程复杂，精雕细刻，呈现出多种不同风格。乐清黄杨木雕有三种类型：一是传统类，以单一的人物造型为主，亦有群雕或拼雕；二是根雕类，以天然黄杨木根块为材料，利用树根造型；三是劈雕类，将无法用作人物雕刻的木块劈开，取其劈裂后的自然纹理立意雕刻，循形造型，不作细刻。

高公博17岁开始从事黄杨木雕艺术，至今已47年。高公博在传统黄杨木雕的基础上，创作了“济公百态”等具有影响力的艺术作品，并开拓了黄杨根雕、黄杨劈雕、黄杨意雕艺术。他创作的“四大名著”系列（西天取经、三英战吕布、武松大闹飞云浦、情读西厢）黄杨木群雕作品造型独特，内涵丰富。他曾应邀担任第五届国家级工艺美术大师评委、浙江省工艺美术大师评委、全国木雕现场技术大赛评委、中国木雕艺术馆艺术总顾问、浙江省博物馆特聘研究员。1988年至1990年，连续三次荣获轻工部工艺美术百花奖一等奖。1999年6月，《人民日报·海外版》在中国美术馆举办了《高公博黄杨木雕艺术展》。1991年以来，高公博在澳门市政厅举办了《高公博黄杨木雕艺术展》，还代表浙江省政府民间文化艺术团赴海外参加作品艺术展与技艺表演。

高公博不但在艺术创作上独辟蹊径，还注重理论研究。他不但撰写论文，1999年，还受中国科学院自然科学史研究所的委托，编写了《中国传统工艺全集》中的第九章——《黄杨木雕工艺》。

高公博近年来也注重传承工作，在实际操作中带出了一批乐清黄杨木雕新一代传承人。为传承、保护、利用和发展我国黄杨木雕事业作出了突出贡献。

▷高公博在进行黄杨木雕创作

▽高公博在向小学生传授黄杨木雕知识
（高敏　摄）

乐清黄杨木雕
《西天取经》

乐清黄杨木雕
《天问》

Tangmaishegong

唐买社公

瑶族耍歌堂代表性传承人

瑶族，广东省连南瑶族自治县人，1944年出生，第一批国家级非物质文化遗产项目瑶族耍歌堂代表性传承人。

位于粤北山区西北部的清远市连南瑶族自治县，是我国唯一的排瑶聚居地，也是耍歌堂流传的地区。耍歌堂是排瑶人民祭祀祖先、喜庆丰收、酬谢还愿、传播知识和群众娱乐活动于一体的规模最大的传统节庆活动。根据史料记载，在明洪武年间（1368—1398）排瑶鼎盛时期已有完整的耍歌堂，至今也有600多年的历史。排瑶没有本民族的文字，耍歌堂便成了文化交流和传承历史的重要载体。

唐买社公从1978年开始跟随唐大打公学习瑶歌，先后学习并掌握了歌堂歌、古歌、劳动歌、风俗歌和情歌等瑶歌的演唱技艺。其嗓音大，曲调高亢，音域超过六度，演唱的歌曲热情奔放，给人以开朗明快的情绪感染。掌握瑶歌后，唐买社公跟随师父逐渐学习瑶族耍歌堂的技能，熟练掌握了瑶族耍歌堂的整个流程和内容，并保存有相关的耍歌堂活动文物资料等。2000年和2001年先后参加粤桂湘南岭地区瑶族盘王节的耍歌堂和连南瑶族自治县耍歌堂；2005年参加连南瑶族自治县首届民族民间文艺会演，演唱《歌堂歌》；2006年参加连南瑶族自治县瑶族“耍歌堂暨千人长鼓舞”演出活动。唐买社公常在大型的演出活动中进行领唱和演唱，成为远近闻名的歌王，并且获得了“国家非物质文化遗产保护工作先进个人”、“广东省非物质文化遗产优秀传承人”等荣誉称号。

为保护和传承瑶族耍歌堂，唐买社公每个星期定期到瑶族耍歌堂传承基地开展传承工作，培养出了一大批瑶族耍歌堂、瑶族民歌的新一代接班人。此外，唐买社公还经常参加各类非物质文化遗产展演活动，并组织、辅导一年一度的连南瑶族自治县瑶族耍歌堂活动。

△唐买社公向小学生传授瑶歌

▽唐买社公组织300人参加的三排耍歌堂『长龙出山』（甘民壮 摄）

南岗排"龙"组织示意图
郑姓
唐姓

△唐买社公组织800人参加的三排瑶族耍歌堂『龙归寨』（甘民壮 摄）

◁ 1/2

1 唐买社公带领村民参加瑶族耍歌堂

2 唐买社公组织1200人参加的盘王节南岗耍歌堂（谭柄权 摄）

萨尔塔洪·哈德尔阿洪

Saertahong Hadeerahong

玛纳斯代表性传承人

柯尔克孜族，新疆维吾尔自治区乌恰县人，1941年出生，第一批国家级非物质文化遗产项目玛纳斯代表性传承人。

柯尔克孜族英雄史诗玛纳斯，是我国民间三大英雄史诗之一。据文献记载，玛纳斯在16世纪已开始流传，整部史诗长达21万多行，共2000万字。描写了英雄玛纳斯及其七代子孙前仆后继、率领柯尔克孜人民与外来侵略者和各种邪恶势力进行斗争的事迹。主要传唱于我国新疆维吾尔自治区南部的克孜勒苏柯尔克孜自治州及北部的伊犁哈萨克自治州。此外，在中亚的吉尔吉斯斯坦、哈萨克斯坦及阿富汗的北部地区也有流传。史诗包容了柯尔克孜古代历史生活的各个方面，在千百年来的口耳相传过程中，柯尔克孜族人民世代将自己对周围事物的认识，对生活的理解以及精神文化融入这部史诗中。史诗集柯尔克孜古老的神话、传说、习俗歌、民间叙事诗与民间谚语之大成，是柯尔克孜民族民间文化的百科全书，具有文学、历史、语言、民俗等多学科的价值。

萨尔塔洪·哈德尔阿洪从小能说会唱。9岁起在爷爷的指导下学唱玛纳斯，后跟著名的大玛纳斯奇艾什玛特·玛木拜提居苏普学唱玛纳斯。近50年来，萨尔塔洪·哈德尔阿洪在柯尔克孜民众中不知疲倦地演唱玛纳斯，成为深受人民群众喜爱、尊敬的玛纳斯奇。萨尔塔洪·哈德尔阿洪除了会演唱玛纳斯，还会演唱柯尔克孜族的《额尔托什吐克》、《库尔曼别克》、《托勒托依》和《巴额什》四部史诗和叙事诗。萨尔塔洪·哈德尔阿洪的演唱声音洪亮、吐字清晰、节奏铿锵、音律和谐，在唱到高潮或遇到较长的诗段时，能一气呵成，声情并茂，表现了充沛的情感。

2009年开始，萨尔塔洪·哈德尔阿洪与40多名玛纳斯奇共同参与了新疆师范大学人文学院、克州玛纳斯保护研究中心启动的《玛纳斯异体》收集整理项目。近几年来，萨尔塔洪·哈德尔阿洪培养了80多名青少年玛纳斯奇，为玛纳斯的传播作出了杰出贡献。

△萨尔塔洪·哈德尔阿洪在传授玛纳斯

▽萨尔塔洪·哈德尔阿洪在演唱玛纳斯（张国荣 摄）

萨尔塔洪·哈德尔阿洪为民众们演唱玛纳斯

黄云鹏

Huang Yunpeng

景德镇手工制瓷技艺代表性传承人

汉族，江西省景德镇市人，1942年出生，第四批国家级非物质文化遗产项目景德镇手工制瓷技艺代表性传承人，中国古陶瓷工艺美术大师。

景德镇手工制瓷技艺中重要的成型工序在宋代已初步建立，当时景德镇就出现了“村村窑火，户户陶埏”的景观。到元代，又发明了瓷石加高岭土的“二元配方法”及青花釉下彩绘技术，制瓷手工技艺体系基本完善，专业化程度日益提高，景德镇手工制瓷业至此达到了历史的最高峰。明、清以后，瓷业内部分工日益细化，珠山御厂的设立和海外市场的进一步扩大刺激了景德镇制瓷业的蓬勃发展，乡村的小窑作坊都集中到城区，形成众多的手工业工场，吸纳了大量从业人员。景德镇由此成为“五方杂处”、有“十八省码头”之称的陶瓷大都会。

黄云鹏自幼喜欢绘画，在景德镇陶瓷学院学习时，师从魏庸生、聂杏生两位著名陶瓷大家。在先生们严谨教导下，他打下了坚实的传统绘瓷基础。经过数十年来的刻苦研习与实践，黄云鹏已深谙景德镇传统青花的制瓷工艺，能配制各朝代青花的泥、釉、料；对景德镇各朝代的青花特征、烧制工艺十分了解，能毕肖地仿制各朝代青花瓷。他在继承传统的基础上坚持熔古创新，创作的青花瓷作品既有现代装饰美感又有传统水墨韵味，瓷绘笔意洒脱、形神兼备。

近年来，黄云鹏将精力投入到古陶瓷研究和高仿瓷的研制中，他的足迹遍布景德镇所有的古窑址，对景德镇的古窑址的分布、生产规模、生产方式、产品特征和发展、演进的历史进行了深入研究。自1981年起，他应邀在全国各地开办的“古瓷鉴定班”讲课达数十次；在国家文物局先后六次讲“景德镇古陶瓷鉴定”、“古陶瓷工艺”等课。自2004年至2013年共开办“古陶瓷技艺及鉴定研修班”22期，国内外学员达700余人次。黄云鹏创办的佳洋公司自2008年起，招收了许多高校陶瓷专业的毕业生，同时他还在高校设立“佳洋班”，亲自授课，定向培养手工制瓷人才，为景德镇手工制瓷技艺后续人才的培养贡献了力量。

1 2/3

△景德镇手工制瓷技艺之绘瓷技法：

1 青花分水

2 青花点染

3 青花塌水

▽黄云鹏在向徒弟传授陶瓷制作技艺

仿元青花《萧何月下追韩信纹》瓶

仿元青花《鬼谷下山纹》罐

黄春财

Huang Chuncai

木拱桥传统营造技艺代表性传承人

汉族，福建省宁德市屏南县人，1936年出生，第四批国家级非物质文化遗产项目木拱桥传统营造技艺代表性传承人。

木拱桥是中国传统木构桥梁中技术含量很高的品类，最早出现于宋代。主要分布在中国的浙江、福建省两地的丘陵地带。在福建省的宁德市屏南县、周宁县、寿宁县，浙江省泰顺县、庆元县境内山高林密、谷深涧险、溪流纵横，为木拱桥的建造提供了独特的自然地理环境和原料，使造桥技艺得到了长远的流传与发展。木拱桥建造工匠按照父子传承、师徒相授的方式进行技艺的传承，这种能巧妙地实现跨越河谷和承载桥面较大落差的木拱桥营造技艺主要有选桥址、砌桥台、造拱架和建桥屋等几个步骤，其核心技术是搭建拱架。木拱桥既有变溪涧为通途的功能，还可供人们乘凉歇息、避雨观光。木拱桥的桥屋里设置神龛可供人们祭祀神祇，祈祝风调雨顺。

黄春财是屏南县长桥镇黄氏造桥世家第三代传承人。他15岁随父亲学木工技艺，18岁就和父亲一起担起主墨重任，重建万安桥西端因洪水冲毁的两个拱架，先后完成双龙桥、金造桥、十锦桥、百祥桥、卓洋桥、登云桥等多座木拱桥的重建与搬迁修复：1956年，黄春财独立建造了长桥镇上圪村桥。2005年，主墨迁建了屏南县的金造桥；2006年，在屏南县白水洋重建了长66米，两墩三孔的双龙桥；2008年，主墨建造了古田卓洋桥、屏南县长桥镇慈云村十锦桥；2009年，搬迁修复了福建省宁德市寿宁县登云桥；2011年，重建了江南著名的险桥和福建省宁德市屏南县百祥桥。

20世纪60年代，由于公路桥梁的修建和现代建房技术的盛行，建造木桥木屋的手艺便没了用武之地。黄春财依旧按照祖传方式把技术传授给两个儿子。2004年，黄春财带着两个儿子开始迁建屏南县的金造桥，在实际建造活动中传承木拱桥传统营造技艺，现在两个儿子已经参与了几座木拱桥的建造。

△黄春财在给儿子讲解木拱桥传统营造技艺

△黄春财主持重修的屏南县万安桥内景（王多兴 摄）

▽黄春财主持重修的屏南县万安桥（王多兴 摄）

黄春财主持修建的双龙桥（王多兴 摄）

符林早

Fu Linzao

黎族传统纺染织绣技艺代表性传承人

黎族，海南省东方市人，1964年出生，第四批国家级非物质文化遗产项目黎族传统纺染织绣技艺代表性传承人。

黎族传统纺染织绣技艺是黎族妇女利用棉、麻等天然植物纤维制作衣物和其他生活用品所使用的传统手工技艺，在黎族妇女中世代相传，以它制作的织物用品是黎族文化的重要载体。采用黎族传统棉纺染织绣技艺制作的纺织品有龙被、贯首衣、被单、筒裙、头巾、花帽、壁柱等，被统称为黎锦。黎族织锦的图案丰富多彩，有160种以上，主要有人物、动物、植物、花卉、生活用具、几何图案等纹样，而以人物、动物、植物图案为主。织造黎锦的机杼主要有脚踏织机和踞腰织机两种。踞腰织机是极为古老的织机，黎族妇女可用它织出精美华丽的复杂图案，不同图案、色彩和风格的黎锦曾是区分具有不同血缘关系的部落群体的重要标志，具有重要的人文价值。

符林早9岁开始跟随外祖母和母亲学艺，12岁时就能独立完成棉纺织染绣的工艺流程。18岁出嫁后，在家婆的悉心教导下，符林早成为方圆村寨知名的织锦能手和织锦师傅。符林早曾多次在全省织锦比赛中荣获奖项。在30多年的织锦实践中，符林早形成了自己的风格和特色。她善于利用对称、变化、重组的手法来装饰和点缀人物或动植物主体图案，这使她的织锦作品图案结构严谨、配色和谐。符林早设计的反映人生产劳动的人形纹图案，造型独特，组合变化节奏感强，具有个性特征。

符林早对传承工作很积极，她组织织锦培训班，动员村里织锦技艺较高的人到培训班担任辅导老师，壮大传承队伍。在她的组织和指导下，周边村寨的女性都掌握了黎族传统纺染织绣技艺。符林早还走进校园，推动黎族传统棉纺织染绣技艺更好的传承和发展。

△符林早织锦作品

▽符林早向女儿传授织锦技艺

◁符林早织锦作品

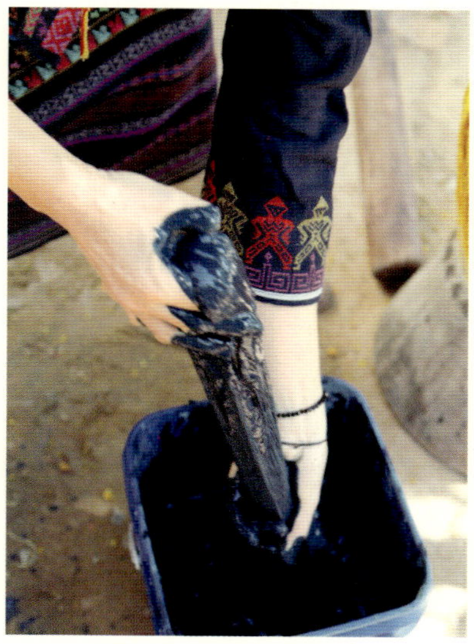

1 2 3
4 5 6
7

黎族传统纺染织绣技艺工艺流程：

1 纺线

2 在染纱前理纱

3 在兰靛染料中染兰色纱线

4 在黄姜染料中染黄色纱线

5 在黄姜染料中捣纱促进纱线着色

6 扎结线排

7 织锦

蒯正华

kuai Zhenghua

徽州三雕代表性传承人

汉族，安徽省黄山市人，1962年出生，第四批国家级非物质文化遗产项目徽州三雕代表性传承人。

古代徽州辖地包括今天的安徽省黄山市和江西省婺源县。“徽州三雕”即是古代徽州地区明清建筑及家居陈设中所使用的木雕、砖雕和石雕三种装饰性雕刻工艺的统称。徽州古建筑以民居、官宅、宗祠、庙宇、廊桥、牌坊为主，无论建筑部件还是家居设备都十分注重雕刻装饰，具有很强的地域风格。“徽州三雕”与建筑整体配合得极为严密妥帖，无论是木雕、砖雕还是石雕，都将浮雕、透雕、圆雕、线刻等多种雕刻技法并用，吸纳了徽州历代绘画和雕刻样式的精华，具有布局工、结构巧、装饰美、营造精的特点。其中徽州木雕应用范围最广，纹样也最丰富，不但有人物、山水、鸟兽、鱼虫，还有各种吉祥图案等。

蒯正华擅长徽派木雕，从事工艺美术行业30余载。1980年，蒯正华拜徽州木雕老艺人王金生为师，1987年，他到广东潮州等地从事古建筑构件上的木雕修复、仿制工作。高难度的修复工作和与其他地区木雕艺术的接触，使他逐步掌握了浙江东阳雕花、徽州建筑木雕装饰、潮州金漆木雕，及湖南洞口、福建蒲田等地的木雕技艺。1995年，蒯正华在黄山市屯溪观音山脚下，筹建了“徽派木雕正华工作室”。

蒯正华既有高超的木雕技艺，也善于分析材质的种类、构造特征及干湿缩涨、软硬优劣及变形矫正等与木雕艺术相关的问题，特别注重因材施艺。他在继承传统木雕技艺的基础上，独创了自形木雕。自形木雕区别于徽州木雕的按图施意，以自然形态、自然色泽为主，将材料的原有形态作山水背景，或作人物、动物，与景物融和。此外，蒯正华也善于理论总结，他撰写了《学莫贵于自得》、《论徽州木雕工艺的雕刻技法》等论文，总结了自己30年木雕从艺生涯的经验和体会。

蒯正华把自己的技艺和多年来对各门各派木雕技艺的认识毫不保留地传授给学生，先后培养出40多名，其中有10多名已经成为工艺师、雕刻车间主任等专业人才和管理人员。

△▽蒯正华指导徒弟雕版创作（汪翔 摄）

修复后的徽州木雕《战长沙》窗栏板（汪翔 摄）

谭元寿

Tan Yuanshou

京剧代表性传承人

汉族，北京市人，1929年出生，第一批国家级非物质文化遗产项目京剧代表性传承人，第九届全国政协委员，享受国务院政府特殊津贴专家，中国戏曲学院研究生班博士生导师，北京京剧院国家一级演员。

京剧又称平剧、京戏，是中国影响最大的戏曲剧种之一，主要分布在以北京为中心的地区，遍及全国。清代乾隆五十五（1790）年起，原在南方演出的三庆、四喜、春台、和春四大徽班陆续进入北京，他们与来自湖北的汉调艺人合作，同时接受了昆曲、秦腔的部分剧目、曲调和表演方法，又吸收了一些地方民间曲调，通过不断的交流、融合，最终形成京剧。

谭元寿生于梨园世家，是谭门第五代传人。其高祖谭志道先生首入梨园，工老旦。其祖父谭鑫培先生演武生及老生，经数十年苦心研究，开拓创新，终享“无腔不学谭”的盛名。其父谭富英先生演老生，用工刻苦，唱腔酣畅淋漓，朴实大方，享誉梨园。谭元寿之子谭孝曾，之孙谭正岩，均继先祖之业，投身京剧界。

谭元寿6岁学艺，7岁登台，10岁入富连成坐科学艺，师从雷喜福、张连福、王连平、茹富兰、刘盛通等学习武生大戏，练就了扎实的基本功。出科后又经谭小培、谭富英、宋继亭等先生传授，后又向前辈茹富兰、高盛麟问艺，拜李少春为师，他遵循海纳百川的祖训，努力拓展自己的戏路。

谭元寿文武行当兼擅，是谭派艺术的杰出传承人之一。他的代表剧目有传统大武生戏《长坂坡》、《连环套》；短打武生戏《三岔口》、《狮子楼》；猴戏《闹天宫》、《闹龙宫》；靠把老生戏《定军山》、《战太平》；唱工戏《四郎探母》、《失空斩》；做工老生戏《问樵闹府·打棍出箱》、《桑园寄子》；武老生戏《打渔杀家》；摔打老生戏《打金砖》；红生戏《华容道》；现代戏《沙家浜》等等。获得了第六届中国金唱片奖、第五届中国戏曲表演终身成就奖获得者。

谭元寿在中国戏曲学院连续任教5届研究生班，为京剧事业培育出诸多优秀人才，其中有多位弟子已经取得突出成绩。谭元寿带领众弟子为发扬京剧事业、弘扬国粹积极进取。

△ 谭元寿在京剧《龙凤呈祥》中扮演刘备（王宝玉 摄）

▽ 谭元寿在京剧《卖马耍锏》中扮演秦琼

谭元寿在京剧《龙凤呈祥》中扮演刘备（王宝玉 摄）

1/2
谭元寿在给弟子说戏
（王宝玉　摄）

潘柏林

Pan Bolin

石湾陶塑技艺代表性传承人

汉族，广东省佛山市人，1953年出生，广东省级非物质文化遗产项目石湾陶塑技艺代表性传承人，中国工艺美术大师。

石湾位于广东省佛山市禅城区中心区域，石湾陶塑技艺主要分布在禅城区石湾镇街道及周边地区。丰富的自然资源，依山傍水的地理位置，水陆畅达的交通条件，使石湾成为我国岭南重要的陶业基地。石湾陶塑制作是石湾的传统工艺，是在日用陶器的基础上发展起来的。采用石湾本地陶土和釉料制成，适宜表现一些比较苍劲和骨肌突露的题材。石湾陶塑题材广泛、釉色斑斓。以人物造型为代表的“石湾公仔”陶塑形神兼备，在写实中有适度的夸张，富有生活趣味和地方风格。

潘柏林生于广东省佛山市石湾镇，从小耳濡目染，喜爱石湾陶塑并坚持刻苦自学。1980年，他进入湾江艺术陶瓷厂任创作室主任，并得到刘传、曾良两位老艺术家的悉心指导，1985年，进入中央工艺美术学院陶瓷艺术系进修，中期插班到中央美院本科三年级班修人体课程。1991年，进入广州美术学院，专修工艺美术。系统的工艺美术科班学习，使潘柏林在继承传统石湾陶塑技艺的基础上，具有了更大气现代的艺术气息，扩大了受众群。2003年，潘柏林被评为中国陶瓷艺术大师；2007年，被评为中国工艺美术大师。2008年，潘柏林与几位同行共同成立了广东柏林陶塑艺术研究院。

潘柏林的作品题材多以井市风情为主，突破了传统石湾陶塑一惯以仙、道、佛为主要题材的模式，从而成为近年来石湾陶塑的新派代表。在陶塑工艺上，他大胆创新，尝试用真布代替泥塑服饰，提高了作品的真实感；在陶瓷材料上，他将陶瓷同天然枯木巧置在一起，突出了天工合一的美感。潘柏林将历来在室内摆设的“石湾公仔”，用铸铜式材料放大，置于室外，与自然融为一体，使民间用于把玩、装点居室的“石湾公仔”演变成现代感十足的景观雕塑。

为传承石湾陶塑的技艺，潘柏林打破家传技艺的传承规矩，实行有教无类，广收学生传授陶艺，先后带徒30多人。经多年培养，这批人已学有所成，成为石湾陶艺界一支迅速崛起的生力军。

石湾陶塑《回娘家》

◁石湾公仔《太白醉酒》

◁潘柏林在向大学生讲授石湾陶塑技艺

潘柏林正在制作石湾公仔

后　记

“中华非物质文化遗产传承人薪传奖”（以下简称“薪传奖”），自2012年6月设立以来，引起了强烈的社会反响，极大激发了各级传承人传承非物质文化遗产的积极性和主动性。在此基础上，中国艺术研究院·中国非物质文化遗产保护中心继续与中国泛海控股集团有限公司合作，组织了第二届“薪传奖”的评选。第二届“薪传奖”秉持公平、公正、严格、规范的原则，面向我国内地和港、澳、台地区，通过各省（自治区、直辖市）非物质文化遗产保护中心推荐、专家提名或传承人自荐构成候选人，最后经专家评审选出60位在非物质文化遗产传承中作出突出贡献的传承人获得此届“薪传奖”。

2013年6月6日，“第二届中华非物质文化遗产传承人薪传奖颁奖仪式”在中国艺术研究院·中国非物质文化遗产保护中心隆重举行。中国艺术研究院院长、中国非物质文化遗产保护中心主任王文章，中国泛海控股集团有限公司副总裁徐建兵，文化部非物质文化遗产司司长马文辉、副司长王福州、蒋明清，中国艺术研究院常务副院长刘茜、副院长吕品田，非物质文化遗产保护方面的有关专家，各省、市、自治区暨新疆生产建设兵团非物质文化遗产保护中心代表，有关媒体代表与获奖传承人共150余人出席了颁奖仪式。颁奖仪式由中国非物质文化遗产保护中心常务副主任李新风主持。

在颁奖仪式上，中国艺术研究院院长、中国非物质文化遗产保护中心主任王文章致辞，对各位获奖传承人表示热烈祝贺。王文章院长从国家文化建设与弘扬中华民族优秀传统文化的理论高度，总结了近十年来我国在非物质文化遗产保护方面取得的成绩与经验，从学理上深度解析了保护非物质文化遗产的意义和价值，并对非物质文化遗产传承人如何在保护工作中发挥主体作用，提出了新的要求和表达了殷切的期望。中国泛海控股集团有限公司副总裁徐建兵代表董事长卢志强先生讲话，对获奖传承人致以祝贺，他表示中国泛海控股集团有限公司参与“薪传奖”的设立，正是体现了该公司长期秉持的“得益于社会、奉献于社会”的核心价值观。国家非物质文化遗产保护工作专家委员会委员、中央民族大学祁庆富教授代表专家发言，他回顾了我国非物质文化遗产保护工程的发展历程，阐述了保护传承人的必要性及设立“薪传奖”的重要意义。国家级非物质文化遗产项目评剧代表性传承人、评剧表演艺术家袁淑梅和国家级非物质文化遗产项目景德镇手工制瓷技艺代表性传承人黄云鹏代表获奖传承人在颁奖仪式上发表获奖感言，畅谈了自己在非物质文化遗产传承中的工作体会与今后的传承计划。

王文章院长、马文辉司长、徐建兵副总裁在颁奖仪式上共同为获奖传承人颁发了奖杯和获奖证书。

为了进一步促进我国非物质文化遗产保护和传承工作，及时向社会呈现非物质文化遗产传承人的保护实践成果，中国艺术研究院·中国非物质文化遗产保护中心组织编撰了《第二届中华非物质文化遗产传承人薪传奖》画册。

本画册的编撰出版工作，得到了文化部、文化部非物质文化遗产司，各省、自治区、直辖市文化厅（局）非物质文化遗产处及保护中心，各位“薪传奖”获奖者的高度重视和大力支持。本画册所用图片如未注明拍摄者或提供者的均为该获奖者本人拍摄或提供，作品介绍中未标明作者姓名（有合作者除外）的均为该获奖者创作，获奖者地区属地以现户籍所在地为依据，特在此说明。

在此书出版之际，谨向给予支持和指导的单位和个人致以诚挚的谢意！

中国艺术研究院·中国非物质文化遗产保护中心

2013年9月

编委会名单

图书在版编目（CIP）数据

第二届中华非物质文化遗产传承人薪传奖 / 罗微主编.
—北京：文化艺术出版社，2013.9
ISBN 978-7-5039-5671-3

Ⅰ.①第… Ⅱ.①罗… Ⅲ.①民间艺人—介绍—中国—画册
Ⅳ.①K825.7-64

中国版本图书馆 CIP 数据核字（2013）第215090号

第二届中华非物质文化遗产传承人薪传奖

主　　编　罗　微
副 主 编　吴　昊
责任编辑　齐大任
装帧设计　刘玲子　李　鹏
出版发行　文化艺术出版社
地　　址　北京市东城区东四八条52号（100700）
网　　址　www.whyscbs.com
电子邮箱　whysbooks@263.net
电　　话　（010）84057666　84057660（总编室）
　　　　　（010）84057696　84057698（发行部）
经　　销　新华书店
印　　刷　北京圣彩虹制版印刷技术有限公司
版　　次　2013年12月第1版
印　　次　2013年12月第1次印刷
开　　本　787毫米×1092毫米　1/8
字　　数　60千字　图片500余幅
印　　张　33.5
书　　号　ISBN 978-7-5039-5671-3
定　　价　680.00 元

中国艺术研究院 · 中国非物质文化遗产保护中心主办

中国泛海控股集团有限公司出资设立

第三届
中华非物质文化遗产传承人
薪传奖

主编 罗 微

文化艺术出版社
Culture and Art Publishing House

图书在版编目（CIP）数据

第三届中华非物质文化遗产传承人薪传奖 / 罗微主编．
-- 北京：文化艺术出版社，2015.2
ISBN 978-7-5039-5958-5

Ⅰ．①第… Ⅱ．①罗… Ⅲ．①民间艺人—介绍—中国—画册
Ⅳ．①K825.7-64

中国版本图书馆 CIP 数据核字（2015）第016052号

第三届中华非物质文化遗产传承人薪传奖

主　　编　罗　微
副 主 编　吴　昊
责任编辑　齐大任
装帧设计　北京锦绣东方图文设计有限公司
出版发行　文化艺术出版社
地　　址　北京市东城区东四八条52号（100700）
网　　址　www.whyscbs.com
电子邮箱　whysbooks@263.net
电　　话　（010）84057666　84057660（总编室）
　　　　　（010）84057696　84057698（发行部）
经　　销　新华书店
印　　刷　北京圣彩虹制版印刷技术有限公司
版　　次　2015年9月第1版
印　　次　2015年9月第1次印刷
开　　本　787毫米 × 1092毫米　1/8
字　　数　60千字　图片500余幅
印　　张　32.75
书　　号　ISBN 978-7-5039-5958-5
定　　价　680.00 元

第三届
中华非物质文化遗产传承人薪传奖
获奖传承人名单（60人）

（按姓氏笔画排序）

马维雄	王　彪	王秀兰	王爱爱	尤文凤	邓希平	石顺民
冯　军	边树森	朱炳仁	任星航	庄陈华	刘光瑞	刘国英
刘爱云	刘淑珍	许荷英	许新萍	孙亚青	孙建兴	约相广拉
贡嘎仁增	杨华祥	李扎西	李凤荣	李龙斌	李荣仔	吴甫美栾
何　满	余家冰	谷宝珍	汪世瑜	宋水仙	张国王	陆　斌
陈佩华	罗布生	罗布斯达	罗周文	金全才	金明焕	金季凤
周　皓	居素甫·玛玛依		胡　深	段铁成	秦德祥	莫德格
夏吾角	倪友芝	倪东方	徐振高	郭太运	黄松坚	梁家梁
葛凤麟	谢　华	霍俊萍	魏立中	魏国秋		

前　言

我国各民族创造并世代传承的非物质文化遗产，是中华传统文化的重要组成部分，是以传承人的实践活动为存续之根本的文化瑰宝。我国的非物质文化遗产，延续着中华优秀传统文化的基因，既是中华文明可持续发展的基础，也是我国当前文化发展战略的具体工作内容。非物质文化遗产保护的灵魂是传承，只有通过传承人的口传心授，非物质文化遗产才能永续相传。所以，保护好非物质文化遗产项目传承人，是做好非物质文化遗产保护与传承工作的根本。

有鉴于此，中国艺术研究院·中国非物质文化遗产保护中心与中国泛海控股集团有限公司合作，于2012年开始设立了“中华非物质文化遗产传承人薪传奖”（以下简称“薪传奖”）。“薪传奖”的设立，旨在激励非物质文化遗产传承人从事实践和传承活动，表彰在传承中华非物质文化遗产方面做出杰出贡献的非物质文化遗产传承人，以进一步推进非物质文化遗产保护工作，继承和发扬中华优秀传统文化。

“薪传奖”作为我国非物质文化遗产专业工作机构设立的首个国家级专业奖项，每年举办一次，每次评选出60位获奖传承人，已于2012年、2013年成功举办了两届。在此基础上，2014年6月6日，第三届“薪传奖”在中国艺术研究院·中国非物质文化遗产保护中心隆重举行了颁奖仪式，又有60名杰出的非物质文化遗产传承人获此殊荣。

“薪传奖”的成功举办，是中国艺术研究院·中国非物质文化遗产保护中心与社会力量合作，践行“政府主导、社会参与，明确职责、形成合力；长远规划、分步实施，点面结合、讲求突破”的工作原则，共同推进我国非物质文化遗产保护工作的一个创举。近年来，中国艺术研究院·中国非物质文化遗产保护中心围绕非物质文化遗产传承人，创造性地开展了一系列工作，如聘任30名民间艺术创作研究员；在文化部的支持下设立了13个非物质文化遗产保护研究基地，倡导、鼓励传承人将宝贵的实践经验予以整理概括，将感性的经验认识上升到理论高度；聘任国家级代表性传承人和工艺美术大师为研究生导师；组织专家开展“国家级非物质文化遗产代表性传承人抢救性记录工程”相关业务工作；连续6年举办“宝马中国文化之旅”，资助近百个非物质文化遗产项目及其代表性传承人；设立“薪传奖”，等等。这些工作的开展，对营造全社会尊重传承人的良好氛围产生了积极作用。

在党中央、国务院的高度重视、关心、支持下，经过十余年的努力，我国的非物质文化遗产保护工作已获得巨大发展，取得了令世人瞩目的成绩，形成了抢救性保护、生产性保护和整体性保护等一系列非物质文化遗产保护的“中国经验”。这些成绩和经验的取得，离不开广大非物质文化遗产保护工作者的辛勤工作，更离不开各级传承人的努力。十余年来，我国非物质文化遗产保护工作，始终强调保护与社会发展的同步与协调，注重新形势下新问题的研究与探讨。我们也应该清醒地认识到，在当今社会取得全面协调发展的同时，作为以传统农业文明为基础孕育的我国非物质文化遗产，将在保护与传承中面临新的挑战。随着城乡传统聚落空间的变革，藉此形成的文化空间及文化形态也发生着改变，主要依靠口传心授的非物质文化遗产传承进入了一个关键时期，这就要求我们更要重视对传承人的保护工作。在新的形势下，以新的思想、新的举措开展非物质文化遗产保护工作，充分调动各级传承人传承非物质文化遗产的积极性，充分调动社会各界参与非物质文化遗产保护的积极性，充分利用现有文化空间和遗产资源，保护好非物质文化遗产，使之与社会全面协调发展，是当前推进非物质文化遗产不断深化的重要内容。

连续三届“薪传奖”的成功举办，引起了社会各界的热烈反响，进一步调动了各级传承人传承非物质文化遗产的主动性和积极性，传承人的社会影响力得到很大提升，为激发非物质文化遗产薪火相传的内在动力，发挥了积极的推动作用。我们相信，随着“薪传奖”的继续举办，它所产生的社会影响力必将越来越大，对保护与传承我国的非物质文化遗产，延续中华文脉，推进我国文化事业大发展、大繁荣，也将产生越来越重要的作用。

编　者

2014年10月

目　录

在“第三届中华非物质文化遗产传承人薪传奖”暨“中华非物质文化遗产保护贡献奖”颁奖仪式上的讲话

王文章 中国艺术研究院院长
中国非物质文化遗产保护中心主任

各位嘉宾、同志们、朋友们：

大家上午好！

今天，第三届“中华非物质文化遗产传承人薪传奖”和“中华非物质文化遗产保护贡献奖”的颁奖仪式在中国艺术研究院隆重举行。在这里，我谨代表中国艺术研究院、中国非物质文化遗产保护中心向第三届“中华非物质文化遗产传承人薪传奖”和“中华非物质文化遗产保护贡献奖”获奖者表示衷心的祝贺！同时，向莅会各位专家学者、各位嘉宾表示热烈的欢迎！

中华传统文化积淀着中华民族最深沉的精神追求，是中华民族生生不息、发展壮大的丰厚滋养；是我们最深厚的文化软实力。作为中华传统文化的重要组成部分，各族人民通过口传心授而世代相传的无形的、活态流变的非物质文化遗产，蕴含着中华民族特有的精神价值、思维方式、想象力和文化意识，是培育中华民族认同感的宝贵资源，是促进民族团结、维护国家统一的坚实基础，是凝聚全国各族人民的重要力量。我国的非物质文化遗产不仅是中华民族的精神财富，也是人类共同的文明成果。习近平总书记在联合国教科文组织总部演讲时说道，中国有大量文明成果被联合国教科文组织列入世界文化遗产、人类非物质文化遗产、世界记忆遗产名录，并衷心感谢联合国教科文组织为保存和传播中华文明做出的贡献。保护好、利用好非物质文化遗产，对于保存和传播中华文明，对于民族精神的凝聚和延续，对于当代文化创新，对于培育和弘扬社会主义核心价值观，实现中华民族的伟大复兴，都具有不可估量的重大意义。

非物质文化遗产是植根于民族民间文化土壤的活态文化，是发展着的传统的行为方式和生活方式，不能脱离传承主体而独立存在。可以说，传承是非物质文化遗产保护的灵魂。尊重传承人，调动和发挥传承人的积极性和聪明智慧，使他们自觉地、主动地承担传承的责任，努力把自己所持有的技艺、技术传承给后人、贡献给社会，并在传承的同时，有所发展与创新，是做好保护工作的基础和关键。

近年来，中国艺术研究院·中国非物质文化遗产保护中心围绕非物质文化遗产传承人，创造性地开展了一系列工作，如于2005年聘任了第一批30名民间艺术创作研究员；2013年聘任国家级非物质文化遗产项目代表性传承人和工艺美术大师为研究生导师；2013年设立了两批13个非物质文化遗产保护研究基地；2013年至2014年组织专家制定了“国家级非物质文化遗产代表性传承人抢救性记录工程”原则性标准和专业标准；自2008年起连续举办了6年的“宝马中国文化之旅”，探访资助了近百个各级非物质文化遗产项目及代表性传承人，等等。这些工作的开展，对提升非物质文化遗产传承人的社会影响力，营造全社会尊重传承人的良好氛围产生了积极作用。

由中国艺术研究院·中国非物质文化遗产保护中心主办、中国泛海控股集团有限公司协办的“中华非物质文化遗产传承人薪传奖”，在2012年、2013年已成功举办两届。两年来，“薪传奖”引起了社会各界的热烈反响，进一步调动了各级传承人传承非物质文化遗产的主动性、积极性，传承人的社会影响力得到很大提升，有效激发了非物质文化遗产薪火相传的内在动力，推动了我国非物质文化遗产的保护以及中华优秀传统文化的继承与弘扬。今天我们举办第三届“薪传奖”颁奖活动，相信“薪传奖”的影响力必将越来越大，会更加激励传承人对非物质文化遗产的保护与传承发挥重要作用。

我国的非物质文化遗产保护工作，政府主导发挥着重要的推动作用。但同样重要和不可忽视的是，在保护工作中不断提高社会公众的参与意识，形成社会公众主动参与保护和承担保护责任的文化自觉，是持久做好非物质文化遗产保护工作的根本。多年来，中国艺术研究院·中国非物质文化遗产保护中心根据“政府指导、社会参与，明确职责、形成合力”的保护工作原则，不断引导鼓励社会力量投入到非物质文化遗产保护工作中来。在保护实践中，众多个人和机构本着传承中华文脉的社会责任感，做了很多工作，取得了令人瞩目的成绩。为进一步激发社会各界保护非物质文化遗产的积极性和主动性，中国艺术研究院·中国非物质文化遗产保护中心特别设立“中华非物质文化遗产保护贡献奖”，以表彰在非物质文化遗产保护实践中做出突出贡献的个人和机构。首次获得此奖项的是两家机构：中国泛海控股集团有限公司，宝马（中国）汽车贸易有限公司和华晨宝马汽车有限公司。

中国泛海控股集团有限公司二十多年来积极从事社会公益慈善事业，累计向社会捐款近19亿元人民币。为促进和保护中华非物质文化遗产，2012年，中国泛海控股集团决定由泛海公益基金会每年出资300万元，与中国艺术研究院·中国非物质文化遗产保护中心合作，共同设立“中华非物质文化遗产传承人薪传奖”，目前已连续举办三届，共180名传承人获奖。这是由企业参与，首个由非物质文化遗产专业工作机构设立的国家级专业奖项，具有开拓性意义。宝马（中国）汽车贸易有限公司、华晨宝马汽车有限公司2008年与中国艺术研究院·中国非物质文化遗产保护中心建立战略合作关系，连续6年举办“宝马中国文化之旅”系列活动，行程遍布20个省、自治区，探访近300项非物质文化遗产项目，对64项非物质文化遗产项目捐助资金共计600万元。这是企业尤其是合资企业参与非物质文化遗产保护的新模式，具有示范性作用。这两家机构多年来积极回馈社会，在弘扬中国传统文化，保护和传承中国非物质文化遗产，唤起公众对非物质文化遗产保护的关注和自觉意识等方面，做出了巨大的努力，取得了丰硕成果。我们对此表示衷心的感谢！同时，我们也希望更多具有社会责任感的个人和机构加入进来，共同为传承和保护非物质文化遗产贡献力量。

经过十多年的努力，我国的非物质文化遗产保护工作取得了突出的成绩。非物质文化遗产保护工作已由基础性工作的起步阶段转到依法保护、科学保护、全面保护的阶段。非物质文化遗产的保护意识已经日益深入人心，并具有了广泛的社会基础。这与党和政府的高度重视与支持分不开，与我国广大非物质文化遗产保护工作者和各级各类非物质文化遗产项目传承人多年来坚持不懈努力工作，创造性地实践和传承分不开，也与社会力量的广泛参与分不开。

最后，衷心祝贺获得第三届“薪传奖”60位传承人和获得“中华非物质文化遗产保护贡献奖”的两家机构。感谢你们为非物质文化遗产的传承与保护所做的工作和努力！非物质文化遗产的传承保护工作任重道远，希望大家薪火相传，为弘扬中华民族优秀传统文化做出更大贡献！

谢谢大家！

2014年6月6日

祝贺与感谢

—— 在“第三届中华非物质文化遗产传承人薪传奖”暨“中华非物质文化遗产保护贡献奖”颁奖仪式上的发言

| 萧　放　北京师范大学教授

尊敬的各位领导、各位专家、各位“薪传奖”获奖人与“保护贡献奖”单位代表：

上午好！

在第九个“文化遗产日”即将来临之际，在这样一个隆重的颁奖仪式上，首先，祝贺第三届“薪传奖”的获得者，您们用自己的劳动与智慧赢得了今天的荣誉，祝贺您们！其次，对于在中华非物质文化遗产保护工作中付出巨大心血、做出重要贡献、获得“中华非物质文化遗产保护贡献奖”的相关单位，表示祝贺！对于持续关注中华非物质文化遗产的保护与传承、出资设立“薪传奖”的中国泛海控股集团有限公司，表达由衷的敬意与感谢！同时对于举办“薪传奖”的中国艺术研究院·中国非物质文化遗产保护中心的领导与同仁，为此次活动成功举办而付出的心血表示诚挚的谢意！

今天是芒种，在二十四节气里，芒种是第九个节气，正好与我们的第九个“文化遗产日”巧合。芒种时节，是夏收、夏种的关键时节，所谓“春争日、夏争时”，是关系农事是否丰收的重要时间，其急迫性与重要性不言而喻。当前非物质文化遗产抢救保护工作的进程，也到达了“芒种”时节。11年来在政府主导、社会广泛参与之下，非物质文化遗产保护已经有明显的成绩与收获，但播种、耕耘与管理的工作仍然急迫、艰巨，并面临着经济全球化、文化同质化的挑战。我们的生活传统与文化遗产，随着年代的推移，正在快速大面积消失。应引起重视的是一些重要传承人年事已高，这一令人揪心的情况，让每一个具有文化良心的中国人寝食难安。

中国正在成为经济大国，但能否成为文化强国，还需努力。文化强国，就是你能够以自己的文化正能量影响世界，以超越地域、民族差异，促进世界和平与福祉的价值观引导世界。也就是我们祖先一向强调的“四海一家”、“文德服人”的文化理念的实现。英国著名文化史家汤因比在20世纪60年代与日本学者池田大作的对话中，指出未来世界的出路在东方，在中华文明。儒家、道家、佛教思想三位一体的中华文化将为世界和谐与可持续发展提供重要的文化基础。

汤因比所指出的中华文明，正是我们的文化传统与优良传统文化，它们是我们今天所说的非物质文化遗产的精神核心与重要组成部分，非物质文化遗产是文化强国的重要的精神资源。

可是，如果我们看看目前的社会现实，社会上还有不少人沉浸在对西方物质文化与精神文化的向往中，认为中国的传统文明属于农业文明，是终将过去的东西，是包袱、负担，对“非遗”传承与保护工作不重视、不上心，有的最多是工作点缀与工作指标的表面文章。如果我们的社会不能形成全民的自觉保护传承非物质文化遗产的意识，不将民族文明传承作为文化建设的重要方向，我们将失去最后的民族文化传承的机会，文化强国自然也就无从谈起。近年来，习总书记在不同场合谈到中国梦，谈到中华文明的复兴与传承，谈“精忠报国”，谈留住乡愁，他说：“培育和弘扬社会主义核心价值观必须立足中华优秀传统文化。”这是一个前所未有的认识高度，作为一个传统文化的研究者，我们感到鼓舞。我理解中国梦的核心思想是追寻一个符合中华文化传统的文化强国之梦，这个梦属于中国，也属于世界。

我们每一个人都是努力实现中国梦的主人。特别是我们在座的各位非物质文化遗产传承人，是您们的辛勤耕耘，为我们留住了乡愁，为我们的生活增添了色彩，为我们民族文明传承做出了贡献，再次感谢您们。您们的手工技艺、您们的文化记忆、您们的智慧，是祖国的珍宝，我们珍重这些非物质文化遗产，同时也希望各位能够利用一切可能的机会，在社会上展示、传播，让更多的国民感受体验非物质文化遗产的魅力，并积极培养年轻后生。这是各位传承人的责任，也是您们的光荣。

感谢全力支持非物质文化遗产保护工作的各位企业家与各位同行，您们的辛勤劳动与工作智慧，为非物质文化遗产传承与传播提供了良好的条件与有力的促进。在利用媒体进行社会动员方面，在非物质文化遗产进校园活动中，在对社会大众与大中学校学生进行非物质文化遗产教育与影响中，在以优秀中华文化引导年轻人方面，收到明显成效。当然，我们在活化非物质文化遗产资源、实现生活中的文化传承上，还有许多工作亟待深入思考与实践。

今天是2014年6月6日，在这吉祥的日子里，我们在中国艺术研究院见证了推进非物质文化遗产保护的“薪传奖”暨“中华非物质文化遗产保护贡献奖”的颁奖仪式，见到了我们可敬的非物质文化遗产的传承人与在保护工作中做出重要贡献的单位代表，我们对中国非物质文化遗产保护工作充满信心、充满期待。芒种之后是秋收，相信在大家共同努力之下，我们将会收获中华文化泽惠世界的伟大硕果。

谢谢大家！

2014年6月6日

做中华非物质文化遗产的忠实传承者

——在“第三届中华非物质文化遗产传承人薪传奖”颁奖仪式上的发言

王秀兰 第三批国家级非物质文化遗产项目
花茶制作技艺（张一元茉莉花茶制作技艺）
代表性传承人

尊敬的各位领导、各位专家、各位来宾：

大家上午好！

十分荣幸获得第三届“中华非物质文化遗产传承人薪传奖”，这不仅是我个人的荣誉，更体现了国家对非物质文化遗产保护事业的重视。借此机会，请允许我代表全体获奖者，向中国艺术研究院·中国非物质文化遗产保护中心的各位领导，向各位专家给予的肯定表示衷心的感谢！

中华非物质文化遗产是中华传统文化的重要组成部分，是民族智慧和民族精神的结晶，是促进社会和谐发展的重要因素。在历史的长河中，中华非物质文化遗产有过兴盛辉煌，也历经艰难坎坷。如今，中华非物质文化遗产已经成为体现国家文化软实力的重要标志和国际交流的重要内容。事实证明，文化强，则民族强；文化兴，则国家兴。正如习总书记所说：“一个民族，只有文化体现出比物质和资本更强大的力量，才能造就更大的文明进步；一个国家，只有经济发展体现出文化的品格，才能进入更高的发展阶段。”

在党的十八大文化强国战略的倡导下，传统文化事业又一次迎来了十分可贵的历史性机遇和良好环境。我感到作为中华非物质文化遗产传承人是幸运的，我们赶上了中国经济蓬勃发展的好时代，前所未有的发展机遇为我们提供了传承技艺、实现自身价值的广阔舞台。同样，我们也深刻意识到自己肩上的那份责任。身为非物质文化遗产代表性传承人，我们的使命是什么？我认为，首先是文化传承的崇高使命。被誉为民族记忆缩影的中华非物质文化遗产之所以生生不息、经久不衰，究其根本，因为这些文化遗产来自人民，服务于社会，其生命力关键在于传承，有传承才能有发展。传承人要在带徒传艺等方面下功夫，让非物质文化遗产被我们的下一代认识、接受，赋予非物质文化遗产更加鲜活和持久的生命力。其次是勇于探索的崇高使命。要在大力提高专业领域研究能力和水平的基础上，不断突破创新，弃其糟粕，取其精华，使独一无二的传统技艺得以延伸发展，更加符合时代需求。对于这一点，我有着切身体会。从事茶叶行业四十余年来，我一直致力于继承发展和推广中国茶文化，围绕做大做强中国茶产业展开了一系列探索与实践，通过打造张一元品牌，让小小的一片茶叶从“俭、清、和、静”的意境，逐渐走入了寻常百姓家，使当代茶文化核心理念逐步成为人们的思想观念、价值追求和行为方式。

面向未来，传承文明的伟大使命召唤着我们，我们要以获得“薪传奖”为契机，紧紧抓住和把握好历史机遇，做一名中华非物质文化遗产的忠实传承者和弘扬者，让中华非物质文化遗产这颗璀璨明珠绽放出更加夺目的光彩！

最后，再次对中国艺术研究院·中国非物质文化遗产保护中心的各位领导、各位专家表示最诚挚的感谢！

谢谢大家！

2014年6月6日

第三届中华非物质文化遗产传承人薪传奖

获奖者介绍

马维雄

Ma Weixiong

保安族腰刀锻制技艺代表性传承人

保安族，甘肃省临夏回族自治州人，1950年出生，2014年7月11日去世。第一批国家级非物质文化遗产项目保安族腰刀锻制技艺代表性传承人。

保安族腰刀是保安族传统的手工艺制品，是保安族人民重要的生活用具。保安族腰刀的出现与元代军事活动有关系，现主要产于甘肃省积石山保安族东乡族撒拉族自治县大河家镇、刘集乡及周边地区。保安族腰刀锻制工序多达40至80道，其中制坯时加钢、炼烧后淬水至关重要，是实现刀具刚韧相济的重要保障。随着社会的发展和科技的进步，传统手工操作渐向半机械化发展，保安族腰刀质量渐低，传统锻制技艺渐显传承危机。

马维雄出身制刀世家，10岁开始师从其父马尕虎学习制作保安族腰刀。马尕虎锻制的腰刀外观精美、品质优良，在保安族地区有“善加宝的鱼刀，马尕虎的腰刀”之称。在父亲亲手教授与自己的参悟之下，马维雄练就的保安族腰刀锻制技艺日益精湛，可与其父相媲美。马维雄主要擅长打制的刀型为保安族腰刀最典型的方头直刀——“什样锦”系列腰刀，其形制简洁、剽悍、实用，与质朴的西北风土相吻合。马维雄锻制的保安族腰刀，刀板平直，刀刃折转突兀，形成三角形刀尖和强劲的切割面，显得刚直威猛。与之形成鲜明对照，其刀柄用银、铜、石、珠，在牦牛角上镶、嵌、铆出梅花、一条龙、云纹、水波及抽象图案，装饰华丽、璀璨、柔媚。刀鞘以铜皮砸成，内装木鞘垫型，刀锋入木，严丝合缝。马维雄为石山县民族博物馆保安族腰刀展厅精心制作的保安族腰刀套装、折花刀、折花剑等上百把保安族腰刀产品，全面展示了保安族腰刀的各种样式。

马维雄积极传承保安族腰刀锻制技艺，除向两个儿子马尕主麻和马洒力海亲手传授家传技艺外，在全县已带出了6名传承人。2013年年底，马维雄在当地举办保安族腰刀培训班，培训学员20多名，提高了保安族腰刀锻制技艺的整体水平。

△马维雄向徒弟传授保安族腰刀锻制技艺

△徒弟在为保安族腰刀钉盖嘎

△徒弟在为保安族腰刀精抛光

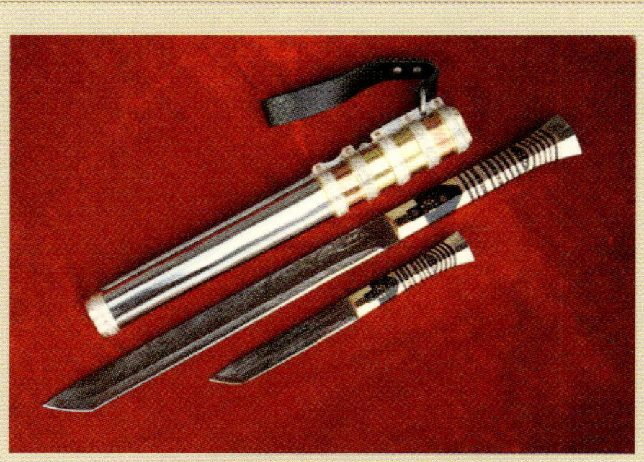

△ 1/2/3

1 马维雄向徒弟传授保安族腰刀锻制技艺

2 保安族腰刀《子母刀》（马维雄 制作 马尕主麻 摄）

3 保安族腰刀《雅乌其》（马维雄 制作 马尕主麻 摄）

△ 1 2 / 3 4 / 5 6

马维雄锻制保安族腰刀的主要工序：

1 加钢

2 钉制护口

3 落把

4 钉制盖嘎

5 打磨刀把

6 打制、缝合铜皮

◁ 保安族腰刀锻制技艺《保安腰刀》（马维雄制作）

王彪

Wang Biao

皮影戏（四川皮影戏）代表性传承人

汉族，四川省南充市人，1965年出生。第四批国家级非物质文化遗产项目皮影戏（四川皮影戏）代表性传承人。

四川皮影戏充分反映了四川地区的风俗习惯、社会风貌和人文传统，具有重要的民俗学、艺术学价值。四川皮影戏主要包括土皮影、广皮影（又称“渭南皮影”）和阆中皮影戏三类。其中，阆中皮影戏系阆中民间皮影大师王文坤及其祖辈根据土皮影、广皮影的特点，扬长避短，独创一派的新型皮影。其特点是造型俊美，结构均衡，雕刻技法娴熟，线条流畅细腻，镂空留实得体；人物面部为椭圆形，头帽胡须不固定；服饰多采用川北民间流行的传统图案装饰，造型精致优美，地方特色浓郁。阆中皮影戏流行于以阆中市为中心的南充、广安等地区，唱腔除借用川剧五大声腔外，还博采民间流行的山歌、小调以及佛教、道教音乐，深受川北人民群众喜爱。

王彪自14岁师从祖父王文坤学习四川皮影雕刻，16岁开始学习皮影表演，是阆中“王家皮影戏”第七代传人。王彪秉承“王家皮影”一贯的艺术特点，其雕刻线条流畅，造型古朴，透光性强，颜色鲜明；唱腔粗犷而又婉转，拖腔跌宕而圆润，念白铿锵，抑扬顿挫，表演注重皮影人物的细微动作语言，手法细腻，乐器操作熟练，技艺全面精到。王彪能独立表演20多出传统剧目，在四川省举办的皮影雕刻作品工艺比赛中获金奖，个人被授予“民间工艺大师”称号，其表演获国际木偶皮影大赛“金狮杯”个人表演奖和团体传承与发展贡献奖。

王彪多年从事四川皮影戏传承工作，组建“王文坤皮影培训班”，招收学员12名；建立川北皮影传习所，面向社会招收年轻学员，通过口传心授等方式系统传授四川皮影技艺，目前已建立起拥有6人器乐班、8名表演者、8名雕刻师的稳定的传承队伍。王彪已授徒60余人，其中1人已成为省级代表性传承人，3人成为县市级代表性传承人。

△四川皮影戏《斩蔡阳》（王彪等 表演）

▽王彪制作的3.85米高的大皮影

△ 1 | 2 王彪指导学员进行四川皮影制作

△王彪指导学员表演四川皮影戏

王秀兰

Wang Xiulan

花茶制作技艺（张一元茉莉花茶制作技艺）代表性传承人

汉族，北京市人，1954年出生。第三批国家级非物质文化遗产项目花茶制作技艺（张一元茉莉花茶制作技艺）代表性传承人，全国三八红旗手，国家高级评茶师。

花茶是我国特有的茶类，由绿茶经多次与茉莉鲜花窨制而成。张一元茶庄以制售茉莉花茶而著称。张一元茉莉花茶采用福建烘青绿茶——春茶作茶坯，初制过程主要有：萎凋、杀青、揉捻、烘焙等。它采用传统的茉莉花茶窨制工艺，又结合老北京人喝茶口味进行了工艺创新，风味独特，物美价廉，深受京城百姓喜爱。

王秀兰生于北京，1972年起从事了茶叶生产加工、拼配窨制、审评定价、茶类衍生品的研发、饮茶与健康的研究、中华茶文化的宣传、企业管理等多方面的工作。自1992年，王秀兰任张一元茶叶有限责任公司总经理以来，通过多方走访、拜师学艺、反复试制，并请教张一元第三代传人张世显重新研发了张一元传统的茉莉花茶制作工艺，在此基础上不断进行改良，最终使得"汤清味浓、入口芳香、回味无穷"的张一元茉莉花茶重现辉煌。2012年，她凭借多年的实践经验，结合传统的茉莉花茶制作工艺创制而成张一元茉莉金龙袍。王秀兰为满足市场需求，不断丰富产品，目前研制开发了近30种茉莉花茶新品种，其中茉莉毛尖、茉莉白龙珠等品种成为张一元茉莉花茶制作技艺的代表品种，同时，茉莉金茗眉及金龙袍分别荣获北京国际茶叶展的银奖和金奖。

王秀兰注重传承人的培养，成立了张一元茉莉花茶制作技艺展室与传承人工作室，亲自培养了一支高素质、高水平、技术精湛的专业队伍。她培养的5位徒弟均已成为业务骨干，她组建的张一元茶艺表演队多次荣获茶艺大赛金奖。

△王秀兰察看茶园

▽王秀兰在茉莉花园察看茉莉花长势

▷2009年，王秀兰在茉莉花茶产区察看茉莉花长势

△王秀兰在基地察看茶叶长势

△王秀兰向徒弟传授张一元茉莉花茶制作技艺

▽王秀兰在品鉴茶叶

王爱爱

Wang Aiai

晋剧代表性传承人

汉族，山西省太原市人，1940年出生。第二批国家级非物质文化遗产项目晋剧代表性传承人，享受国务院政府特殊津贴专家。

晋剧是山西省四大梆子剧种之一，因产生于山西中部，故又称中路梆子，外省称之为山西梆子，主要流布于山西中、北部及陕西、内蒙古和河北的部分地区。晋剧于清代初年形成，既保留了蒲州梆子慷慨激昂的艺术特色，又形成婉转细腻的抒情风格。晋剧唱腔丰富，板式多变，表现力强；表演粗犷豪放，富于激情，不仅继承了梆子戏表演中的绝技，而且在翎子功、帽翅功等方面又有了进一步的发展。晋剧传统剧目丰富，经常上演的有200多出，包括《渭水河》《打金枝》《临潼山》《乾坤带》《沙陀国》《战宛城》《白水滩》《金水桥》《火焰驹》《梵王宫》《双锁山》等。

王爱爱出生于山西榆次的梨园世家。7岁随祖母、晋剧名旦莜桂花学戏，至今从艺已67年，被观众称为“金嗓子”。她先后向程玉英、牛桂英学习，既吸收了程派“咳咳腔”刚劲挺拔、朴实酣畅的艺术特色，又继承了牛派稳健大方、含蓄委婉、讲究字正腔圆的艺术风格，并根据自身特点，创造了“爱爱腔”，被誉为“晋剧皇后”，曾获得中国“金唱片”奖。王爱爱演出了《教子》《打金枝》《金水桥》《算粮》《含嫣》《明公断》《出水清莲》《三上桃峰》《龙江颂》等许多代表剧目，塑造了众多生动逼真、个性鲜明的艺术形象。

王爱爱从20世纪70年代末80年代初开始收徒，目前已收徒31人。她的徒弟有一些已成为山西、内蒙古各晋剧艺术院团、艺术院校的主演和教授；有2个徒弟曾获得中国戏剧“梅花奖”，其中1人获“二度梅”。王爱爱还在山西戏剧职业学院兼职，成立王爱爱艺术传承工作室，以多种方式从事晋剧的教学和传承工作。

王爱爱在晋剧《打金枝》中扮演沈后

△1/2/3

1 王爱爱指导学生表演晋剧《藏舟》

2 王爱爱指导学生表演《三上轿》

3 王爱爱指导学生表演晋剧《金水桥》

▽王爱爱在晋剧《含嫣》中扮演刘雪梅

▽王爱爱在晋剧《算粮》中扮演王宝钏

▽王爱爱在晋剧《金水桥》中扮演银屏公主

尤文凤

You Wenfeng

赫哲族鱼皮制作技艺代表性传承人

赫哲族，黑龙江省佳木斯市人，1952年出生。第一批国家级非物质文化遗产项目赫哲族鱼皮制作技艺代表性传承人。

鱼皮制品以北方冷水鱼鱼皮为原料，冷水鱼皮质有一定的厚度和韧性，比较耐磨，便于在生产生活中使用。赫哲族长期以渔猎为生，用鱼皮制作各种服饰也有悠久历史，素以“鱼皮部落”为世人所知。鱼皮文化是北纬45度以上区域内存在的特色文化，传统的鱼皮技艺包括一整套复杂的加工过程，分为剥皮、干燥、熟软、拼剪缝合、艺术修饰等步骤，过去赫哲族妇女都能熟练掌握这一技艺。20世纪中叶以后，鱼皮制品被其他用品所取代，掌握传统鱼皮技艺的老人多已离世，传统手艺也渐渐失传，只在黑龙江省同江市街津口乡的赫哲族传承下来。这一传统手工技艺亟待抢救与保护。

尤文凤自幼受母亲影响，对鱼皮制作技艺产生浓厚兴趣，12岁开始跟随母亲学习鱼皮衣服的制作技艺。由于做鱼皮衣服的材料要求极其严格，需要选择十几斤或几十斤重的大鱼。在长期的实践中，赫哲人逐步摸索各种鱼皮的特点，掌握适合做不同衣服的材料。尤文凤在母亲耐心传授下，经过自己多年不断摸索与研究，学会了制作皮衣、皮裤以及复杂的手工制品如翁得、狍皮大哈、孩童帽子、鱼皮包等。她制作的鱼皮制品多次参加各类展览和文化交流活动并获奖，部分鱼皮服饰被公私机构收藏，还曾作为演出服搬上舞台，广受群众喜爱。其代表作品获“三江流域赫哲族首届传统工艺大赛”鱼皮制作技艺鱼皮服饰一等奖、“缤纷中国——中国民族民间服饰文化暨中国民间文化遗产抢救工程成果展”个人贡献奖、“中国非物质文化遗产传统技艺大展”纪念奖等。

尤文凤积极开展赫哲族鱼皮制作技艺传承活动，已教授学员尤俊丽、尤秀梅等10余人。在尤文凤的传授下，儿媳任媛熟练掌握了鱼皮制作技艺的核心技术，成为黑龙江省第三批省级非物质文化遗产代表性传承人。

2 | 1 △
尤文凤制作的赫哲族鱼皮服饰

▽ 1 2 / 3 4

1 尤文凤向三儿子传授赫哲族鱼皮制作技艺

2 尤文凤向孙子传授赫哲族鱼皮制作技艺

3 尤文凤向儿媳传授赫哲族鱼皮制作技艺

4 2012年，尤文凤在非物质文化遗产成果展上向孙女传授赫哲族鱼皮制作技艺

◁ 尤文凤制作赫哲族鱼皮服饰

邓希平

Deng Xiping

景德镇手工制瓷技艺代表性传承人

汉族，江西省景德镇市人，1942年出生。第四批国家级非物质文化遗产项目景德镇手工制瓷技艺代表性传承人。

在全国首批24座历史文化名城中，景德镇是唯一凭借自己的特产名列其中的。考古发掘表明，景德镇自五代开始生产瓷器，宋、元两代迅速发展，至明、清时在珠山设御厂，成为全国的制瓷中心。景德镇手工制瓷技艺中重要的成型工序在宋代已初步建立。景德镇手工制瓷运用当地原产瓷用矿物原料配制成瓷泥和瓷釉，上好釉的坯体以1300℃以上高温烧制而成。景德镇手工制瓷的颜色釉分为单色釉和窑变釉两大类，每类各有几十个品种。由于釉料中含有微量金属元素，在坯体成瓷的过程中，窑变釉的釉料与坯体紧密结合，形成宝石结构，使釉料变得色彩斑斓、花纹各异。受元明清三朝官窑的影响，景德镇手工制瓷造型工整、线条流畅。

邓希平于1966年师从聂物华、陈鸿高学习景德镇传统颜色釉制作技艺，1972年调入景德镇建国瓷厂继续从事景德镇传统颜色釉的研发工作至今。她的作品器型端庄、自然，工艺精湛。单色釉作品色彩纯净，不含杂色；窑变釉作品色彩丰富，颜色融合无间，变幻自然。她钻研唐代秘瓷和明代流霞盏的制作工艺，依据古法创作了《秘釉流霞盏》。她还研制了40多种新型颜色釉，其中，“大件郎红釉新配方”获国家科技进步奖，“陶瓷彩虹釉”获国家发明奖和第39届尤里卡国际发明博览会金奖，“凤凰衣釉”和“宝石红釉”获全国陶瓷美术设计评比一等奖，“无铅钧红釉”获江西省重大科技成果奖。

1978年，邓希平带领5名学徒开展颜色釉瓷的项目研究。1984年至1995年，在她担任景德镇建国瓷厂技术厂长和总工程师期间，亲自带徒和讲学，培养了一批从事颜色釉瓷技艺研发的骨干力量，培养的学徒中有一人成为颜色釉工程师，两人分别成为省、市级非物质文化遗产项目传承人。

△景德镇手工制瓷技艺作品《凤凰衣釉醉仙瓶》

△1|2 邓希平正在进行景德镇传统颜色釉实践：

1 配制釉料

2 淋釉

景德镇手工制瓷技艺作品《窑变综合装饰东方之珠》（邓希平 创作）

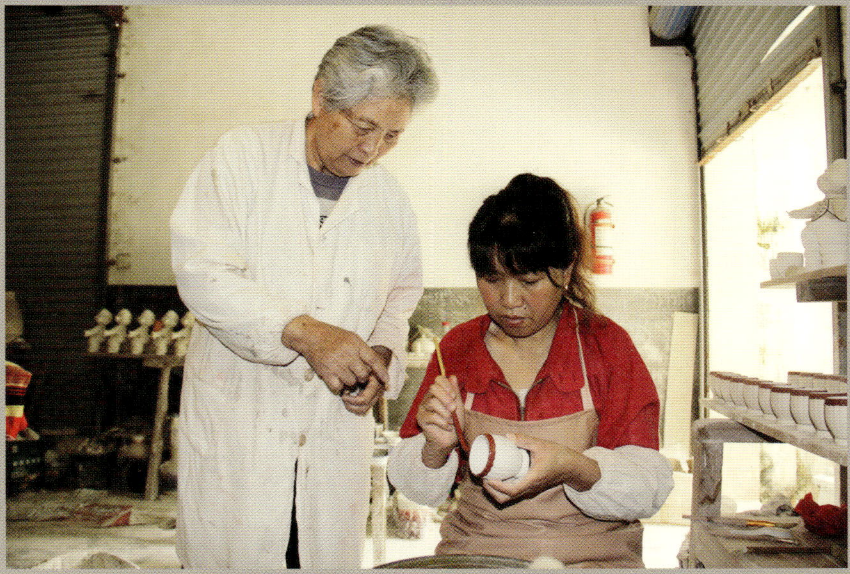

△ 1 2 3

邓希平指导徒弟进行景德镇手工制瓷：

1 蘸釉

2 釉面布局

3 涂釉

◁ 景德镇手工制瓷技艺作品《流霞盏大碗》

石顺民

Shi Shunmin

湘西苗族鼓舞代表性传承人

苗族，湖南省湘西土家族苗族自治州人，1949年出生。第二批国家级非物质文化遗产项目湘西苗族鼓舞代表性传承人。

湘西苗族鼓舞流传在湖南省湘西土家族苗族自治州吉首市和凤凰、泸溪、保靖、花垣、古丈等县。据记载，该舞源于汉代以前的苗族祭祀活动，后成为苗族人最喜爱的舞蹈形式。其种类多达数十种，常见的有花鼓舞、猴儿鼓舞、女子单人鼓舞、男子单人鼓舞、团圆鼓舞等。这些舞蹈特点鲜明，表演者打鼓起舞，节奏明快，双手交替击鼓，两脚轮换跳跃，全身不停扭摆，动作舒展大方。苗鼓号角在历史上曾起到号召与激励民众的作用，形成巨大的民族凝聚力，苗鼓更是成了湘西苗族的圣物。

石顺民出身苗族鼓舞世家，自幼跟随母亲学习湘西苗族鼓舞，后入专业学校和剧团学习、工作。自1963年在吉首市寨阳乡务农的20多年间，石顺民广拜民间艺人，坚持研习苗族鼓舞，其后在吉首市各单位从事苗族鼓舞教学。石顺民的苗族鼓舞继承了传统苗族鼓舞的套路和技巧，并在传统苗族鼓舞的基础上，融合了湘西苗人传统生活、生产的动作元素，形成了独特的舞蹈风格，既表现了湘女的柔美、婀娜多姿，又体现了劳作时的刚劲有力。其代表作有《苗族花鼓》《庆丰收》《苗山女民兵》《迎宾鼓》等。

石顺民自20世纪80年代初即开始带徒授艺，如今，她祖孙三代全部从事湘西苗族鼓舞的教学和表演。1987年至1989年，她培养了500多位鼓手。此后二三十年间，她在湘西及周边地区亲自培训苗族鼓手3000余人，组建苗族鼓舞队120余支，队员近万人。2004年，创办湘西顺民苗族鼓舞培训中心。她的学徒中有多人获得湘西苗族女鼓王称号，多人成为高校特聘教师。

△石顺民在表演湘西苗族鼓舞

▽2007年，石顺民在德夯传授湘西苗族鼓舞

1 2008年，石顺民在传习所为吉首大学学生传授湘西苗族鼓舞

2 2008年，石顺民在重庆黔江民族歌舞团传授湘西苗族鼓舞

3 石顺民在传授湘西苗族鼓舞技艺（时光全 摄）

△2008年，石顺民在表演湘西苗族鼓舞

▽2012年，石顺民在寨阳中学向学生传授湘西苗族鼓舞

Feng Jun

冯军

本溪松花石砚雕刻工艺师

汉族，辽宁省本溪市人，1961年出生。

松花石砚以产于本溪桥头镇的沉积岩为原料制成，砚石以绿色为主，与红色颜料可以形成鲜明的色彩对比。松花石砚始制于清康熙二十八年（1689），在清代专供御用。本溪松花石砚曾参加1929年中国杭州博览会并获一等奖。清宫造办处御用砚雕匠人陈广庆是本溪松花石砚第一代传承人，其徒弟曲广勋、徒孙王敬崴是第二代、第三代传承人。本溪松花石御砚制作工艺使用昔日“宫作法”，即宫廷制砚方法。它除了选石、器型、雕技、纹饰、砚铭等工艺流程外，还有制式要求。常见的松花石砚大都简洁实用，器形规整，突出石质的美丽。

本溪松花石砚雕刻技艺第四代传承人冯军，自幼喜爱美术，后拜师学艺，专心研究松花石砚的雕刻技艺。经30多年的探索，冯军运用“宫作法”技艺雕制的清宫御用松花石砚参加了国家级展会，并多次获奖。2010年，“清宫御用松花石砚”获第25届全国文房四宝艺术博览会金奖，并被授予“中国十大名砚”称号。2012年，《兰亭砚》获“中国文房四宝艺术创新奖”金奖；《春雪》获“中国工艺美术文化创意奖”金奖；《祥云纹暖砚》获2012“百花玉缘杯”中国玉石雕精品奖金奖；《高仿台北故宫清宫御砚100珍》获“中国工艺美术文化创意奖”特别金奖。2013年，石床石盒《兰亭砚》获“中国工艺美术文化创意奖”金奖。2014年，《五福暖砚》获深圳文博会创意金奖。

目前，冯军带徒4人。徒弟的松花石砚雕刻作品曾获得2013辽宁玉石砚石雕刻“玉龙杯”金奖、银奖。

△冯军在创作本溪松花石砚

▽2014年，冯军在雕刻车间向弟子传授本溪松花石砚雕刻技艺

本溪松花石砚
《五福捧寿砚》

本溪松花石砚
《兽面纹砚》

边树森

Bian Shusen

石家庄丝弦代表性传承人

汉族，河北省石家庄市人，1940年出生。第二批国家级非物质文化遗产项目石家庄丝弦代表性传承人，国家一级演员。

石家庄丝弦又名弦腔、弦索腔、河西调、小鼓腔、罗罗腔、女儿腔等，是河北省特有的古老剧种，流行于河北、晋中及雁北地区，迄今已有500多年历史。石家庄丝弦是在明清俗曲的基础上衍变而来，唱腔独特，以真声唱字，旋律向上大跳翻高，再用假声拖腔，旋律顺级下行，激越悠扬，慷慨奔放。丝弦音乐属弦索声腔，有各种音乐曲谱500多支，各类伴奏曲牌100多种，分官腔、越调两大部分。石家庄丝弦有传统剧目500多出，代表性剧目有《空印盒》《白罗衫》《小二姐做梦》《赶女婿》《金铃计》《杨家将》《花烛恨》《生死牌》《宗泽与岳飞》等。

边树森于1956年考入石家庄艺校丝弦训练班，先后师从拥有丝弦“四红”之一称号的封广亭和王永春学艺，兼习“小生”、“老生”两个行当。他注重唱腔的研究和探索，在继承传统的基础上不断地完善和丰富，形成了以柔为主、刚柔相济，以声传情、以情带声、声情并茂的“边派”演唱风格。边树森在其代表作《李天保吊孝》“哭灵”一场的近百句唱词中，合理运用丝弦各种板式和调式，诠释人物内心情感。此唱段成为丝弦的经典保留唱腔。代表剧目除《李天保吊孝》外，还有《刘墉下南京》《金殿铡子》《铡太师》《生死牌》《三搜太白府》《五女拜寿》《怒斩玉面狼》等。

边树森多年致力于丝弦剧种的研究传承和普及，整理丝弦演唱曲谱一本，出版演唱专辑和伴奏光盘《燕赵丝弦神韵》一套。边树森收徒10人，他们已成为各地丝弦剧团的负责人和主要演员，有的还荣获河北省戏曲红梅大赛大奖或金奖。

△边树森清唱石家庄丝弦《柏坡颂》

▽边树森在石家庄丝弦《刘墉下南京》中扮演刘墉

▽边树森在石家庄丝弦《李天保吊孝》中扮演李天保

边树森在石家庄丝弦《文王访贤》中扮演姬昌

△ 1 2 3

1 2011年，边树森向学生传授石家庄丝弦

2 2010年，边树森教授孩子学唱石家庄丝弦

3 2014年，边树森向戏迷示范石家庄丝弦

朱炳仁 Zhu Bingren

铜雕技艺代表性传承人

汉族，浙江省杭州市人，1944年出生。第三批国家级非物质文化遗产项目铜雕技艺代表性传承人，高级工艺美术师，全国五一劳动奖章获得者，中国工艺美术大师。

铜雕制作是中国青铜文化的延续。杭州铜雕是杭州地区世代相传的民间手工技艺。自吴越国、南宋建都杭州，大量铜艺工匠迁入，形成了以打铜巷为中心的全国铜工艺品集散地，到清代时达到鼎盛。其中，自清代同治年间传承至今的“朱府铜艺”，历经朱雨相、朱宝堂、朱德源三代，至朱炳仁已为第四代。铜雕有失蜡法和模具法两种铸造方法，前者用蜡制成模，外敷造型材料，成为整体铸型；后者运用最为广泛，大型佛像一般都要经过分件浇铸，然后衔接成一个整体。杭州铜雕技艺在同门类艺术品中有其特殊性，应用镂空、叠镶、烘炼、制绿、熔模、点刻等传统技艺，使作品达到完美的艺术效果。杭州雷峰塔、灵隐寺铜殿、江苏常州天宁寺宝塔、四川峨眉山大雄宝殿、台湾省台中市金坛祖师庙以及大型铜浮雕《佛祖降魔图》《玄奘求法图》等是杭州铜雕的代表作。

朱炳仁在铜雕技艺实践中将传统与科技相结合，研发出如多重蚀刻仿铸铜、三色紫金刻铜、多层叠镶复合铜雕与无模可控金属铸造成型等技术，解决了铜表面着色、蚀刻、防腐、焊接等技术性难题。在铜建筑工程中，他找到了双金属腐蚀引起的原因，组成复合材料形成防电偶保护膜，较好地解决了双金属的防腐蚀问题。其作品被中国国家博物馆、北京人民大会堂等机构收藏。

朱炳仁以“父子传承”、“培训传承”、“自学传承”、“基地传承”等方式传承铜雕技艺。除了传授自己子女学艺外，朱炳仁还担任中国美术学院博士生导师，培养铜雕技艺的高层次人才。此外，他还培养了一支300多人的铜雕专业队伍。

朱炳仁在检验铜雕建筑装饰构件

熔铜作品《阿凡灵鹿》（朱炳仁创作）

△2013年朱炳仁在江南铜屋向日本名古屋艺术大学教授和学生讲授铜雕工艺

▽朱炳仁进行铜雕技艺制作：熔炼浇筑

任星航

Ren Xinghang

钧瓷烧制技艺代表性传承人

汉族，河南省许昌市人，1955年出生。第四批国家级非物质文化遗产项目钧瓷烧制技艺代表性传承人，中国陶瓷工艺美术大师。

钧瓷创始于唐代，盛于北宋，为宋代五大名瓷之一。北宋徽宗时在今禹州市市区东北部设置官窑，为皇宫烧制贡瓷，因窑址邻近春秋战国时的钧台而得名“钧台窑”，简称“钧窑”，所产瓷器名“钧瓷”。北宋灭亡后，钧官窑停烧。工匠流散，钧瓷烧制技艺也向全国各地传布。钧瓷造型浑厚端庄，釉色经窑变而缤纷。钧瓷含有铜质的釉料，经烧制后形成海棠红、朱砂红、鸡血红等釉色窑变，色釉相互渗化，相映生辉，是钧瓷一大特点。钧瓷从选料到烧成，需72道工序之多，制作工艺复杂，成品率低。

任星航生于河南禹州神垕镇钧瓷世家，毕业于江西景德镇陶瓷学院热工系。他11岁开始跟随父亲学习钧瓷技艺，继承了任氏家传制钧绝技，在窑炉建造、釉料配制、造型、烧成等一系列工艺技术上都有很深的造诣，为任氏钧瓷第七代传人。1987年设计的煤烧双孔无匣钵隧道陶瓷窑炉，开创了日用瓷无匣钵烧制的先例，获国家发明专利。1993年设计的煤烧无匣钵间歇钧瓷窑炉，使钧瓷烧制首次脱开了匣钵的制约；设计建造液化气烧钧瓷窑炉并在禹州瓷区推广，部分取代传统煤烧钧瓷窑炉。2004年，任星航筹建钧瓷窑炉博物馆，恢复唐代麻斗窑柴烧“唐钧”窑炉、宋代双火膛柴烧钧瓷窑炉等在历史上产生过重大影响的钧瓷窑炉。他的钧瓷作品《蟠龙瓶》《如意瓶》《风云鉴》等，传承窑变艺术精华并有所发展，造型端庄大气，釉色玉润典雅，开片精巧别致。他的作品被人民大会堂、故宫博物院、国家文物局等机构收藏。

任星航自20世纪90年代开始收徒传艺。他的儿子、女儿和学生已获得河南省工艺美术大师或河南省陶瓷艺术大师称号，成为各钧瓷业技术骨干，有的已被命名为地市级非物质文化遗产传承人。

△任星航正在进行钧瓷拉坯成型

▽任星航向徒弟传授钧瓷烧制技艺

▽任星航向在校学生讲解钧瓷烧制技艺

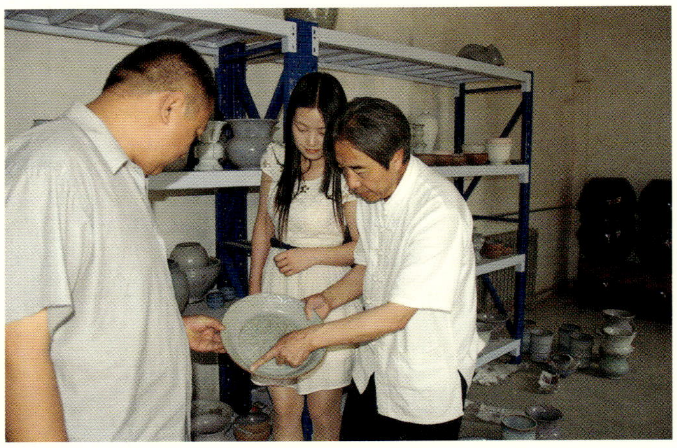

△ 1 2 / 3

1 任星航向徒弟传授钧瓷施釉技艺

2 任星航向徒弟讲授钧瓷烧制技艺

3 任星航向小学生讲解柴烧窑炉知识

◁ 任星航钧瓷烧制作品《凤凰涅槃》

任星航钧瓷烧制作品《莲花盆》

庄陈华

Zhuang Chenhua

木偶戏（漳州布袋木偶戏）代表性传承人

汉族，福建省漳州市人，1944年出生。第二批国家级非物质文化遗产项目木偶戏（漳州布袋木偶戏）代表性传承人。

漳州布袋木偶戏又称“景戏”、“指花戏”、“掌中戏”，是傀儡戏剧种之一，由木偶表演、剧目、音乐、木偶制作、服装、道具、布景等组合而成的一种综合性艺术。漳州布袋木偶戏于南宋时兴盛于漳州，明末流传到广东、台湾和东南亚一些地区。清中叶以来漳州各地大量出现专业布袋戏班社，形成“福春”、“福兴”、“牡丹亭”等不同流派，各有特色。其特点是用指掌直接操纵偶像进行戏剧性的表演，使之活灵活现，栩栩如生，既能够体现人戏的唱、念、做、打，以及喜、怒、哀、乐的感情，又能表演人戏难以体现的一些动作，具有偶像造型精美，偶戏技巧高超的艺术特征。

庄陈华1958年考入福建龙溪艺术学校木偶班，师从艺术大师杨胜。从艺50多年来，他继承杨派的木偶表演艺术，发明了木偶“关节腿”等表演技艺。他擅长丑角表演，表演风格明快，动作韵律感强。他以高超的技艺，惟妙惟肖、出神入化地表现了偶戏艺术，赢得了国内外广大观众的喜爱。庄陈华主演过几十部木偶剧，其中《卖马闹府》《八仙过海》《三打白骨精》《钟馗元帅》等一系列经典剧目成为北派布袋戏的代表作品；同时，他还主演了《掌上艺术》《八仙过海》等多部木偶剧影视作品。代表作《大名府》荣获捷克国际木偶表演奖。他的艺术成就被拍成电视专题片《木偶两代人》《玩偶之家》《掌上乾坤》等。

庄陈华从业以来收徒20余人，其中多人已成为漳州木偶剧团的骨干演员。他的女儿庄晏红是中国民间文艺“山花奖”获得者，外孙女自幼受到熏陶已跟随庄陈华多次出国演出。2010年，庄陈华收台湾省高雄如真园掌中剧团团长陈志清和台北木偶剧团演员阿杰为徒，把布袋木偶戏传统艺术传播到台湾地区，为两岸文化交流做出自己的贡献。

△庄陈华和女儿、外孙女在福建省非物质文化遗产展演中同台演出漳州布袋木偶戏

▽庄陈华表演漳州布袋木偶戏

▽2012年，庄陈华在台北表演漳州布袋木偶戏

△ 1｜2｜3

1 庄陈华与台湾艺人交流漳州布袋木偶戏表演技艺

2 2012年，庄陈华和女儿探讨漳州布袋木偶戏表演

3 庄陈华一家在制作漳州布袋木偶

▽ 庄陈华表演漳州布袋木偶戏《买马闹府》中的严世藩

刘光瑞

Liu Guangrui

针灸（刘氏刺熨疗法）代表性传承人

汉族，重庆市人，1956年出生。第三批国家级非物质文化遗产项目针灸（刘氏刺熨疗法）代表性传承人，中医副研究员。

刘氏刺熨疗法是重庆刘氏家族自清顺治年间开始至今已传承了15代的针灸法，包括刺血术和火熨术两大类。刺血术包括放痧法、刮痧法、揪痧法、挑痟法、药针法、火针法、放血法、双针一罐法等。火熨术包括滚蛋法、烧灯火、扑灰碗、趟热敷、滚药包、黄蜡灸、火酒法、艾灸法等。刘氏刺熨疗法在其家族内部以口传心授的方式传承，已经有一定的理论总结，经临床验证，有针对性强、药材来源可靠等特征，是被民众广为认可的民间医术绝活。

刘光瑞出身中医世家，自幼随父行医。他以腹诊探脉，辨证施治，善以家传秘方治疗哮喘、眩晕、妇儿疾病而著称；独创三针一罐刺血绝技，配用奇穴，对各种外伤痛症、头痛腰痛、坐骨神经痛、中风偏瘫、脑部疾患有良效；擅长药灸敷贴疗法，用配穴药灸加以敷贴，内疗外治；继承古人推肌拿筋换骨之术，开创理气导滞化瘀法，以推拿术治疗小儿痟积。在继承传统的同时，刘光瑞注重刘氏刺熨疗法的发展，潜心开展民间医药研究，先后在国际上获奖4项、国内获奖28项。刘光瑞收集3万余件中国民间医药文物，3万余册中医药古书，几千份民间民族医药史料，创办了私立中国民间医药博物馆，并整理、出版《乡村草医草药丛书》9本、《中国民间医药丛书》10余本。

刘光瑞长期坚持理论与实践相结合，积极传授刘氏刺熨疗法。他在行医时，以言传身教的带徒方式，传授刘氏刺熨疗法，现已传承弟子100余人，浙江奉化多名弟子已成为当地名医，有的弟子被评为首届中国百名杰出青年中医。

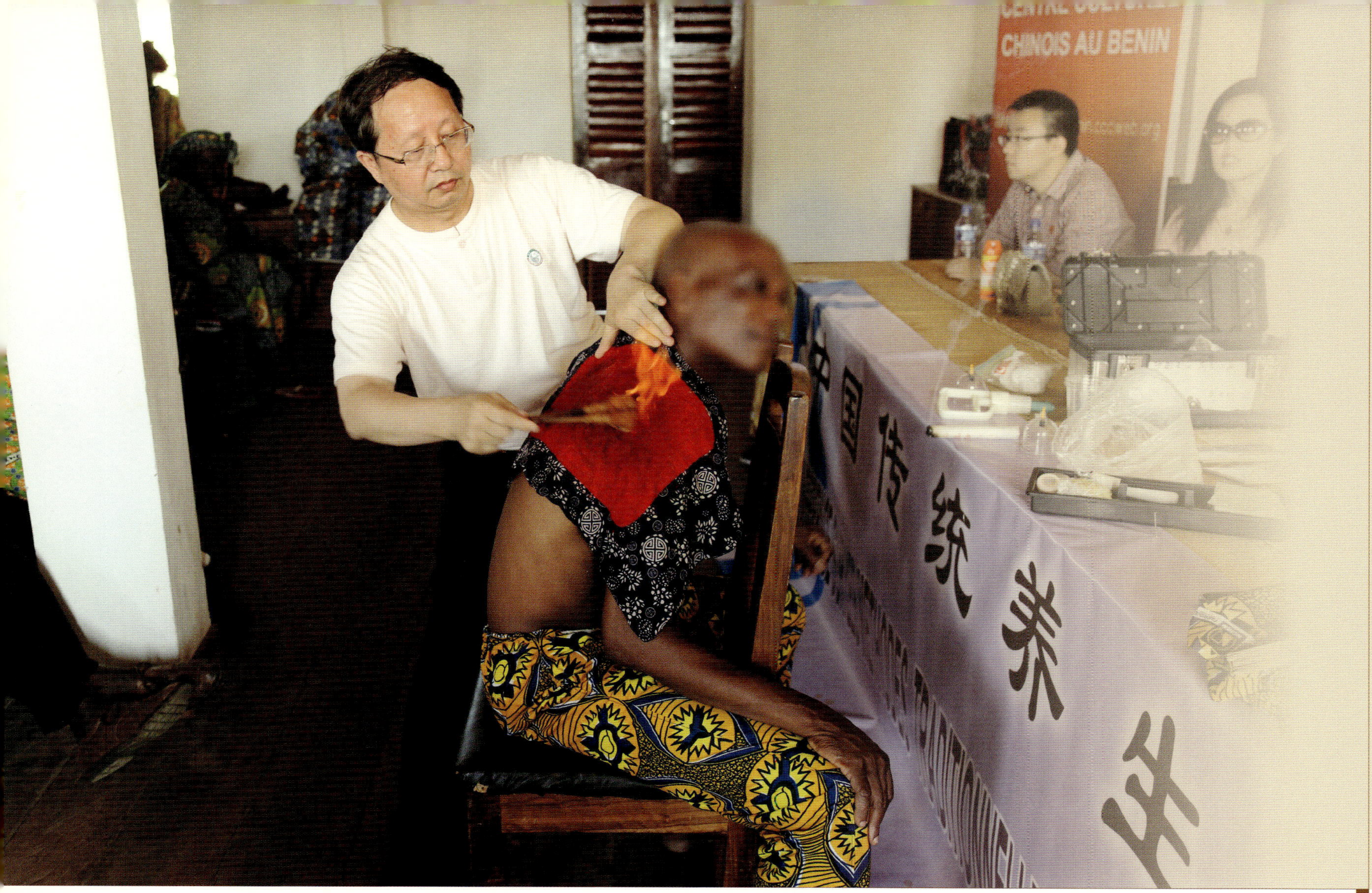

△2012年，刘光瑞在贝宁维达国际艺术中心以刘氏刺熨疗法为患者火熨背部

▽2012年，刘光瑞在贝宁中国文化中心以刘氏刺熨疗法为患者点按百会

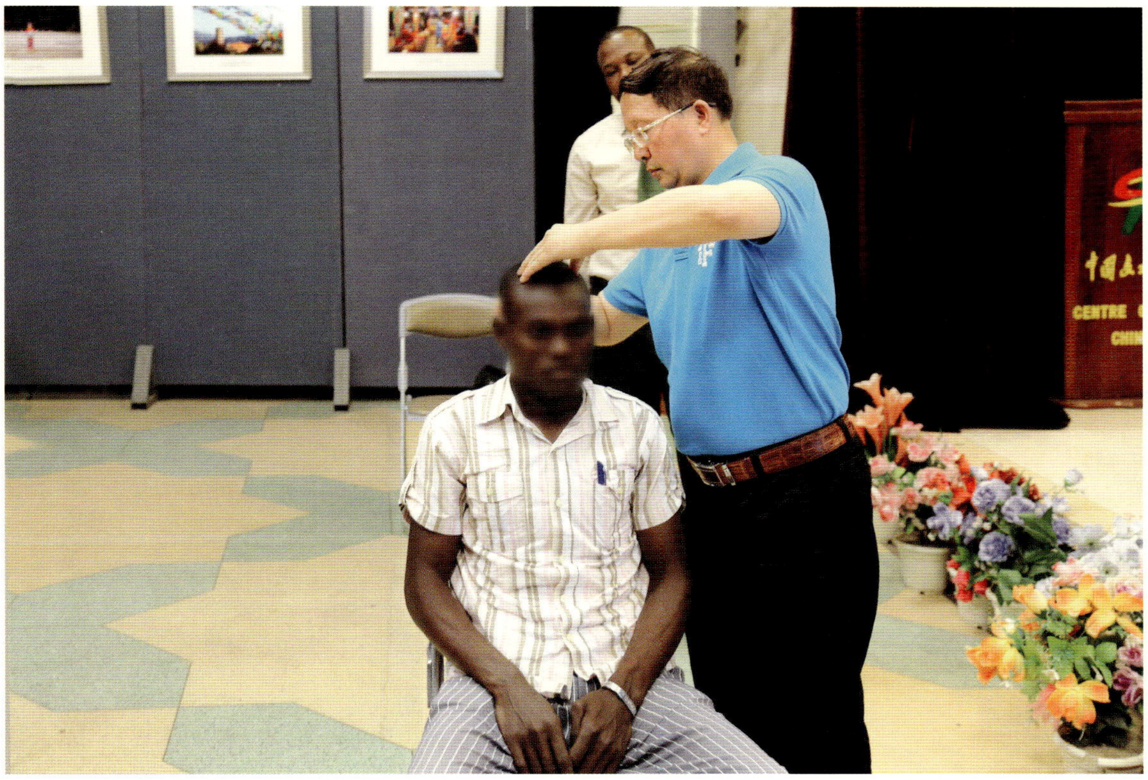

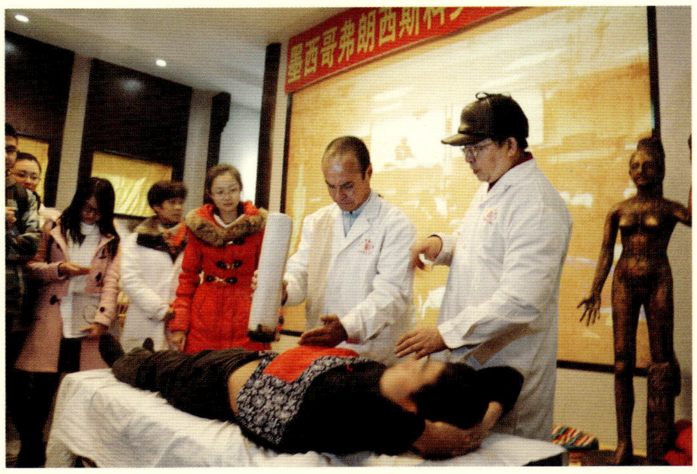

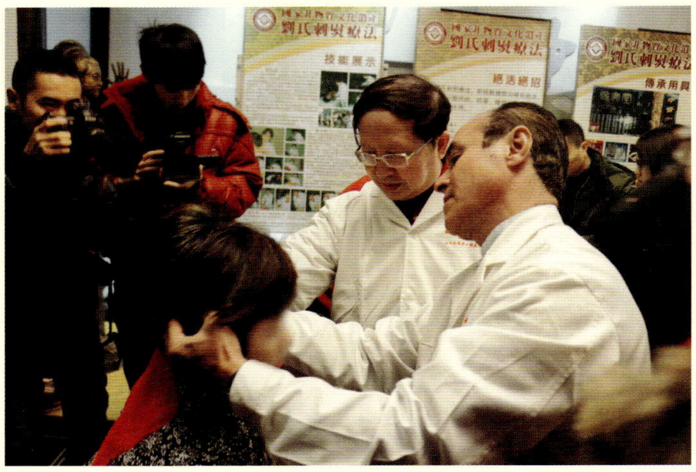

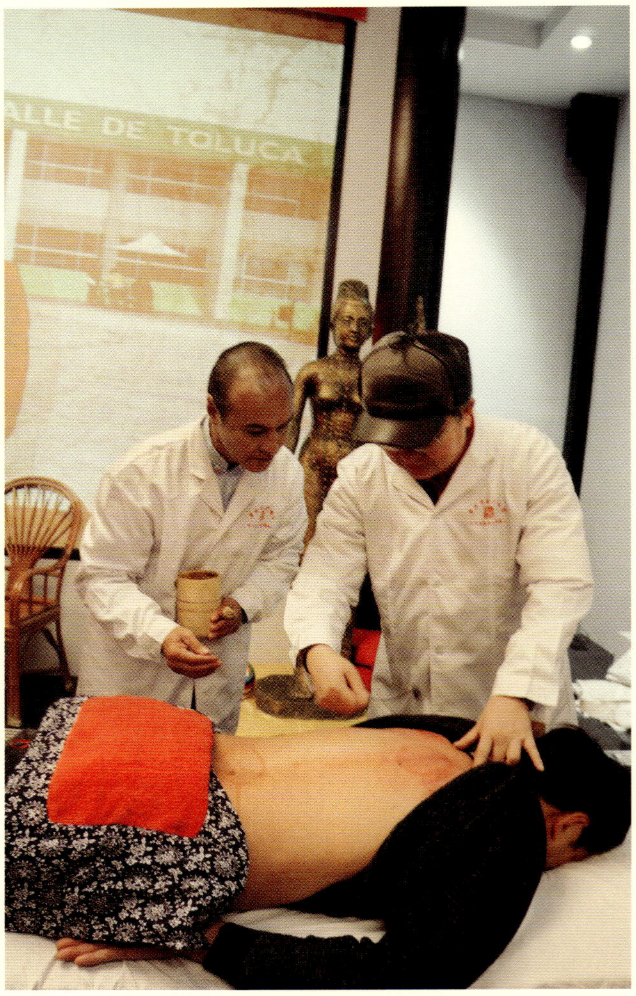

△ 1/2 | 3

1 2013年，刘光瑞指导徒弟运用艾灸治疗腹泻

2 2013年，刘光瑞指导徒弟以刘氏刺熨疗法治疗头痛

3 2013年，刘光瑞指导徒弟学习刘氏刺熨疗法『梅花针』和火罐技艺

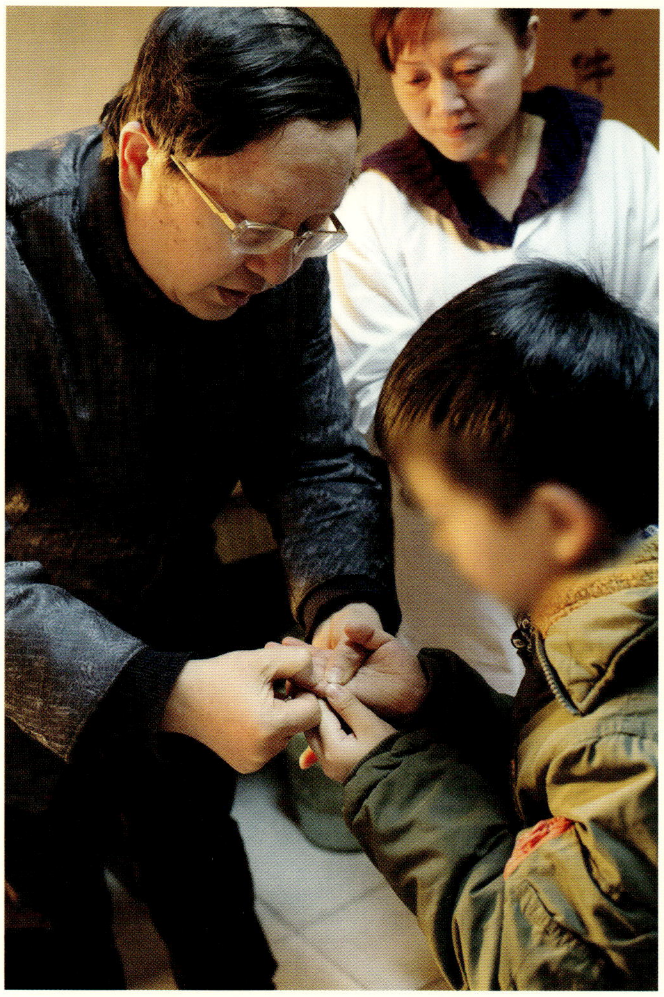

△ 1 | 2
刘光瑞以刘氏刺熨疗法为患者治疗

刘国英

Liu Guoying

武夷岩茶（大红袍）制作技艺代表性传承人

汉族，福建省南平市人，1967年出生。福建省武夷山市市级非物质文化遗产项目武夷岩茶（大红袍）制作技艺代表性传承人，高级农艺师。

武夷岩茶（大红袍）属半发酵茶，滋味醇厚耐泡，因武夷山脉是典型的丹霞地貌，茶树从岩土中长出，汲取了丰富的矿物质，使冲泡出的茶汤和反甘中呈现出独特的口感、质感与香味，故而自古有“岩骨花香”的美誉。武夷岩茶的制作可追溯到汉代，经历代的发展沿革，到清代初年出现了岩茶制作的完善技艺，首开乌龙茶制作的先河。其传统制作工艺流程有10道工序：萎凋、做青、杀青、揉捻、初焙、毛拣、复焙、筛簸、复拣、烘焙，每一道工序对茶的品质均有重要影响。其中对茶叶的品质起关键作用的有“复式萎凋”、“看青做青，看天做青”、“走水还阳”、“双炒双揉”、“低温久烘”等环节。

刘国英出生于武夷山市星村镇茶区，1987年福建农学院茶叶专业毕业后，一直从事武夷岩茶的生产、研究、培训和产业管理等工作，并师承武夷山市茶叶泰斗姚月明先生。1998年创建武夷山市岩上茶叶科学研究所，2002年编写了武夷山市农村实用技术丛书《武夷岩茶的栽培管理与加工制作》。20世纪90年代初，他的武夷岩茶制作技艺就已闻名于武夷山茶界。近30年来，刘国英在传承武夷岩茶传统技艺的基础上，逐渐形成自己的技术特色和产品特色，制作的茶叶多次荣获茶王、状元奖项；监制的“岩上”牌武夷岩茶产品在业内享有盛誉。

20多年来，刘国英以传统授徒方式带徒近百人，以培训班授课方式培训大批学生。有20多位徒弟成为茶叶加工技师，10多位徒弟成为茶叶加工高级技师。

△ 1/2/3

刘国英在制作武夷岩茶（大红袍）：

1 日光萎凋

2 做青（看青）

3 做青（摇青）

刘国英在茶园察看

△ 1/2

1 刘国英参加大红袍祭茶仪式

2 刘国英向徒弟传授武夷岩茶（大红袍）制作技艺

刘爱云

Liu Aiyun

湘绣代表性传承人

汉族，湖南省长沙市人，1939年出生。第一批国家级非物质文化遗产项目湘绣代表性传承人，高级工艺美术师，中国工艺美术大师。

湘绣艺术特色鲜明，色彩鲜艳，画面质感强烈，形象逼真，近百年来被世人普遍认为是中国四大名绣之一。1972年长沙马王堆一号汉墓出土的“深褐色菱纹信期绣”、“黄绢地长寿纹绣”等大量刺绣残片证明湖南刺绣已有两千多年的历史。湘绣在清代后期形成了具有独特风格的刺绣体系。经过百余年的传承发展，湘绣形成了创作设计、面料上稿、配线、上绷、刺绣、整烫和装饰等一套完整的制作工艺流程。湘绣技艺中独具的“鬅毛针法”能表现物像的浓淡阴阳、色阶渐变、色调混合，再与极为精细的劈丝技术相结合，使绘画的精神得以充分传达。

刘爱云1954年开始从事湘绣刺绣工作，1958年调入湖南省湘绣研究所工作，拜著名湘绣艺人余振辉为师，潜心研习狮虎“鬅毛针”绣法，并获得画家杨应修、黄淬锋的指点。她的实践经验丰富，艺术风格独特，尤其擅长狮、虎及人像的绣制。她用鬅毛针、花游针、毛针等针法相结合绣制的狮、虎图像，突破了传统游针、掺针绣制动物的方法，不但加快了刺绣速度，而且更生动逼真地表现了动物的毛发。她绣制的《雄狮和两个幼师》《饮虎》获第二届全国工艺美术百花奖“金杯奖”，并被中国工艺美术馆收藏；《双狮图》获北京国际博览会金奖。她主持整理、挖掘湘绣工艺针法80余种，并绣成样品，供后人学习和传承。她还主编了湘绣教材《湘绣技法》，由湖南大学出版社出版。

刘爱云多年来致力于湘绣传承人的培养。1979年担任湖南省湘绣研究所刺绣室主任期间，培养了一大批湘绣技艺骨干，这些徒弟在湘绣领域发挥着重要的作用。2008年，她被湖南工艺美术职业学院聘为兼职教授，培养了一批“90后”的湘绣专业学生，并首次培养湘绣男学生——“绣哥”。

△刘爱云绣制的湘绣《狮头》

▽ 1/2

1 2010年，刘爱云向『绣哥』传授湘绣技艺

2 2010年，刘爱云向学员传授湘绣技艺

▷湘绣《饮虎》（刘爱云 刺绣 邵春林 设计）

▽1|2|3

刘爱云进行湘绣创作：
1 面料上稿
2 刺绣
3 整烫

△湘绣双面绣《虎头》（刘爱云绣制）

刘淑珍

Liu Shuzhen

新疆曲子戏代表性传承人

汉族，甘肃省酒泉市人，1951年出生。第一批兵团级非物质文化遗产项目新疆曲子戏代表性传承人。

新疆曲子戏是孕育并流传于新疆维吾尔自治区乌鲁木齐市和北疆地区的地方戏曲剧种，俗称“小曲子”。清朝末年，《三下屯》《十岁朗》《兰桥担水》《绣荷包》等小调就在当地广泛传唱。曲子戏可边唱边舞，唱腔时而高亢嘹亮，时而柔婉含蓄，其唱腔、唱词中既有方言土语和乡间小调，也有文言格律，表现形式灵活多样，乡土气息浓郁，地方特色明显。

刘淑珍自幼受家庭影响喜爱新疆曲子戏，十几岁开始上台表演。她是该地区第四代传承人辛克文的徒弟，是新疆生产建设兵团红旗农场的第五代传承人。刘淑珍擅长旦角演唱，其唱腔委婉圆润、韵味醇厚，表演动作细腻柔美，真切感人。代表性曲目有《张良卖布》《李彦贵卖水》《钉缸》《梅绛雪》等，新创曲目有《未过门的儿媳妇》等。刘淑珍致力于曲子戏的大众传播，为使新疆曲子戏的传统曲目更能为当代观众所欣赏，她经常带领剧团到周边各县市进行交流演出。因曲调委婉动听、表演形象生动最受大家的欢迎和喜爱。

刘淑珍致力于新疆曲子戏的推广和对传承人的培养。她通过言传身教教授学徒，把自己对新疆曲子戏的心得、经验悉心传授给年轻人，多年来共传授徒弟、发展学员30余人，对发展传承和弘扬传播新疆曲子戏做出了贡献。

▽2012年，刘淑珍为文化部调研组表演曲子戏

△2013年，刘淑珍在吉木萨尔县表演新疆曲子戏

△ 1 | 2 / 3 | 4

1 刘淑珍在红旗农场表演新疆曲子戏《月牙儿照花台》

2 刘淑珍指导徒弟表演新疆曲子戏

3 刘淑珍指导徒弟表演新疆曲子戏

4 刘淑珍指导徒弟学唱曲子戏

▽ 2012年，刘淑珍在红旗农场表演新疆曲子戏《钉缸》

▷ 1 / 2 / 3

1 2012年，刘淑珍与乌市枫叶剧团联谊演出

2 2012年元宵节，刘淑珍在红旗农场表演新疆曲子戏

3 2012年元宵节，刘淑珍表演曲子戏《采花》

许荷英

Xu Heying

河北梆子代表性传承人

汉族，河北省石家庄市人，1963年出生。第四批国家级非物质文化遗产项目河北梆子代表性传承人，全国人大代表，全国五一劳动奖章获得者，全国三八红旗手，享受国务院政府特殊津贴专家，国家一级演员。

河北梆子由流入河北的山陕梆子演化而成，是河北省最具代表性的地方声腔剧种。河北梆子最早形成于清道光年间，目前主要流行于河北、北京、天津及山东、东北的部分地区。其声腔属板式变化体，主要板式有慢板、二六板、流水板、尖板、哭板及各种引板和收板等。其表演风格高亢激越、慷慨悲忍、粗犷火爆、奔放开张。河北梆子的传统剧目有500多出，其中《宝莲灯》《秦香莲》《金水桥》《杜十娘》《蝴蝶杯》《窦娥冤》《教子》《断桥》《三上轿》《喜荣归》《打金枝》《荀灌娘》《南北合》《苏武牧羊》等影响较大。许荷英曾获得中国戏剧梅花奖、文化部文华表演奖等奖项。

许荷英出生于河北省沧县一个京剧世家，15岁考入沧州文工团，其间到天津音乐学院进修。1979年调入黄骅梆子剧团，主攻青衣、闺门旦。1984年考入河北省艺术学校，师从河北梆子名家贾桂兰、唐凤玲、闫春华，京剧名家齐兰秋、胡芝凤，昆曲名家张徇彭、秦肖玉等。1987年分配至河北省河北梆子剧院工作至今。2004年至2007年到中国戏曲学院研究生班学习，师从京剧名家蔡英莲、孙玉敏。许荷英表演细腻淳朴，扮相靓丽大方，形成独特的表演风格，获得中国戏剧梅花奖、文化部文华表演奖。她排演剧目近40余出，主要有新创剧目《日头日头照着我》《尧天舜日》《大都名伶》《秀色》《子弟兵的母亲》等，传统剧目《窦娥冤》《秦香莲》《杜十娘》《夜宿花亭》《蝴蝶杯》等。

许荷英通过授课和现场指导等方式，传授学生近10人。她教授的学生获河北梆子艺术节优秀表演奖等奖项。

2010年，许荷英在河北大戏院演出《窦娥冤》扮演窦娥

△2009年，许荷英在河北梆子《秀色》中扮演张二妻（周长存摄）

▽2014年，许荷英在河北梆子《穆桂英挂帅》中扮演穆桂英（相春霞摄）

▽2005年，许荷英在河北梆子《绝唱》中扮演徐夫人（周长存 摄）

△2006年，许荷英在河北梆子《大都名伶》中扮演珠帘秀

△2014年，许荷英在河北梆子《子弟兵的母亲》中扮演戎冠秀

许新萍

Xu Xinping

汉调桄桄代表性传承人

汉族，陕西省汉中市人，1941年出生。第二批国家级非物质文化遗产项目汉调桄桄代表性传承人，中国戏剧家协会会员，国家二级演员。

汉调桄桄又称汉调秦腔、南路秦腔、桄桄戏。是明代末年关中秦腔传入汉中地区，与当地方言和民间音乐结合而形成的梆子声腔剧种，主要流行于陕西南部的汉中、安康一带，并曾流传到川北、陇东、鄂北等地。汉调桄桄剧目丰富，传统剧目有700多个，其中本戏560多本，折子戏170多出。传统剧目中，《刘高磨刀》《镔铁剑》《夕阳山》《水灌晋阳》《红缨披》等百余种剧目为汉调桄桄所独有，《帝王珠》《无影剑》《呢喃阁》《草坡面理》等剧目在其他剧种中已经失传或残缺。汉调桄桄表演夸张，唱腔属板腔变化体，既有秦腔高亢激越之美，又体现出陕南地方音乐优雅柔和的特点，旦角唱腔高昂，花脸擅用“犟音”。唱腔板路包括二流、慢板、尖板、拦头等多种，且有“软”、“硬”、“快”、“慢”之分。伴奏有文场和武场之别。

许新萍自幼喜爱表演艺术，12岁入南郑县新民剧社，拜汉调桄桄著名花旦张金凤为师，首演《彩配楼》中的王宝钏，博得观众好评。后得到京剧大师尚小云，秦腔名家李政敏、宋尚华、赵化俗等先生指导。许新萍“文”“武”兼备，声韵清脆嘹亮，唱腔清纯圆润，行腔优美，韵调婉转，表演真切感人。她的表演多次在陕西省各类戏剧汇演中获奖，深受当地群众欢迎。许新萍还积极参与汉调桄桄戏曲资料的收集，配合录制了多盘汉调桄桄唱段，在省、市、县广播电台播出。她还担任《中华梨园奇葩·汉调桄桄》编委。

许新萍注重汉调桄桄的人才培养。1986年她担任戏训班教师，培养学生43人，其中20多人已成为汉调桄桄的骨干，迄今活跃在汉中城乡舞台，有多名演员获省、市表演奖。2013年秋，许新萍又招收学员60名，传授汉调桄桄表演艺术。

▽1980年，许新萍指导排练《香飘云霄》

△1990年，许新萍与学员演出汉调桄桄《挡马》，扮演杨八姐

△许新萍在汉调桄桄《无印寻案》中扮演杨倩

△许新萍在汉调桄桄《天门阵》中扮演穆桂英

孙亚青

Sun Yaqing

制扇技艺（王星记扇）代表性传承人

汉族，浙江省杭州市人，1959年出生。浙江省省级非物质文化遗产项目制扇技艺（王星记扇）代表性传承人，高级工艺美术师。

王星记扇是中国传统手工制扇技艺。1875年，王星斋在杭州扇子巷创建的“王星记”扇庄，凭借精良的做工及独特的工艺，成为杭州制扇业的代表。它以天然竹木材料和独特工艺制扇，扇品已达19大类5000多个花色。王星记扇的制作工艺复杂、精细，装饰考究，与书画、雕刻、镶嵌、剪贴技艺相结合，提升了扇子的艺术品位，其中以黑纸扇、檀香扇最为典型。黑纸扇在清代曾作为杭州特产进贡宫廷，有“贡扇”之称。历代众多书画名家都在王星记的扇面上留下杰作，是一笔宝贵的文化财富。近年来，王星记扇作为国礼赠送给国际友人，宣传了优秀的传统文化。

孙亚青于1976年进杭州王星记扇厂，从事王星记扇制作、研究、指导工作近40年，熟练掌握各扇种的制作，精通扇面装饰、创意、创作和扇骨雕刻镶嵌技艺。她的檀香“拉花”技艺，拉花线条细如发丝，均匀一致，线条流畅。她擅长在檀香扇面上设计人物、山水和花鸟等各种精美图案。孙亚青制作的王星记扇多次获得国家级、省市级工艺美术奖。

孙亚青致力于传统扇艺的保护传承工作，通过理论培训和示范口授的教学方式进行授徒，至今已亲自带徒9人，其中徒弟的“王星记檀香扇拉花技艺”被授予杭州市职工“绝技绝活”称号。2013年举办浙江省非物质文化遗产高级技能人才培训班，帮助企业招收了30名学徒，为他们提供了学习和展现制扇技艺的平台。

△2010年，孙亚青指导学徒进行王星记扇面设计

▽乌木细拉花·工笔·雕边扇《中华之春》反面（孙亚青 制作）

△2010年，孙亚青向徒弟传授王星记檀香扇制作技艺

乌木细拉花·工笔·雕边扇《中华之春》正面
（孙亚青　制作）

孙建兴

Sun Jianxing

建窑建盏烧制技艺代表性传承人

汉族，福建省南平市人，1952年出生。第四批国家级非物质文化遗产项目建窑建盏烧制技艺代表性传承人，高级工艺美术师，享受国务院政府特殊津贴专家，中国艺术研究院客座研究员。

“建窑”为中国宋代名窑，产出的“建盏”为皇室御用茶器。建窑建盏烧制技艺是福建南平窑黑釉茶盏烧制技艺，传统制作要经过选瓷矿、瓷矿粉碎、淘洗、配料、陈腐、练泥、揉泥、拉坯、修坯、素烧、上釉、装窑、焙烧13道工序。建窑建盏采用手工拉坯成型，拉坯时要灵活运用推、拉、收、放等手法，使器壁以最佳形式一次成型。建盏在窑炉烧制中，由于火候与釉料的因素，釉面呈现出各种自然的斑纹和结晶艺术釉效果。

1972年至1975年，孙建兴师从洪树德教授学习建窑建盏烧制技艺，1978年毕业于西北轻工业学院陶瓷专业。40年来，孙建兴努力探索，把传统工艺技术与现代科技手段相结合，推陈出新，在继承传统工艺的基础上，形成自己独特的艺术风格。建窑建盏的难度在于烧制技艺，孙建兴有很好的泥、釉料、火候掌控能力，他采用手工拉坯成型，在烧制过程中，釉层表面的铁胎、铁釉通过窑内高温焙烧，产生曜变，呈现出金、银色金属光泽的圆点，宛如黑夜星辰、虹彩或鹧鸪斑的艺术效果，给人以质朴的美感。孙建兴获得国家知识产权局实用新型等专利13项，建盏作品曾获得国家级金、银奖，并被国家博物馆和中国工艺美术馆收藏。

孙建兴共带徒弟10余人，有的徒弟成为省级非物质文化遗产项目传承人或民间工艺美术大师。

△孙建兴制作建窑建盏：
1 揉泥
2 拉坯

▽建窑建盏烧制作品《油滴茶具》

△ 1/2

1 建窑建盏烧制技艺《国宝油滴星碗》（孙建兴 制作）

2 建窑建盏烧制技艺《金缕鹧鸪斑碗》（孙建兴 制作）

△2014年，孙建兴在研究所向省市传承人作演示建窑建盏烧制技艺

△2010年，孙建兴在中国非物质文化遗产百名工艺美术大师技艺大展上演示建窑建盏烧制技艺

▽孙建兴带领徒弟采用柴烧窑烧制建盏

约相广拉

Yuexiangguangla

傣族孔雀舞代表性传承人

傣族，云南省德宏傣族景颇族自治州人，1949年出生。第二批国家级非物质文化遗产项目傣族孔雀舞代表性传承人。

傣族孔雀舞是我国傣族民间舞中最负盛名的传统表演性舞蹈，流布于云南省德宏傣族景颇族自治州的瑞丽、潞西及西双版纳、孟定、孟达、景谷、沧源等傣族聚居区，其中以云南西部瑞丽市的孔雀舞（傣语为“嘎洛勇”）最具代表性。孔雀舞以模拟孔雀动态，提炼出饮水、晒羽、展翅、抖翅、蹬枝、开屏飞翔等动作，形成了丰富的舞蹈语汇和独特的舞蹈造型。瑞丽傣族孔雀舞以单人舞为主，也有双人舞。舞者以男性居多。孔雀舞风格轻盈灵秀，情感表达细腻，舞姿婀娜优美，是傣族人民智慧的结晶，有较高的审美价值。它不只在重要热闹的民族节庆中单独表演，也常常融合在集体舞“嘎光”中。

约相广拉又叫约相，他从小就爱跳孔雀舞，早年曾拜民间著名孔雀舞艺人帅哏撒卜和毛相为师。约相广拉从1975年开始跳孔雀舞，他亲自饲养孔雀，注意观察孔雀的生活习惯和动作，把孔雀的优美姿态运用到孔雀舞中，通过舞蹈把孔雀的习性展现得淋漓尽致。目前，他的儿子、儿媳、孙子、孙女三代都在跳孔雀舞，形成了四代同台表演孔雀舞的世家。约相广拉曾获1982年“全国少数民族传统体育运动会”孔雀拳表演奖，1986年“全国民间单、双人舞比赛”二等奖，1999年“云南省传统体育运动会”一等奖。他还编创过《象脚鼓舞》《铓养舞》等集体舞蹈。

约相广拉成立了孔雀舞传习所，向来自各个村寨的学生和孔雀舞爱好者传授傣族孔雀舞，至今培训学员1000余人。他还举办傣族孔雀舞假期培训班，学生有来自芒市、梁河、盈江等地及相邻的缅甸。自2009年起，约相广拉被特聘到喊沙小学给学生教授孔雀舞，还受聘为云南民大、云南艺术学院客座教授。近年来，他的徒弟和学生参加各种活动并获奖。2013年，他的学生在“中缅孔雀舞邀请大赛”中获民间组二等奖。

△2011年，约相广拉在姐东峡奘寺旁表演傣族孔雀舞（云南省非物质文化遗产保护中心提供）

▽约相广拉在表演傣族孔雀舞

△约相广拉在家中教学生跳傣族孔雀舞（云南省非物质文化遗产保护中心提供）

▽ 2|1

1 约相广拉在一寨两国表演祖孙孔雀舞（云南省非物质文化遗产保护中心提供）

2 2013年，约相广拉传授孔雀舞（吴昭红摄）

▽ 1/2

1 2005年，约相广拉在傣历新年活动中表演单人孔雀舞

2 2009年，约相广拉在深圳云南活动周表演傣族孔雀舞

（邹萍 摄）

贡嘎仁增

Gonggarenzeng

藏族天文历算代表性传承人

藏族，西藏自治区拉萨市人，1942年出生。第三批国家级非物质文化遗产项目藏族天文历算代表性传承人，西藏藏医学院客座教授、硕士生导师。

藏族天文历算是藏族十明文化的重要组成部分，广泛流传于藏族地区，迄今已有2000多年历史。它包括原始天文历算学、五行占算、时轮历算、汉历即时宪历、占音术、风水学等分支知识，并通过五大行星运动值推算、闰月和重缺日设置、日月食预报等，各地适宜的农耕牧作时机、物候、节令、人体脉象变化周期推算，特别是中长短期天气预报等实践活动，世代传承，至今仍在青藏高原地区人民生活生产中发挥作用。

贡嘎仁增自幼在拉萨甲巴康萨学习藏族天文历算，1952年进入西藏藏医历算学院学习天文历算，1957年在山南敏珠林寺学习天文历算等传统文化。1978年调往自治区藏医院天文历算研究所从事天文历算研究工作，曾编写“西藏气象历书”40余册、《天文历算》本科教材等，参与编撰《天文历算大全》系列丛书。参与编校《白莲花经首尾》《汉历举例》《历算七特点》等书，发表了相关论文多篇。

贡嘎仁增在西藏藏医学院从事藏族天文历算教学长达8年，在天文历算研究所等处先后培养藏族天文历算学员500多名，并为色拉寺佛学院培养了70余僧众，其中10余名学员在西藏各地市藏医院从事天文历算工作，多名学员通过藏族天文历算方法服务于广大百姓。

△2013年，贡嘎仁增在拉萨市墨竹工卡县达普天文台施工现场

▽贡嘎仁增传授藏族天文历算知识

△贡嘎仁增向学员讲授藏族天文历算

△贡嘎仁增向学员讲解藏历历书中的『春牛算』

△贡嘎仁增在沙盘里运算的藏历历书数据

△贡嘎仁增给学员讲授藏族天文历算沙盘计算方法

△贡嘎仁增在校对藏历气象历书

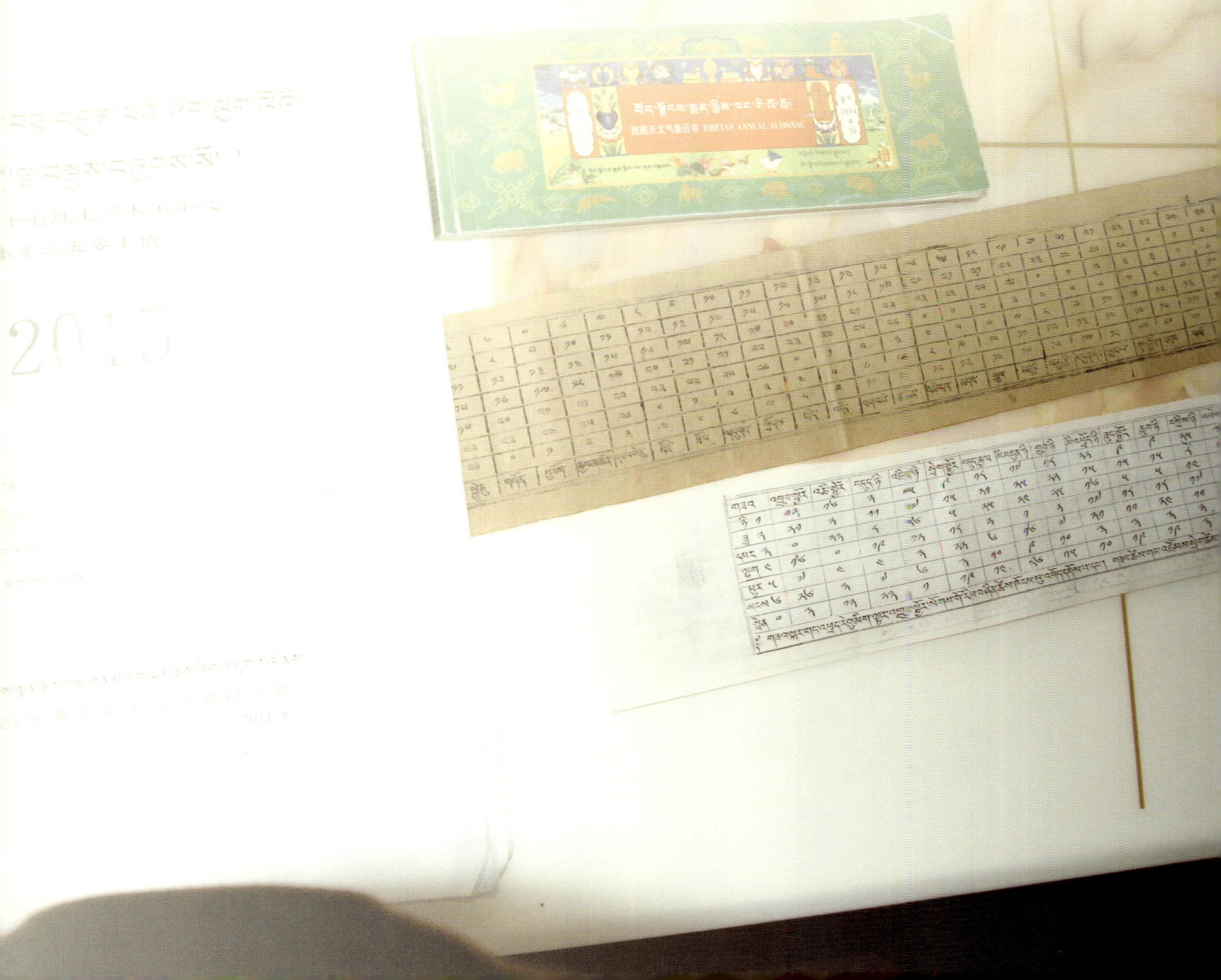

杨华祥

Yang Huaxiang

回族医药（回族汤瓶八诊疗法）代表性传承人

回族，宁夏回族自治区银川市人，1952年出生。第四批国家级非物质文化遗产项目回族医药（回族汤瓶八诊疗法）代表性传承人，宁夏医科大学回族汤瓶八诊学院院长，中医副主任医师。

回族汤瓶八诊疗法是根据中东波斯和伊斯兰医学，汲取中华医学而形成的具有中国回族医药特色的医学保健养生疗法。主要包括针对头、面、耳、手、脚、骨、脉、气八个部位的药物及非药物疗法、养生功疗法、回医药品四大体系。汤瓶八诊疗法通过推、压、捏、拔、点、捋、颤等施诊手法，强调人全身的整体性，以异经奇脉，上病下治，内病外治，调身、调息、调心，理骨、理脉、理气为核心，消除人体毒垢、骨垢、血垢，达到气通、志通、意通的作用。汤瓶八诊疗法突出了“肾”与“胆”在人体中的作用，在养生、保健、治未病、抗衰老等方面有独特之处。

杨华祥出身中医世家，自幼跟随其父回族汤瓶八诊疗法杨氏家族第六代传人杨耀钧学习回族汤瓶八诊疗法。在40多年的研究实践中，杨华祥潜心研究回族医学，不断总结、完善回族汤瓶八诊理论体系和操作技艺，出版《汤瓶八诊养生方案》系列丛书，形成了独具特色的民族医药文化。

杨华祥在宁夏医科大学成立回族汤瓶八诊学院，被国家中医药管理局确定为第四批“治未病”预防保健服务试点单位和自治区非物质文化遗产项目“优秀传承保护基地”。以此为基地，杨华祥以传统口传心授的带徒方式与现代学院式集中授课的方式，培育了新一代回族汤瓶八诊疗法传人。现已培养各合作机构、宁夏各市县医疗机构、基层乡镇医疗服务点及社区保健服务中心的诊疗人员500余人。同时，回族汤瓶八诊疗法作为“十二五”国家科技支撑计划基层及少数民族地区高发疾病防治适宜技术研究与示范项目，计划在全国推广实施，并被作为商务部中阿合作援外技术培训实施项目，对发展回族医药事业和宣传汤瓶八诊疗法也起到了积极推广作用。

△ 2009年，杨华祥在宁夏医科大学授课

▽ 2008年，杨华祥在宁夏医科大学传授回族汤瓶八诊疗法

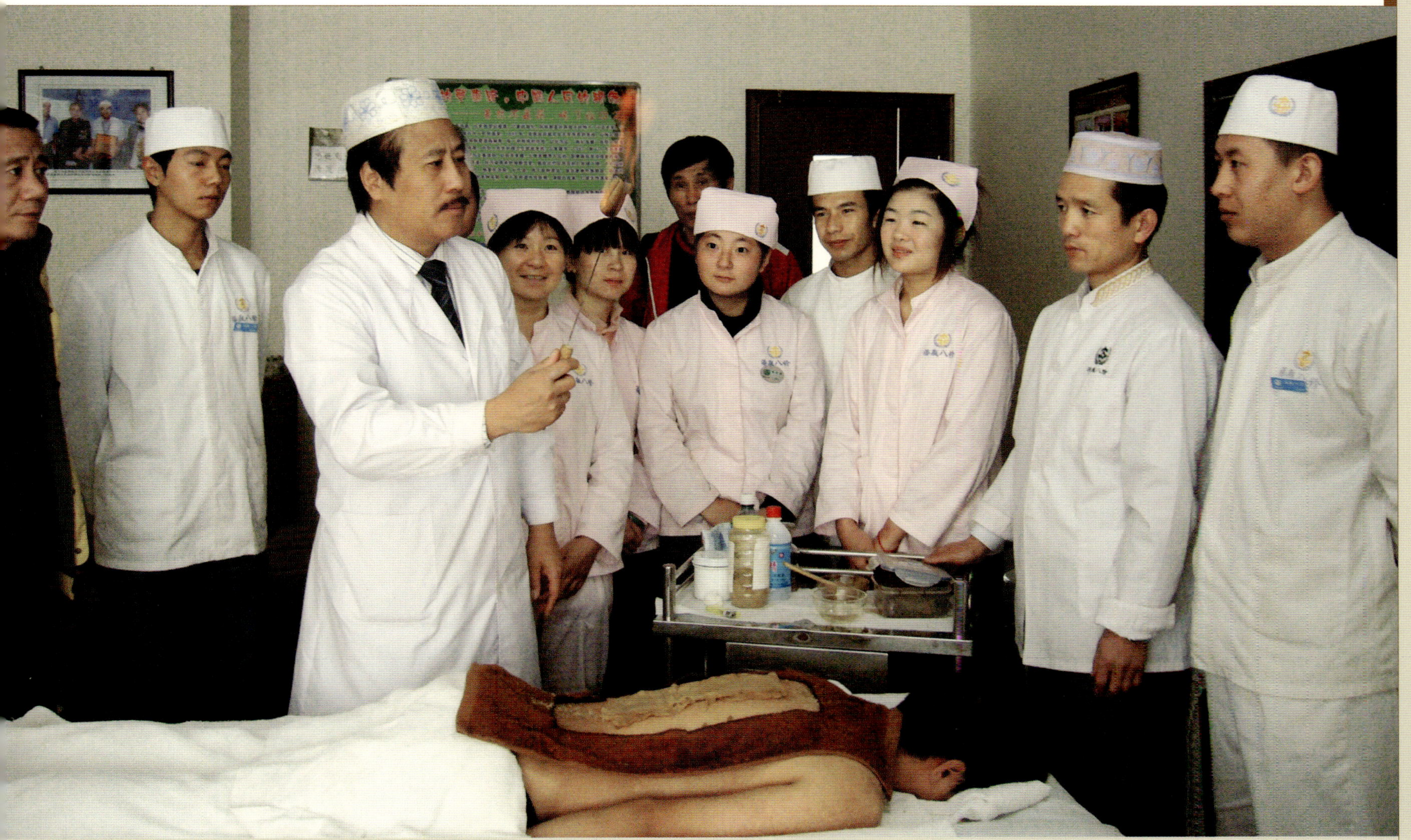

△ 2007年，杨华祥以汤瓶八诊疗法为群众义诊

▽ 2010年，杨华祥在北京奥体中心以汤瓶八诊疗法为马拉松运动员理疗

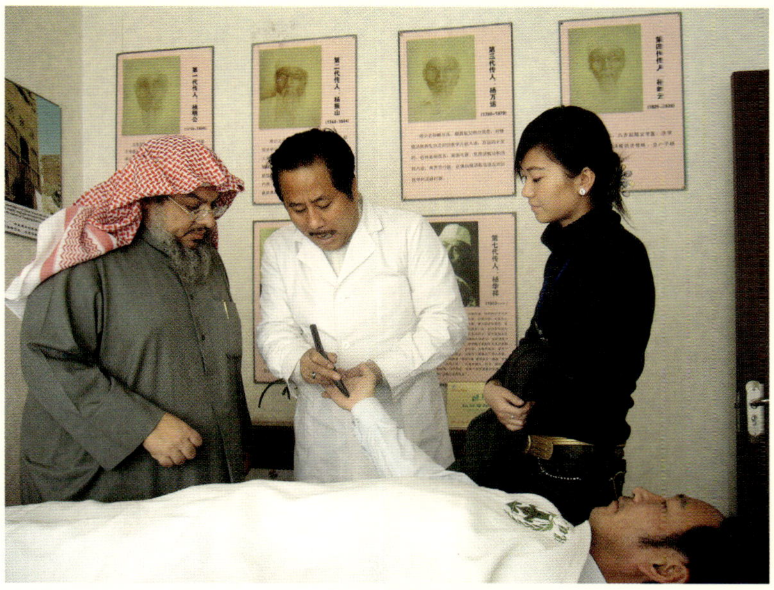

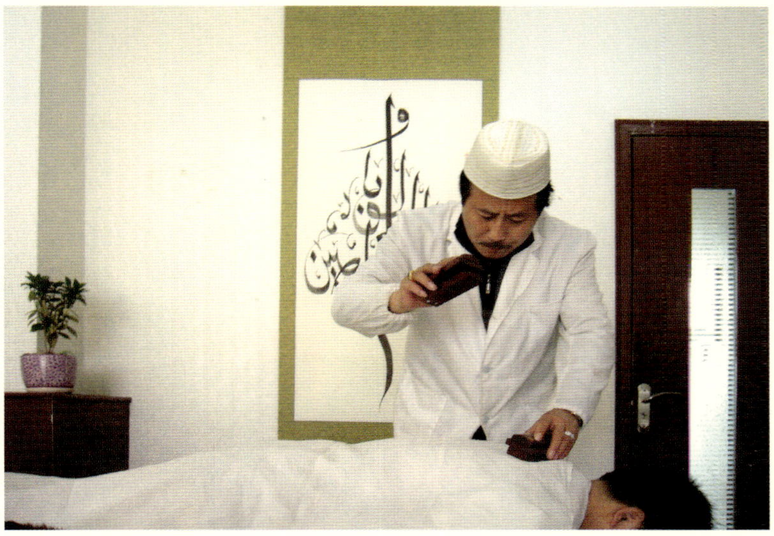

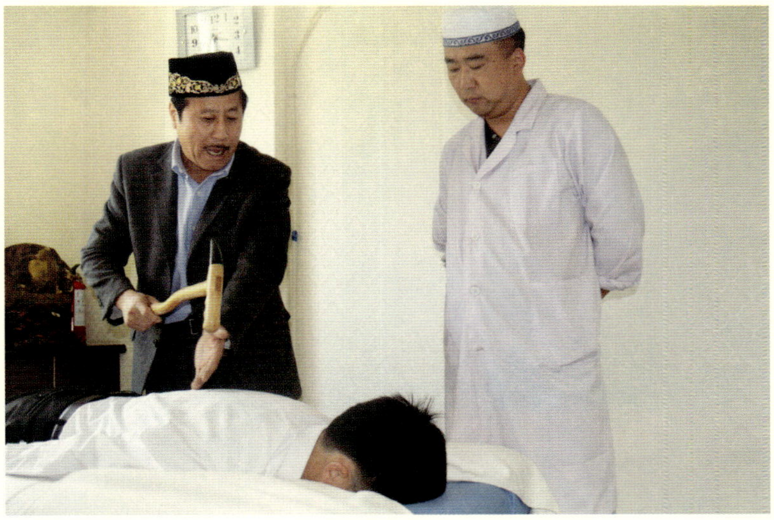

△ 1/2/3

1 2007年，汤华祥向卡塔尔皇室医生阿克尔传授回族汤瓶八诊疗法

2 2009年，杨华祥以汤瓶八诊疗法为患者理疗

3 2013年，杨华祥向第八代传人杨庭亮传授回族汤瓶八诊疗法技艺

李扎西

Li Zhaxi

多地舞代表性传承人

藏族，甘肃省甘南藏族自治州人，1949年出生。第三批国家级非物质文化遗产项目多地舞代表性传承人。

多地舞是舟曲县藏族群众在喜庆、丰收、祭礼、民俗等传统节日期间跳的群体性舞蹈，主要流行于甘南藏族自治州舟曲县、迭部县等藏族聚居区，是目前甘南地区民间艺术中保存较完整的藏族民间舞蹈，具有形式多样、古朴自然、乡土气息浓郁等特点。多地舞即罗罗舞，有赖萨多地、格班多地、贡边多地等10余种，不同舞蹈有着不同的表现形式和意义。多地舞融诗、歌、舞为一体，所用语言为藏语，唱腔独特，舞步古拙，代表作有“摆阵舞”、“马铃舞”。多地舞由早期的宗教仪式演变而来，体现了羌藏文化融合，对于研究相关族群文化起源和发展有重要参考价值。近年来，随着大众传媒的普及，多地舞生存空间越来越小，面临失传危机。

家族传承是舟曲多地舞的主要传承方式。李扎西5岁时跟祖父、当地德高望重的宗教人士李欧尼学习多地舞的词、谱及演唱流程，随其父李拜益学习苯教和多地舞，并成为苯教师（当地人称为贡巴）。他熟知藏传佛教文化及其礼仪，对多地舞的历史渊源和动作要点有深入、全面的理解，全面掌握了赖萨多地、格班多地、贡边多地、萨热多地、姜拉多地、朱玛多地、玛谐多地等多地舞传统表演形式，能够在不同环境中即兴填词演唱。李扎西多次组织多地舞舞蹈队参演并获奖。

几十年来，李扎西传承了传统的多地舞，并对其原生形式的唱腔、唱词进行不断挖掘和丰富，为挽救、保护、传承多地舞发挥了积极作用。李扎西利用特殊的宗教仪式进行多地舞传习，在每年特定年节民俗活动中为乡民们排练多地舞。他已先后培养多地舞传承人10余人，现在的亲授徒弟有6人。

△2014年，李扎西组织多地舞学员参加舟曲县黑峪村的活佛坐床典礼

▽2002年，李扎西组织多地舞学员们参加巴寨『潮水节』

2001年，李扎西组织80余人多地舞队参加甘南『香巴拉』艺术节

李凤荣

Li Fengrong

木雕（莆田木雕）代表性传承人

汉族，福建省莆田市人，1963年出生。福建省省级非物质文化遗产项目木雕（莆田木雕）代表性传承人，中国共产党第十八次全国代表大会代表，中国工艺美术大师。

福建莆田木雕是传统民间雕刻艺术之一，兴于唐宋，盛于明清，工艺上素以精细圆雕和精微透雕为特色。应用范围广泛，尤其多用于实用性工艺木雕，如寺庙建筑装饰、传统建筑装饰、家具、佛像佛具等方面都得到充分发展。其传统工艺有圆雕、透雕、浮雕、根雕，品类有佛像、仕女、花鸟及山水摆件、家具、把玩杂件等，造型千姿百态，做工精细。佛像雕刻技艺流程包括选材、凿坯、修光、磨光、着色上光等，辅以老漆涂饰，作品色泽深沉。莆田木雕有精到的“斧头功”打坯和精细的“修光”等技艺。

李凤荣生于福建莆田木雕世家，15岁随父亲进入工厂学艺。李凤荣擅长圆雕、平雕、薄意等雕刻工艺，涉及门类有传统人物、吉祥图案、花鸟、山水等。他在檀香木组雕《瑶池集庆》中，综合运用浮雕、高浮雕和半圆雕等技法，主次分明地表现了人物、动物、山水、花树、亭台楼阁等，是莆田木雕精工细腻艺术风格的代表。1999年起参与全国各地工艺美术专展，荣获多种奖项。2003年在澳大利亚举办“巧夺天工木雕艺术展”巡回展。作品多次参展并获奖，被中国美术馆、中国木雕艺术馆等机构收藏。

1985年至今，李凤荣传艺授徒达400多人，有的已成为福建省工艺美术大师、高级工艺美术师、省级非物质文化遗产传承人，更多年轻的技术骨干奋斗在莆田木雕第一线。

莆田沉香木雕《十八罗汉拜佛祖》（李凤荣创作）

△李凤荣向学生传授莆田木雕创作方法

△李凤荣向学生传授莆田木雕修光技艺

李凤荣进行莆田木雕制作：修光

△李凤荣向儿子传授莆田木雕设计创作方法

△李凤荣向学生传授莆田木雕设计方法

▽莆田檀香木雕《渡世三十三观音》（李凤荣　创作）

李龙斌

Li Longbin

徽剧代表性传承人

汉族，安徽省滁州市人，1956年出生。第二批国家级非物质文化遗产项目徽剧代表性传承人，国家一级演员，享受国务院政府特殊津贴专家。

徽剧是一种极具特色的地方戏曲，主要流行于安徽省徽州区、安庆市和江西省婺源县一带。明末清初，乱弹声腔传入安徽，与地方声腔及民间音乐结合，在安庆府的石牌、枞阳、桐城等地形成拨子。乾隆年间，拨子与四平腔脱胎而来的吹腔逐渐融合，形成二黄腔。二黄腔又与湖北西皮形成皮黄合奏，奠定了徽剧的基础。徽剧的声腔包括西皮二黄、青阳腔、徽昆和花腔小调几大部分，以吹、拨、皮黄和青阳腔为主。徽剧是京剧的鼻祖，京剧的很多唱腔延续了徽剧唱腔。徽剧迄今已有300多年历史，在中国戏曲发展史上曾起过重要作用，它不仅孕育了京剧，而且中国南北几十个地方戏曲剧种都同它有着密不可分的血缘关系。同时，徽剧还是徽州文化的一个重要组成部分。

李龙斌1971年考入安徽省艺术学校，师从钱世仪、张德甫、王少芳、徐鸿培等先生，主攻京剧文武小生兼老生。1975年进入安徽省京剧团，后调入安徽省徽剧团，先后学习并演出徽剧《九件衣》《醉卧长安》《磨房会》等剧目，崭露头角。李龙斌把三国戏作为表演的重点，先后在《古城会》中饰关羽、《吕布与貂蝉》中饰吕布、《临江会》中饰周瑜。他继承徽班苍劲古朴的表演风格，注重舞台形象的美感表现，被业内人士称为“活周瑜”。他先后赴中国香港、澳门、台湾地区，以及日本、西班牙、法国、美国、澳大利亚等国演出，让古老的徽剧进入国际舞台。1996年获得中宣部颁发的“全国青年优秀专家”称号，获得第十一届中国戏剧“梅花奖”、第三届上海电视节“白玉兰奖”。李龙斌多年致力于徽剧的整理、传承工作，培养了一批唱做俱佳的优秀青年徽剧演员。他带领的团队和学生历时两年多时间，将莎士比亚《麦克白》改编成徽剧《惊魂记》，为徽剧融入新元素，获得2013年苏州第十三届中国戏剧节“优秀剧目奖”，他的学生获得“优秀表演奖”。

2009年，李龙斌参加梅花奖演出

2008年，李龙斌演出徽剧《杨贵妃后传》

△ 李龙斌陪同青年演员演出徽剧《胡笳十八拍》

▽ 李龙斌带领青年演员演出《徽风古韵》

△ 李龙斌陪同青年演员演出徽剧《临江会》

李荣仔

Li Rongzai

狮舞（广东醒狮）代表性传承人

汉族，广东省湛江市人，1965年出生。第二批国家级非物质文化遗产项目狮舞（广东醒狮）代表性传承人。

狮舞多在年节和喜庆活动中表演，寄托着民众消灾除害、求吉纳福的美好意愿。醒狮属于中国狮舞中的南狮，脱胎于唐代宫廷狮子舞，五代时传入岭南地区，现主要分布在佛山、遂溪、广州等地。醒狮融武术、舞蹈、音乐为一体。表演可分为文狮、舞狮和少狮三大类。舞狮人动作多以南拳马步为主，狮子动作有“睁眼”、“洗须”、“舔身”、“抖毛”等。主要套路有“采青”、“高台饮水”、“狮子吐球”、“踩梅花桩”等。其中“采青”是醒狮的精髓，有起、承、转、合等过程，有多种套路，具戏剧性和故事性。在表演上，遂溪醒狮从传统的地狮，经凳狮、高台狮、高竿狮，发展到桩狮，难度不断增大，体现了新、高、难、险的艺术特色。沙坑醒狮的狮头，额高而窄，眼大而能转动，口阔带笔，背宽、鼻塌、面颊饱满，牙齿能隐能露。舞狮人通过在地面或桩阵上腾、挪、闪、扑、回旋、飞跃等高难度动作，演绎狮子喜、怒、哀、乐、动、静、惊、疑八态，表现狮子的威猛与刚劲。

李荣仔16岁开始跟随当地名狮头梁汝文学艺，后赴广州、佛山等地学习武术和舞狮，是遂溪醒狮第五代传承人。他熟练掌握龙狮表演和制作技艺，技艺精湛，曾参加2008年北京奥运会开幕式、第八届全国少数民族运动会开幕式等演出，还应邀出访俄罗斯、法国、美国、澳大利亚等国家，以及中国香港、澳门等地区，两次获中国民间文艺“山花奖”等各级奖项30多个。

李荣仔积极通过授徒等方式传承广东醒狮制作和表演技艺，在传承基地举办26期培训班，累计培训广东醒狮制作和表演人才800多人。他还受邀到广东深圳、潮州和海南、广西、云南、四川、湖南、江西等地传授醒狮、舞龙艺术。他每年带领组织学徒进行社会公益展演1000多场次，宣传推介传统舞狮文化。

△李荣仔在指导制作广东醒狮道具

▽李荣仔在进行广东醒狮排练

▷ 李荣仔的弟子在排练广东醒狮

△ 1/2 李荣仔的弟子在排练广东醒狮

吴甫美栾

Wufumeiluan

侗族大歌代表性传承人

侗族，广西壮族自治区柳州市人，1945年出生。第二批国家级非物质文化遗产项目侗族大歌代表性传承人。

侗族大歌在当地称为“嘎老”，是在中国侗族南部方言区的一种古老歌种，由众多人参与的歌队集体演唱，主要流行于黎平县南部及与之接壤的从江县北部地区。侗族大歌早在宋代已经发展到较成熟阶段，明代邝露《赤雅》中明确记载了侗人“长歌闭目”的情景。侗族大歌是一种多声部、无指挥、无伴奏、自然和声的民间合唱形式，每首歌均由“歌头”、“歌身”和“歌尾”三部分组成，一般在村寨或氏族之间集体做客的场合进行演唱。侗族大歌不仅是一种音乐艺术，而且是侗族社会结构、婚恋关系、文化传承和精神生活的重要组成部分，具有社会史、婚姻史、思想史、教育史等多方面的研究价值。其代表性曲目有《耶老歌》《嘎高胜》《嘎音也》《嘎戏》等。

吴甫美栾，曾用名吴光祖，自幼受家庭和侗寨“桑嘎”（歌师）和歌手们的影响，12岁即会唱侗族大歌。他拜“桑嘎”吴公壮为师，学习侗族大歌高音部和领唱；后又向吴公斋、吴甫魁和萨高良等学习大歌的演唱。吴甫美栾擅长演唱的侗族大歌有《高山井水》《松鼠歌》《撒网歌》《闹堂歌》《五月蝉歌》《高山歌》，以及其他的细声琵琶歌、牛腿琴歌和河边歌等。

侗族没有文字，大歌全靠“桑嘎”口头教唱，世代相传。吴甫美栾注重大歌的记录和整理工作，曾搜集整理了侗族大歌100首，编写乡土教材《侗族大歌》。他先后在多个单位举办侗族大歌培训班，培养了一批侗族大歌歌手。目前，他已培养侗族大歌徒弟13人，其中自治区级传承人1名、市级传承人1名和县级传承人2名。吴甫美栾还积极向中小学生传授大歌，近四年来共培养1000多名小学生学习演唱侗族大歌，对侗族大歌的传承及其在基础教育阶段的普及做出了努力。

△ 吴甫美栾指导学生进行侗族大歌表演

▽ 吴甫美栾指导学生进行侗族大歌表演

吴甫美栗带领他的侗族大歌表演队准备参加侗族文化艺术节

△2011年，吴甫美栾在三江县『乡土文化进校园』培训班向小学生传授侗族大歌

△2014年，吴甫美栾教授学生演唱侗族大歌

何满

He Man

银铜器制作及鎏金技艺代表性传承人

汉族，青海省西宁市人，1965年出生。第四批国家级非物质文化遗产项目银铜器制作及鎏金技艺代表性传承人。

湟中银铜器制作工艺有100多年的历史，可分为银器和铜器两种加工工艺。银器加工工艺素以形薄、光亮、轻柔、质纯等特点而著称，以加工精美见长，深受各族群众喜爱。由于受到佛教文化影响，艺人们常用“八吉祥徽”（宝伞、金鱼、宝瓶、胜利幢、法轮、吉祥结、右旋海螺、妙莲）和曼陀罗、妙翅鸟、龙、凤、雄狮、怪兽、祥云、宝焰等作为装饰图案。银器制作经化银、制坯、灌胶、刻花、火焊、打磨、霉洗、装嵌、清洗等多道工序；铜器加工以工艺复杂、图案精美而闻名。铜器经下料、焊接、锻砸、灌胶、精锻、抛光、错金、镶银等工序，使用多种工具，通过点、敲、击、冲、划、刻、锉等复杂技巧而完成；鎏金是把金和水银合成的金汞剂涂在银铜器的表面，加热使水银蒸发，使金牢固地附在器物表面而不脱落的技术。有煞金、抹金、开金、压光等程序。传统银铜器制作及鎏金技艺以家庭手工作坊为主，子承父业，代代相传，具有一定的家族秘传性质。

何满初中毕业即先后随祖父何贵新、父亲何生寿学习银铜器制作技艺，后在湟中县城开作坊专门加工制作银铜器，成立湟中银铜器研发有限公司。何满加工的银铜器，做工细腻，造型别致，图案变化丰富，流畅自然。其作品纯银双把茶壶和直把茶壶被中国工艺美术馆收藏，纯银火锅在中国（深圳）国际文化创意博览会获得金奖。

何满近年来积极传承银铜器制作及鎏金技艺，组建成立了湟中银铜器制作及鎏金技艺传习所，征集银铜器制品，设立展室，推动了湟中银铜器制作及鎏金技艺的发展。他已经教授了100多名学徒，其中多人已成为青海省民间工艺美术师，或获得工艺美术行业重大奖项，为银铜器制作及鎏金技艺的传承和发展发挥了积极作用。

△何满与徒弟一起制作大型酥油灯

▽何满向徒弟传授民族饰品制作技艺

△何满向徒弟传授铜酒壶制作技艺

银铜器制作及鎏金技艺《纯银酥油灯》（何满 制作）

△ 1 2 / 3 4 / 5

银碗制作工序：

1 化银
2 开坯
3 构图
4 雕刻
5 清洗

余家冰

Yu Jiabing

老河口丝弦代表性传承人

汉族，湖北省襄阳市人，1944年出生。第三批国家级非物质文化遗产项目老河口丝弦代表性传承人。

老河口丝弦是民间艺人和文人雅士自娱自乐的民乐，流行于湖北省西北部汉水流域的老河口地区。老河口市在历史上是一个水旱码头，既是商贾云集之地，又是各方艺术荟萃的场所，人称“小汉口”。早在清朝乾隆年间，丝弦乐就在原光化县（今老河口市）流传。老河口丝弦演奏形式分为三类：一为合奏，以弹拨乐器三弦、古筝、琵琶、月琴等乐器为主；二为独奏，主要是三弦、古筝、琵琶这三种乐器；三为丝弦弹唱，以古曲牌为主。老河口丝弦具有鲜明的地方特色，有100多个弹唱曲种，丝弦演奏的曲牌数量有50多首，目前流传曲目有《苏武思乡》《陈杏元和番》《打雁》等。

余家冰从小受父亲影响，热爱民族音乐。1953年师从老河口丝弦第三代传承人王直夫学习古筝，课余师从王直夫学习丝弦。她继承了王先生传授的全部演奏曲牌和丝弦弹唱曲牌，形成清秀、典雅、细腻、清新的演奏风格。1980年她重新对每一首曲目边录边记，整理成乐谱。她还撰写了包括丝弦音乐源流、传承、流变、地域性特色、乐队编制及全部曲牌约30余万字的资料卷本，1988年荣获文化部颁发的中国艺术科学重点项目“文艺集成编纂成果贡献奖”。

20世纪80年代初，她把丝弦音乐传给儿女，他们现在已是丝弦音乐传承的骨干。2006年重建丝弦乐队并成立了丝弦传习所，有固定学员22人。她还把丝弦音乐带进校园，成立了两个少儿丝弦传承培训基地，每年培训学员500多人次。

△2012年，余家冰在老河口春节晚会上演奏老河口丝弦（李民 摄）

▽2014年，余家冰举办丝弦音乐会（李民 摄）

△1/2

1 余家冰在少儿丝弦传习基地为小学员授课（蔡天翼 摄）

2 余家冰在指导孙子学习丝弦音乐（蔡欣弟 摄）

▷ 1/2/3

1 2009年，余家冰在非物质文化遗产日为群众演奏老河口丝弦

2 2006年，余家冰参加丝弦音乐录制（李民 摄）

3 余家冰在传习所指导学员学习丝弦弹唱（蔡天翼 摄）

谷宝珍

Gu Baozhen

皮影戏（望奎县皮影戏）代表性传承人

汉族，黑龙江省绥化市人，1952年出生。第三批国家级非物质文化遗产项目皮影戏（望奎县皮影戏）代表性传承人。

望奎县是黑龙江省绥化市下辖的一个县，旧名双龙城，在清代为海伦府辖地，来自中原特别是河北的移民众多，冀东口语盛行。18世纪末即有河北乐亭皮影艺人来望奎县落脚演出皮影戏，这一传统一直延续发展至今。望奎县皮影戏在保留河北冀东民间小调基础上，大量吸收双城皮影戏外调及杂牌子曲牌，融合冀东曲调特点，被称为“两合水”影腔。望奎县皮影戏传统影卷题材以公案、剑侠、征战、宫廷、市井民俗及传奇故事为主，常演剧目有《五峰会》《双失婚》《岳飞传》《包公案》等。望奎县皮影戏不仅注重自身发展，还对本地区姊妹艺术如民间剪纸、石木雕刻、京剧、评剧、龙江剧、民间舞蹈及二人传等艺术形式产生了极大影响。

谷宝珍19岁开始学习皮影戏。在望奎县皮影戏老艺人张学文和关兴久的指导下，她从“拿下线”、“掌鼓板”、“打手锣”各种腔调等基本技艺开始，苦学三年，掌握了《五峰会》《镇冤塔》《双失婚》《大西唐》《十二金钱镖》等20余部成本大套皮影演唱技巧。她通过细致入微的表演和唱腔变化，表现人物的不同心理情感，将机械的皮影人物表现得活灵活现，引人入胜。她的代表作有1986年录制的《三请樊梨花》《洪月娥做梦》等。

多年来，谷宝珍以口传心授的方式辛苦教学，培养望奎县皮影戏后辈人才，共传授学员30多人，其中有的已成为望奎县皮影戏的新一代中坚力量。

▲谷宝珍在家中雕刻皮影戏影人

▽谷宝珍正挑选皮影戏道具，做演出准备

△2|1

1 谷宝珍向学员传授望奎县皮影戏影人染色技艺

2 谷宝珍向学员传授望奎县皮影戏影人雕刻技艺

▽谷宝珍在皮影传习所向学员传授望奎县皮影戏技艺

△谷宝珍为皮影戏影人染色

▽谷宝珍在望奎县皮影戏演出中边唱边操纵影人

汪世瑜

Wang Shiyu

昆曲代表性传承人

汉族，浙江省杭州市人，1941年出生。第二批国家级非物质文化遗产项目昆曲代表性传承人，第九届、第十届全国政协委员，享受国务院政府特殊津贴专家，浙江京昆艺术剧院名誉院长，国家一级演员。

昆曲，又称昆剧、昆腔、昆山腔，是元末明初南戏发展到昆山一带，与当地的音乐、歌舞、语言结合而生成的一个新的声腔剧种。昆曲音乐曲调旋律优美典雅，演唱技巧规范纯熟。赠板的广泛应用、字分头腹尾的发音吐字方式及流丽悠远的艺术风格使昆曲音乐获得了“婉丽妩媚，一唱三叹”的艺术效果。代表性剧目有《琵琶记》《牡丹亭》《长生殿》《鸣凤记》《玉簪记》《红梨记》《水浒记》《烂柯山》《十五贯》等，其中前三种有全谱或接近全本的工尺谱留存。昆曲是一种高度文人化的艺术，明清许多从事昆曲剧目创作的剧作家，取得了很高的文学成就。经过长期的舞台实践，昆曲在表演艺术上达到了很高的成就，歌、舞、介、白等表演手段高度综合。对京剧及其他地方剧种的形成发展产生了重要影响。由于昆曲具有的独特文化价值，因此2001年入选联合国教科文组织首批“人类口头和非物质遗产代表作”名录。

汪世瑜14岁入剧团学艺，师承昆曲表演艺术家周传瑛，工小生、冠生、鞋皮生，尤以“巾生”见长。汪世瑜扮相清秀俊美，嗓音甜润，身段潇洒飘逸，擅演风流俊爽的才子书生，表演上不拘泥于程式，注重人物刻画，以情感人，声情并茂，有“昆剧巾生魁首”之称，获得了第三届中国戏剧“梅花奖”。在40余年的舞台生涯中，他成功塑造了《牡丹亭》中的柳梦梅、《西园记》中的张继华、《桃花扇》中的侯朝宗、《风筝误》中的韩琪仲、《长生殿》中的唐明皇和《浮沉记》中的赵文清等艺术形象，导演了青春版《牡丹亭》和北京皇家粮仓厅堂版《牡丹亭》。他还多次赴中国香港和台湾地区，以及美国、日本、泰国等国家演出、讲学，使昆曲走向世界。

汪世瑜培养了一批中青年昆曲演员。目前正式收徒8人，在各自领域成绩优异。

△1992年，汪世瑜在昆剧《西园记》中饰演张继华

▽1983年，汪世瑜在昆剧《长生殿》中饰演唐明皇

△ 1/2

1 1964年，汪世瑜在昆剧《西园记》中饰演张继华

2 1960年，汪世瑜在昆剧《风筝误》中饰演韩琪仲

◁ 1/2

1 汪世瑜在厅堂版《牡丹亭》演出后与部分演员合影

2 汪世瑜向学生传授厅堂版昆曲《牡丹亭》

▷ 1986年，汪世瑜在昆剧《牡丹亭》中饰演柳梦梅

宋水仙

Song Shuixian

水族马尾绣代表性传承人

水族，贵州省黔南布依族苗族自治州人，1966年出生。第四批国家级非物质文化遗产项目水族马尾绣代表性传承人，中国工艺美术大师。

水族马尾绣是水族妇女世代传承的以马尾作为主要原材料的一种古老而特殊的刺绣技艺，分布在贵州省三都水族自治县境内的三洞、中和、廷牌、塘州、水龙等乡镇的水族村寨，主要产品有马尾绣背带、马尾绣花鞋，以及围腰、胸牌、童帽、荷包、刀鞘护套等。马尾绣背带上半部的主体图案由20多块大小不同的马尾绣片组成，边框则在彩色缎料底子上用红、绿丝线平绣出几何图案，与上部两侧背带首、下半部背带尾的图案相呼应，成为通体绣花的完整艺术品。

宋水仙自幼跟随祖母和母亲学习水族马尾绣技艺，15岁开始独立制作马尾绣制品，结婚后又得到丈夫的祖母、水族马尾绣制作能手潘水英的指导。她借鉴、研究古老的马尾绣精品制作技艺，创作出一批保留传统工艺的马尾绣工艺品。她的水族马尾绣作品运线均匀，结扣细密，色彩和谐，图案别致。其代表作有《龙凤呈祥》《鸟语花香》《五谷丰登》等。

宋水仙收藏古老的马尾绣精品近万件，并在三都水族自治县的县城开办马尾绣工艺品店和家庭博物馆。她每年在县非物质文化遗产保护中心举办马尾绣传承培训班，并在多种场合以多种方式向水族马尾绣技艺爱好者传授水族马尾绣技艺。宋水仙共传授徒弟50多名，有的徒弟被县职业学校聘为工艺课教师。

△宋水仙向学员传授水族马尾绣技艺

▽水族马尾绣作品《鱼龙呈吉图》（宋水仙　制作）

△ 1 | 2

1 宋水仙制作水族马尾绣所用的马尾线

2 宋水仙向老艺人学习水族马尾绣技艺

▽ 水族马尾绣《尼诺鸟》（局部）（宋水仙 制作）

1 水族马尾绣《上衣》（宋水仙制作）

2 宋水仙向徒弟传授水族马尾绣技艺

3 宋水仙教群众制作水族马尾绣

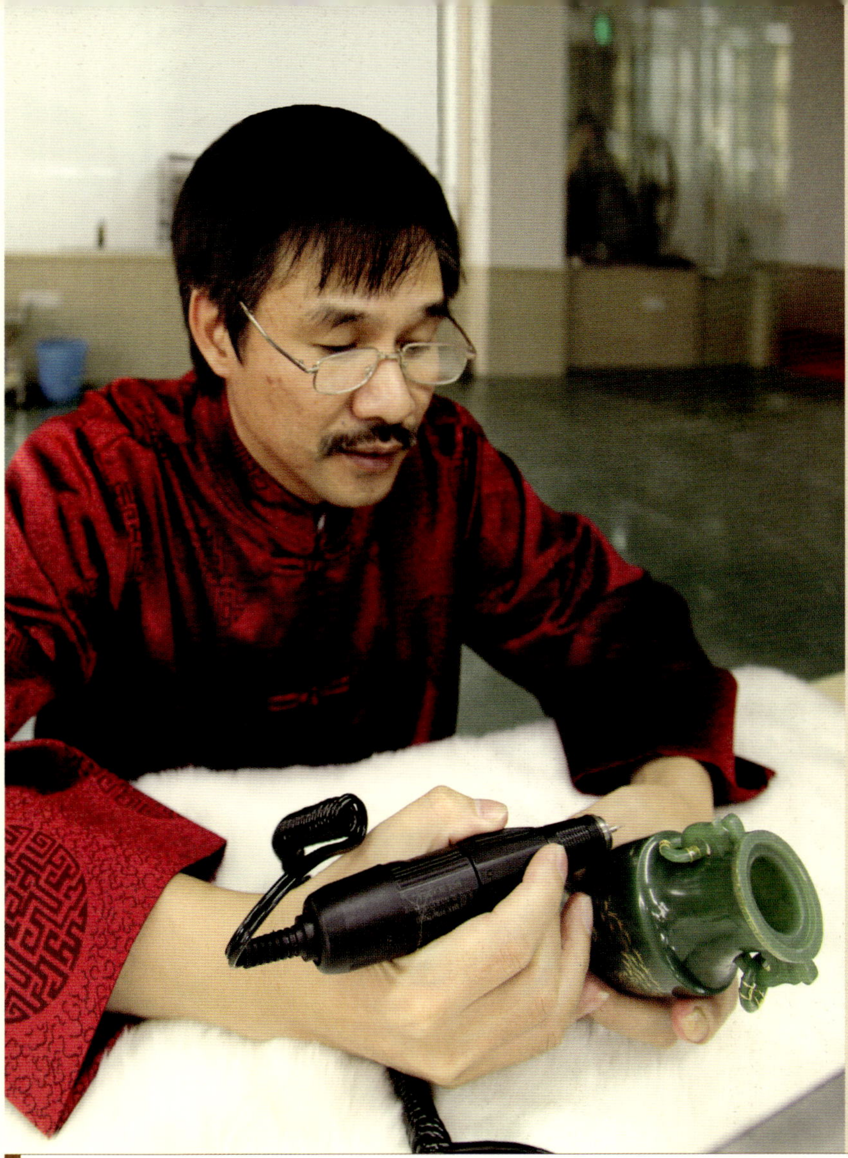

张国王

Zhang Guowang

『金镶玉』、『玉镶金』传统技艺代表性传承人

汉族，福建省莆田市人，1969年出生。福建省省级非物质文化遗产项目『金镶玉』、『玉镶金』传统技艺代表性传承人，高级技师，享受国务院政府特殊津贴专家。

“金镶玉”是一种特殊的金玉镶嵌工艺，俗称“金包玉”，最早出现在商代的青铜器上。该工艺精细复杂，耗时费工，清道光之后已罕见。1908年，张国王高祖父张阿罕在福建莆田开设金镶玉首饰加工作坊，名噪一时。1938年，祖父张阿岳在上海创办“天发珠号”，主营金镶玉工艺产品；晚年又亲手绘制四套关于“金镶玉”、“玉镶金”技艺的珍贵图谱留给子孙，使之得以流传。

张国王15岁开始师从父亲张文水学习“金镶玉”、“玉镶金”技艺，成为“金镶玉”第四代传承人。他将“金镶玉”、“玉镶金”、“金玉错”和“金银错”等工艺熔炼归纳为“华昌错金银与金玉镶嵌工艺”。他攻克了复式镶嵌方法、贵金属艺术雕刻、镶嵌牢固度、错金银等技术难点，研发出千足金镶嵌首饰，先后获得50多项专利，其中一项获中国专利优秀奖。《金石和鸣：明清八件宫廷珠宝》《流光溢彩》《海西传奇》等作品获“2010中国（莆田）工艺美术精品北京展优秀作品评选金奖”、“2010‘华礼奖’中国礼品休闲用品设计大赛国务政务类金奖”等，《金银错百福竹简》获2013中国（深圳）国际文化产业博览交易会“中国工艺美术文化创意奖”银奖。

张国王设立了专业技术人才培训基地，将家传“金镶玉”、“玉镶金”技艺传授给员工和学徒，培养第五代传承人。所授徒弟和学员中，已有42人获得职称认定成为在职技师，有21人获得高级技师职称。

△『金镶玉』、『玉镶金』作品《明清八大件》之一（张国王　制作）

▽『金镶玉』、『玉镶金』作品《明清八大件》之二（张国王　制作）

△2013年，张国王向徒弟传授『金镶玉』、『玉镶金』传统技艺

△张国王向徒弟传授『金镶玉』、『玉镶金』传统技艺

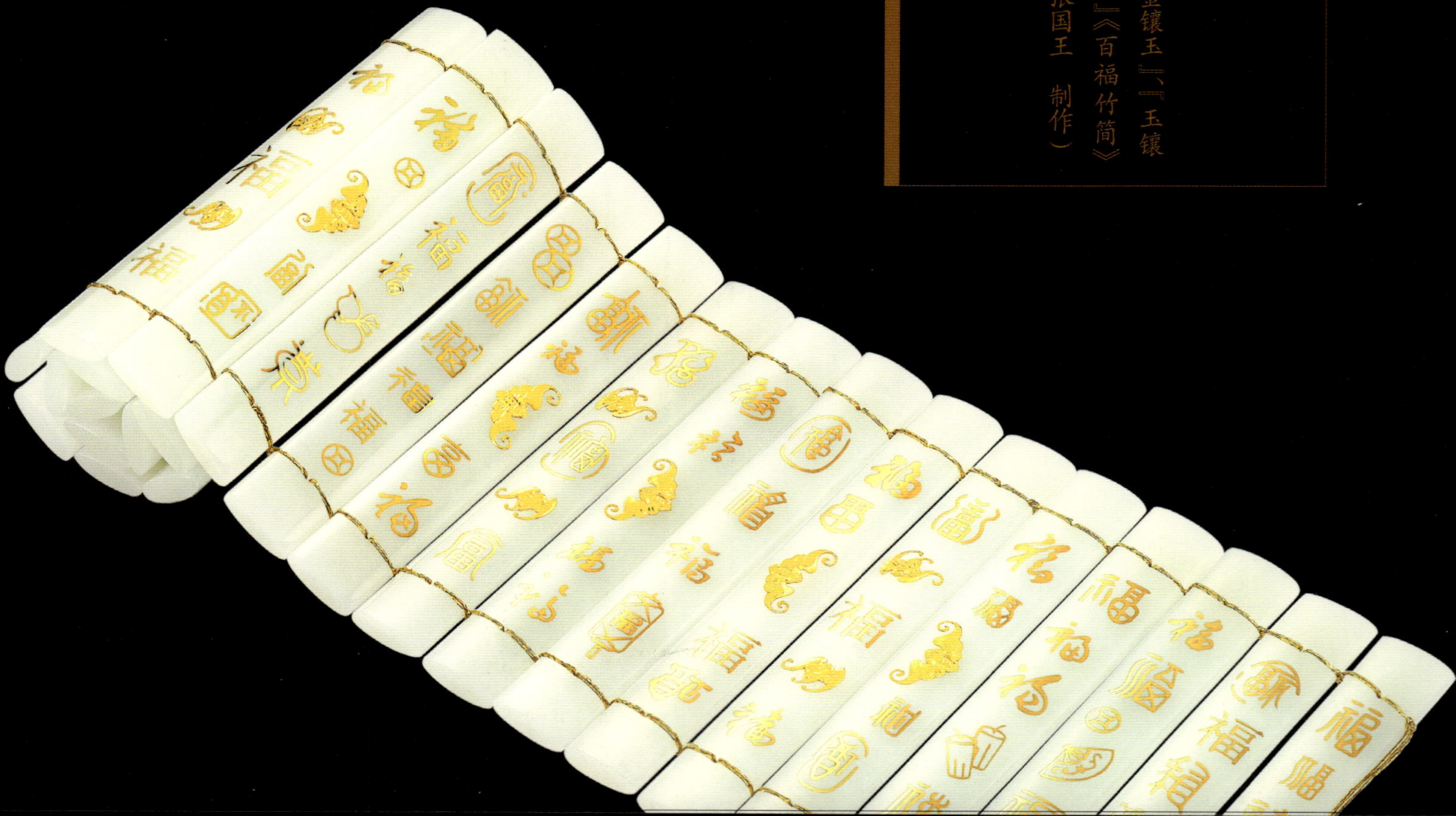

▽『金镶玉』、『玉镶金』《百福竹简》（张国王 制作）

『金镶玉』、『玉镶金』《白玉错金镶宝石金璧瑞炉》（张国王　制作）

陆斌

Lu Bin

木雕（南通红木雕刻）工艺师

汉族，江苏省南通市人，1954年出生。

南通木雕历史悠久，历代以师徒相传至今，具有浓重的地方特色，在中国家具史上特别是苏作家具史上有重要地位。1959年成立的南通市工艺美术技校曾开设雕刻班，两年后因经济困难关闭。1974年成立南通市雕刻乐器厂，南通地区的红木雕刻专业技术人员多汇聚于此，主要制作出口红木摆饰小件。该厂出品的红木雕刻作品，雕刻精细，玲珑剔透，热销日本、新加坡等东南亚国家，以及中国台湾、香港等地区，受到同行及外商的称赞。改革开放以来，随着经营体制的转变，南通地区目前拥有红木雕刻（家具）厂家800多家，被誉为江苏省红木生产基地。

陆斌自幼对木雕艺术情有独钟，对南通地区木雕、苏作家具派系进行过长期研究。2010年，他在将元代画家黄公望的水墨山水画作《富春山居图》制作成大型古金丝楠木雕作品的过程中，采用传统雕刻工具和现代木雕工具，多种雕刻技法相结合，以新的表现形态重新展示了这一绘画名作的风采。该作品后被中国工艺美术馆收藏。玉木家具《龙饰五件套》被中国国家博物馆收藏。

陆斌成立了江苏留韵古金丝楠艺术品公司，招收8名有一定雕刻技艺的工人，从事南通红木雕刻技法的学习与创作，推进了木雕（南通红木雕刻）的传承。

▷
1
2
3
陆斌在指导徒弟进行南通红木雕刻

南通红木雕刻《厅堂十件套》局部

△南通红木雕刻《圆桌六件套》（陆斌 制作）

▽南通红木雕刻《龙饰宝座九件套》（陆斌 制作）

陈佩华

Chen Peihua

评剧代表性传承人

汉族，天津市人，1933年出生。第三批国家级非物质文化遗产项目评剧代表性传承人，国家一级演员。

评剧原名蹦蹦戏、落子戏，又名平腔梆子戏，简称“平戏”，1935年正式使用“评剧”的名称。1910年前后，以成兆才为首的蹦蹦戏艺人以河北省东部滦州一带的对口“莲花落”为基础，吸收东北二人转、京剧、皮影、大鼓等表演艺术，并采用全套河北梆子乐器伴奏，形成评剧的基本样式。评剧音乐属板腔体，评剧表演吸收梆子和京剧的身段动作及唱腔，但仍保持着自由活泼的民间小戏特征，富有生活气息。评剧是东北、华北地区的主要剧种，并流传到西北、西南广大地区，成为一个既蕴含着冀东地区深厚民间文化传统，又能体现现代审美意识的新兴剧种。

陈佩华艺名“小花玉兰”，其母“花玉兰”艺宗李(金顺)派。陈佩华8岁便为其母配演娃娃生，小学毕业后随父母正式学戏，主攻闺门旦、花旦。17岁登台，19岁成为主演，20世纪50年代进入北京市群众评剧团，1954年进入北京市评剧团，四年后回到天津，进入天津评剧院。1979年，陈佩华恢复演出《拜月记》，引起轰动。1980年5月，由她和王鸿瑞主演的《吕布与貂蝉》在黄河剧场连演56场，场场爆满。1986年她因主演现代戏《夕阳红》而获天津市首届戏剧节优秀主角奖，1992年录制的立体声评剧《西厢记》获全国40家广播戏曲节目展播评比一等奖。陈佩华作为评剧李派第三代传人，在继承李(金顺)派宽厚、粗犷风格的基础上，采用真假声结合的演唱方法，用脑后音演唱，形成了华丽委婉、清新隽永的演唱风格。其代表剧目有《拜月记》《牛郎织女》《二度梅》《吕布与貂蝉》《凤还巢》《苏小妹》等。

陈佩华在2011年收刘洛含为入室弟子，指导她研习水袖、圆场等基本功，并为其复排《拜月记》《桃花庵》《凤还巢》和《吕布与貂蝉》等传统经典剧目。她还收了几名业余弟子，让评剧艺术在广大群众中生根，使评剧艺术得到很好的传承。

△陈佩华在评剧《鸳鸯被》中扮演李玉英

▽陈佩华在评剧《小二黑结婚》中扮演小芹

陈佩华（左）在评剧《拜月记》中扮演王瑞兰

△陈佩华在天津评剧院为徒弟排练评剧《桃花庵》

▽陈佩华在评剧《苏小妹》中扮演苏小妹

△陈佩华在天津评剧院向徒弟传授评剧

罗布生

Luo Busheng

格萨(斯)尔代表性传承人

蒙古族，内蒙古自治区乌兰察布市人，1944年出生。第三批国家级非物质文化遗产项目格萨(斯)尔代表性传承人，中国民间文化杰出传承人，国家一级演员。

史诗《格萨(斯)尔》流传于中国青藏高原的藏、蒙、土、裕固、纳西、普米等民族中，以口耳相传的方式讲述了格萨尔王降临下界后降妖除魔、抑强扶弱、统一各部，最后回归天国的英雄业绩。《格萨(斯)尔》是相关族群社区宗教信仰、本土知识、民间智慧、族群记忆、母语表达的主要载体，是多民族共享的口头史诗，既是族群文化多样性的熔炉，又是多民族民间文化可持续发展的见证。《格萨(斯)尔》是蒙古族民间英雄史诗的经典之作。蒙古族格萨(斯)尔的口头传承有乐器伴奏说唱和无乐器伴奏说唱两种说唱方式。罗布生所传承的《霍尔·格斯尔》属乐器伴奏说唱的口头传承格萨(斯)尔。

罗布生出生在察哈尔右翼厢红旗十苏木（今内蒙古自治区乌兰察布市察哈尔右翼中旗库伦苏木）。5岁出家坐床，成为吉仁巴庙新任住持，并开始接触民间艺人说唱的格萨(斯)尔。1949年在四子王旗希拉穆仁庙学习期间，师从《霍尔·格斯尔》艺人罗布桑道尔基学习《霍尔·格斯尔》和说唱技法。1957年还俗后，先后拜毛依罕、琶杰(又写作“帕杰”)、乌斯胡宝音为师，学习蒙古族民间说唱艺术。罗布生在罗布桑道尔基和琶杰说唱格萨(斯)尔原有风格基础上，把低音四胡伴奏技法运用于《霍尔·格斯尔》的说唱，把从民间收集的零散的格萨(斯)尔故事素材融合到《霍尔·格斯尔》中。罗布生曾为专业研究机构录制音频资料并出版，《中国曲艺音乐集成·内蒙古卷》(1997)收录他说唱格萨(斯)尔的曲调19段。罗布生还以民间艺人身份参与国家和自治区抢救、挖掘和整理格萨(斯)尔的重点项目，多次参加国内和国际格萨(斯)尔相关活动。

罗布生以收徒授艺的方式对有志于学习格萨(斯)尔说唱艺术者进行专门指导。目前，师从罗布生学习格萨(斯)尔说唱技艺的学徒有文化艺术工作者、在校大学生和普通牧民等不同行业和阶层的人。

△罗布生（中）与毛依罕（右）交流格萨（斯）尔

▽罗布生向弟子呼和牧仁传授格萨（斯）尔

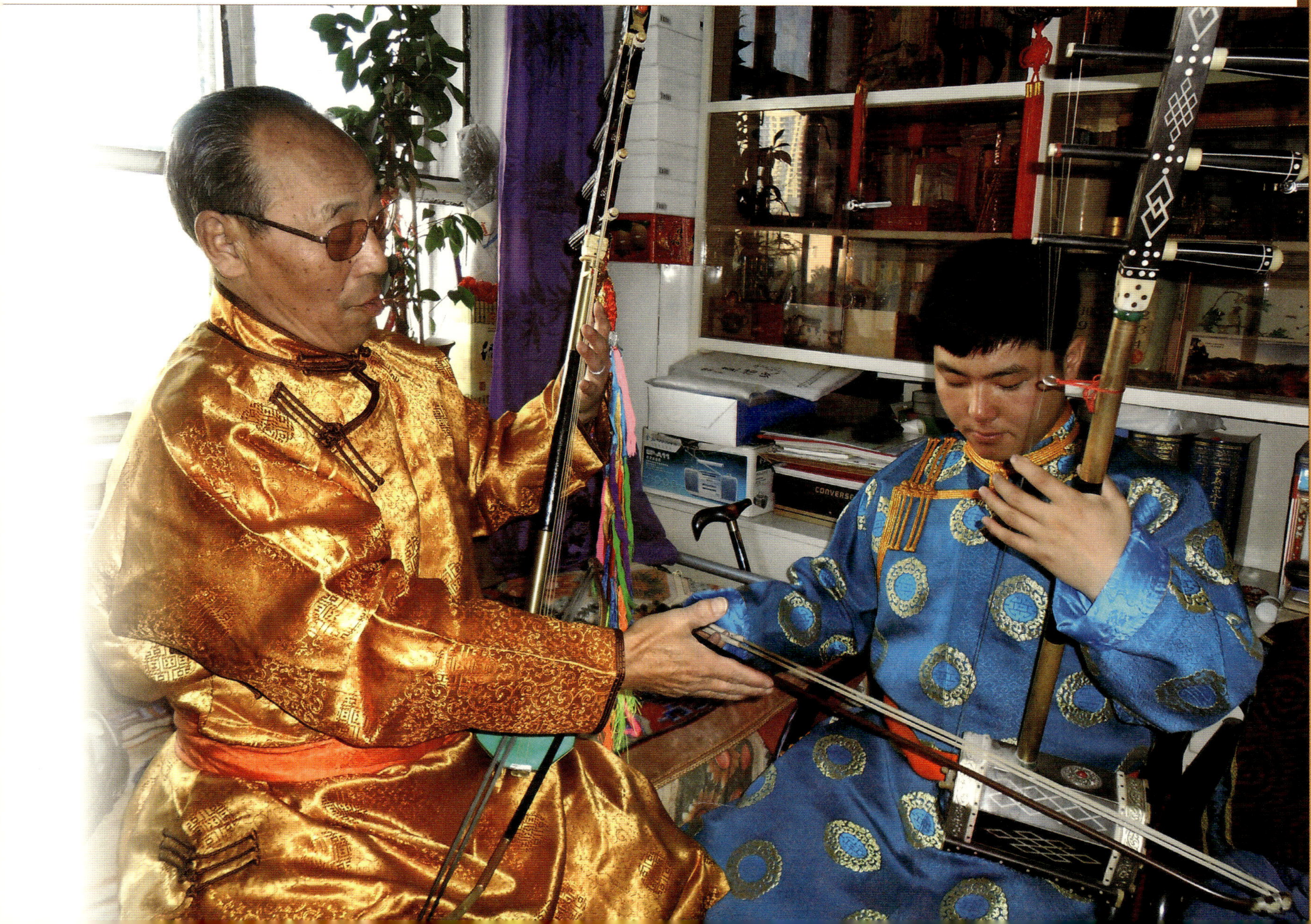

△罗布生向乌兰察布市四子王旗民俗协会赠送《霍尔·格斯尔》（四十一部）和《霍尔·格斯尔传》（二十一部）

▷罗布生向内蒙古民俗文化和民间文学研究人员传授格萨（斯）尔

罗布斯达

Luobusida

藏族唐卡（勉萨画派）代表性传承人

藏族，西藏自治区日喀则市人，1967年出生。第四批国家级非物质文化遗产项目藏族唐卡（勉萨画派）代表性传承人，中国美术家协会会员，中国西藏文化保护与发展协会理事。

藏族唐卡勉萨派又称新勉塘派，在西藏古籍中和民间又称作“藏赤”，“藏”指西藏日喀则一带，“赤”指画派。勉萨画派相传产生于17世纪中叶，主要分布于西藏自治区日喀则市及周边地区。勉萨画派创始人四世班禅大师的随身画师朱古曲英嘉措在吸收了许多工笔画中人物、山水和亭台楼阁的造型、布局和技法基础上，又进行了个性化发挥，形成勉萨画派构图严谨、色彩鲜艳、线条变化丰富、勾金细致，人物表现更加自然与细致入微的风格。该画派尤其注重线条的运用，表现题材广泛，包括上师像、佛、本尊像、菩萨像、护法神像、人物传记、历史、医学、民俗等，对研究西藏历史、文化、美术、宗教等均具极高价值。

罗布斯达出生于西藏自治区日喀则地区的唐卡世家。1978年至1985年间，他师从爷爷学习唐卡绘画技艺，其后在十世班禅专职画师噶钦·洛桑平措门下深造。罗布斯达的藏族唐卡作品法度精严，线条工整，色调华丽。他曾参与布达拉宫坛城殿壁画修复与临摹工程，代表作有《释迦牟尼》《白度母》《文殊菩萨》等。

罗布斯达数十年致力于藏族唐卡绘制实践，不断提升唐卡绘制水平，扩大了唐卡的影响。他在创办西藏唐卡画院，致力于勉萨画派唐卡传承和各流派唐卡之间的交流的同时，还注重勉萨画派唐卡传承人的培养，已培养出100多名学员，也为罗布斯达家族培养了第五代勉萨画派唐卡传承人。

△藏族唐卡·勉萨画派《宗喀巴大师唐卡》（罗布斯达 创作）

△藏族唐卡·勉萨画派《扎拉护法神》（罗布斯达 创作）

▷ 1/2/3 罗布斯达向徒弟传承藏族唐卡绘制技艺

◁ 藏族唐卡·勉萨画派《赤唐》（罗布斯达 创作）

罗周文

Luo Zhouwen

京族哈节代表性传承人

京族，广西壮族自治区防城港市人，1935年出生。第三批国家级非物质文化遗产项目京族哈节代表性传承人，第五届全国人大代表。

哈节是京族最隆重的节日，也称“唱哈节”，“哈”是京语译音，含有“歌”的意思。各地京族哈节日期不一样，或农历六月初十，或八月初十，或正月十五。活动主要分为迎神、祭神、乡饮和送神四个部分，集敬神、祭祖、团聚、娱乐于一体，活动中心在各村的哈亭，整个活动由亭长用京语主持。节日活动历时数日，通宵达旦，歌舞不息。周围各族群众亦来共同欢庆。唱哈的主角有3人，男歌手一人，称“哈哥”，专司抚琴伴奏；两位女歌手“哈妹”，一个持两块竹板，另一个拿一支竹梆，击节伴奏，轮流演唱。歌的内容有民间传说、哲理佳话、爱情故事等。锣鼓声中常有少女登台献舞，其中最有特色的是“头顶天灯舞”。哈节积淀着京族古风遗俗，是京族传统文化的集中体现。

哈亭亭长是京族哈节活动的筹备者、组织者和执行者。罗周文是万尾村京族哈节第七代亭长，受祖辈影响及日常参与京族哈节筹备活动而熟悉京族哈节习俗。自1998年被全村群众选举担任哈亭亭长以来，除了监督执行村规民约以外，一直负责京族哈节的筹备和举办等事务，为村里哈节活动的顺利举办和京族文化的传播而尽心尽力。

没有文字记载的京族哈节，只能通过亭长以口传心授的方式使之得以传承。担任哈亭亭长17年来，罗周文以口传心授的方式培养了大批徒弟，传承京族哈节仪式。现在他的徒弟在每年哈节中担任旗手、哈哥、哈妹等重要角色。

△京族哈节期间，罗周文在哈亭培训哈妹

▽京族哈节期间，罗周文带领学习者举行送神仪式

京族哈节期间，罗周文向学习者传授京族唱哈技艺

△2013年，罗周文在京族哈亭示范祭神环节

△2013年，罗周文在京族哈节主持海滩送神仪式

△2013年，罗周文在京族哈节主持送神仪式

金全才

Jin Quancai

台州玻璃雕刻技艺代表性传承人

汉族，浙江省台州市人，1942年出生。浙江省级非物质文化遗产项目台州玻璃雕刻技艺代表性传承人，中国工艺美术大师。

台州玻璃雕刻起源于清代末年，当时在黄岩、路桥、海门等地流传较广。台州玻璃雕刻致力于玻璃的材质美和光学美的开发，力图在刀法中表现层次，在平面的玻璃上营造立体感、雕塑感，用“透”和“不透”表现玻璃肌理，刻面晶莹剔透、流光溢彩。作品融合传统与现代，或气象恢宏，或精致婉约。

金全才1963年进入天台三合木器厂学习木匠与雕花技艺，1972年成为天台栖霞农机厂模具师傅，1978年任天台国清寺工艺美术厂研究员，1981年创办天台山艺苑有限公司。他在冷加工玻璃雕刻和热加工琉璃铸造方面全面发展，工艺特点鲜明。他在平面玻璃上塑造立体形象，人物肖像形神兼备，可以双面欣赏。他的玻璃雕刻作品注重刀法的完整性和层次的丰富性，体现玻璃的材质美。他的玻璃雕刻技艺代表作有《新竹》《天目劲松》《报春》和《埃及风情》等。

金全才注重玻璃雕刻技艺的传承工作，1998年创办了台州职业技术学院艺术学院，他以口传心授、院校教育等方式已培养了300余名玻璃雕刻技术人才，其中有多位已成为浙江省工艺美术大师。

△台州玻璃雕刻《印象世博》（金全才　创作）

▽台州玻璃雕刻作品《团圆颂》（金全才　创作）

台州玻璃雕刻作品《飞越龙门》（金全才 创作）

△金全才向徒弟传授玻璃雕刻技艺

▽金全才在制作玻璃雕刻

金明焕

Jin Minghuan

朝鲜族农乐舞（乞粒舞）代表性传承人

朝鲜族，辽宁省本溪市人，1948年出生。第三批国家级非物质文化遗产项目朝鲜族农乐舞（乞粒舞）代表性传承人。

乞粒舞源于祈求农业丰收的民俗活动，属于朝鲜族农乐舞，随着时代发展，逐渐形成融自娱性和表演性为一体的舞蹈。乞粒舞有着相对稳定的传统程式，但又不受其限制，表演者可以根据现场情绪起舞，具有很强的即兴性。当表演者情绪高涨时，男子晃动象帽，帽顶长缨飞旋，划出美丽的弧线；姑娘边敲击长鼓边快速旋转，以形体的动感和美感传情达意；老年扮演者不仅注重舞之韵味，而且注重姿态，动作变化繁多，通过即兴表演将心底的欢悦之情表达得淋漓尽致。较之于其他的农乐舞，乞粒舞具有鲜明的表演性。其舞蹈形态复杂，动作洗练，技艺高超，是朝鲜族农民群体舞蹈的典型代表。乞粒舞主要在朝鲜族的重大节日或大型活动中演出，参与人员多，影响广泛。

金明焕7岁开始攀爬父肩学跳双层舞，并在父亲指导下学习掌握乞粒舞鼓点和节奏；13岁开始学习乞粒舞基本动作，掌握乞粒舞的演出程序，后经音乐舞蹈专业学习，是乞粒舞第四代传人。他吸纳朝鲜族的其他民间舞蹈形式，创作曲子，加入音乐，形成了现在乞粒舞整齐的舞蹈动作和丰富的队形变化。他编演的乞粒舞曾获中国第二届文化艺术节一等奖、辽宁省首届文化艺术节编导奖、辽宁省民族民间舞蹈大赛金奖等奖项，并代表辽宁省参加中华人民共和国成立45周年庆典。

乞粒舞多为家族传承。经金明焕的口传心授，第五代传承人都已具备独立组织乞粒舞各种活动的能力。金氏两代传人积极配合当地相关部门，开展各种乞粒舞公益宣传和演出活动，宣传、保护和传承乞粒舞。

△2005年，金明焕编演的乞粒舞获辽宁省民间舞蹈比赛金奖

▽2009年，金明焕组织50人乞粒舞队参加辽宁省农民艺术节演出

2010年，金明焕编演的乞粒舞获辽宁省第五届民俗节优秀表演奖

▽ 1/2/3

1 金明焕向徒弟传授乞粒舞表演技艺

2 金明焕指导学员进行乞粒舞排练

3 2004年，金明焕在庆祝五女山成功申报世界文化遗产演出中表演圆鼓舞

金季凤

Jin Jifeng

民族乐器制作技艺（朝鲜族民族乐器制作技艺）代表性传承人

朝鲜族，吉林省延边朝鲜族自治州人，1937年出生。第三批国家级非物质文化遗产项目民族乐器制作技艺（朝鲜族民族乐器制作技艺）代表性传承人。

朝鲜民族传统乐器制作有近2000年的历史，目前常用乐器有30多种，以竹木管乐器和打击乐器为主，以弦乐为辅。流传至今的竹木管乐器有横笛、筒箫、短箫等，打击乐器有长鼓、圆鼓、龙鼓、手鼓等，是研究中国传统民族乐器的珍贵历史资料。朝鲜族民族乐器主要选用桐木、檀木、黄牛皮、竹子等材料，使用细木工设备，工艺复杂，制作要求高，乐器构造独特，音色优美柔和，奏出的音乐以旋律清新、流畅、婉转、轻快以及长短节奏丰富而著称，常用于歌舞伴奏和器乐合奏。吉林省延边朝鲜族自治州延吉市是朝鲜民族乐器的主要研究和生产基地。

金季凤自15岁开始跟随父亲学习朝鲜族民族乐器的制作，后从文泰凤、安鲁元、尹正哲等名师学习乐器制造。为了恢复更多种类民族乐器，金季凤数月间多次走访东北各地老艺人，从原来只能生产伽倻琴、长鼓等10余种增加到20多种，并对伽倻琴、管子、横笛、短箫、奚琴等乐器进行改良。他制作乐器非常注重选用上好原材料，运用精湛的制作技术，以追求乐器音色、音量和外观的最佳效果。

金季凤采取带徒弟的方法传承朝鲜族民族乐器制作技艺，为技艺的传承做出了重要贡献。他多年不脱离乐器制作第一线，坚持在乐器制作岗位上把技艺教给徒弟，培养10多名继承人，并整理乐器制作教科书以保存技艺。在他教授的弟子中，已有省级传承人1名、州级传承人3名。

△朝鲜族民族乐器制作技艺《玄琴》（金季凤制作）

▽金季凤向徒弟传授伽倻琴制作技艺

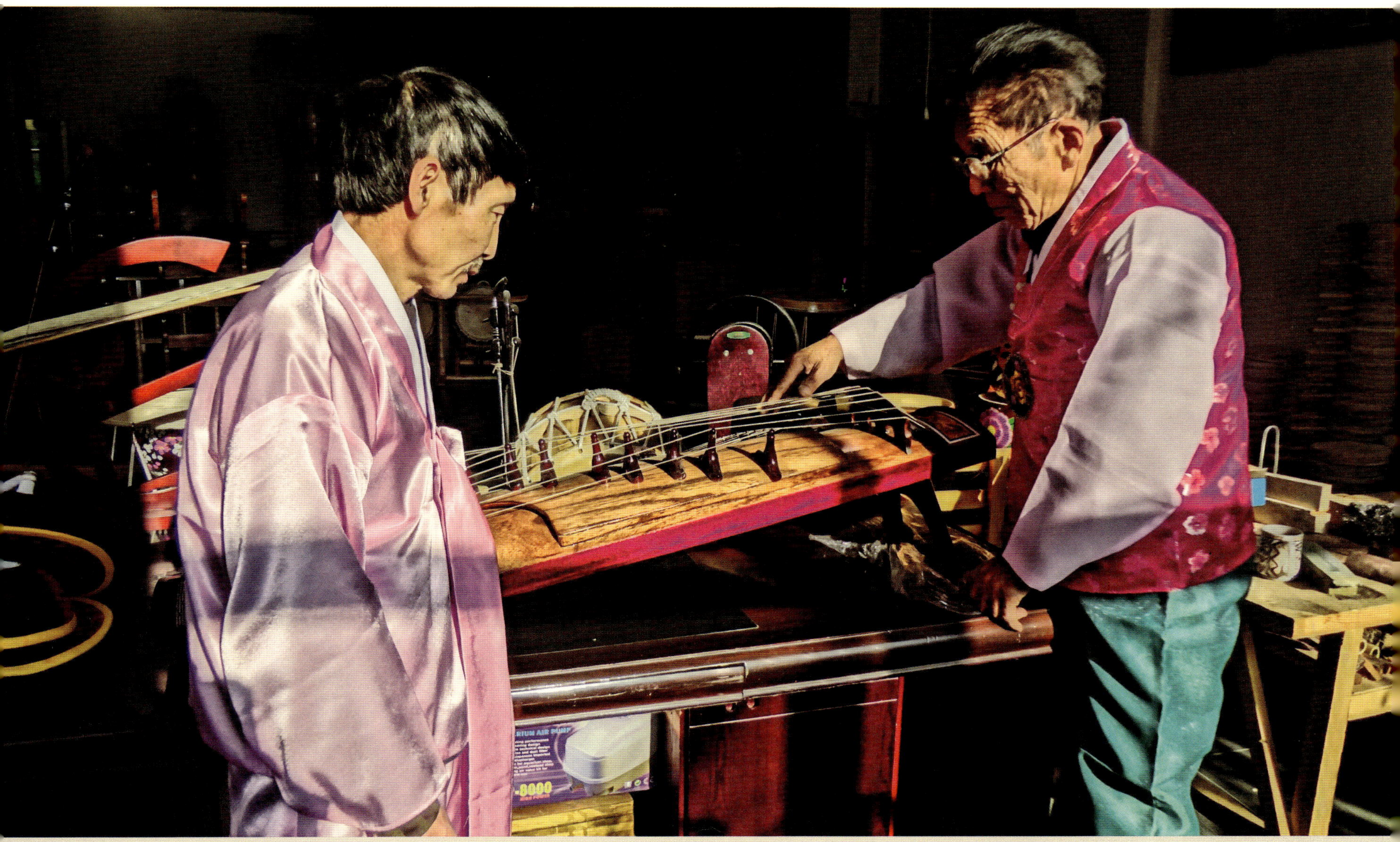

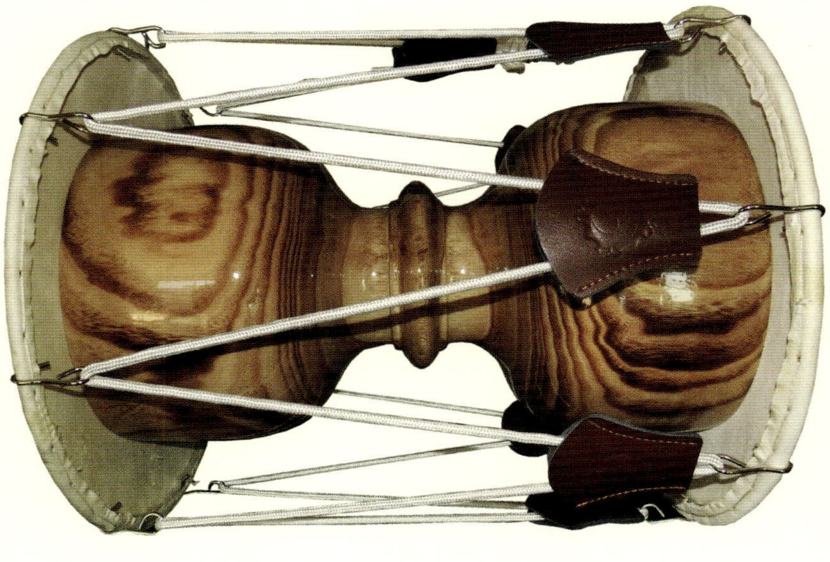

◁ 朝鲜族民族乐器制作技艺《长鼓》（金季凤制作）

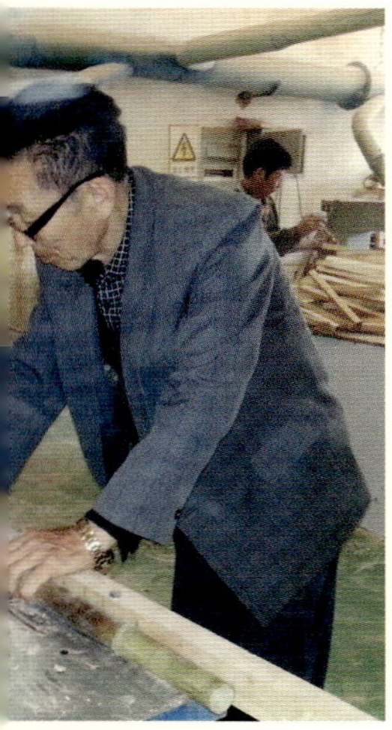

△

1	2	3	4	5
6	7	8	9	10

金季凤制作筒箫：
1 拉直
2 竹管打空
3 截断
4 打音孔
5 管内修正
6 管外修正
7 音孔修正
8 调音
9 刷油
10 缠线

周皓

Zhou Hao

江南丝竹代表性传承人

汉族，上海市人，1929年出生。第二批国家级非物质文化遗产项目江南丝竹代表性传承人。

江南丝竹是流行于江苏南部、浙江西部和上海地区的丝竹音乐的统称，乐队主要由二胡、扬琴、琵琶、三弦、秦琴、笛、箫等丝竹类乐器组成。江南丝竹传统表演技法有你繁我简、你高我低、加花变奏、嵌挡让路、即兴发挥等，并逐步形成“小、细、轻、雅”、曲调婉丽、秀美优雅的风格特色，是民族器乐中最具地域文化特色的乐种之一。其乐队组合灵活多变，根据不同乐曲表现的需要和客观条件，可多至一二十人，也可少至二三件乐器。演奏者时常即兴，通过“加、减、抢、让、变”的处理，突出主要乐器，体现个人和乐社的演奏风格。江南丝竹曲目丰富，传统乐曲有《中花六板》《三六》《行街》《四合》和《云庆》等。聂耳曾改《倒八板》为《金蛇狂舞》，风靡全国；刘天华改编创作《变体新水令》也成为乐坛名曲，影响深远。

周皓自幼随父亲、江南丝竹名家周俊卿学习二胡。周皓积数十年的演奏经验，掌握江南丝竹在二胡演奏中诸如“透音”、“勾音”、“带音”、“左侧音”、“併指”等特殊技法，其二胡演奏音色优美、音质醇厚。演奏的乐曲韵味隽永、风格浓郁，运腔加花，典雅秀丽，风格独特，自成一家。周皓还进行江南丝竹理论研究，有专著和论文发表；他还与陆春龄、周惠、马圣龙等合作录制《江南丝竹八大名曲》《霓裳曲》《灯月交辉》《寒江残雪》《怀古》和《春江花月夜》等江南丝竹专辑录音带、CD 10余盘。

周皓注重江南丝竹的技艺传承，培养了一批江南丝竹二胡演奏家。周皓还组织、指导录制了新一代“江南丝竹八大名曲”CD，其弟子担任二胡演奏。

△2009年，周皓在上海江南丝竹界新春团拜会上表演江南丝竹

▽2008年，周皓在青浦朱家角王家花园演奏二胡

△

1	2
3	4
5	6

1 2011年，周皓在周惠九十寿辰展演中表演江南丝竹

2 周皓在家中向加拿大学生传授江南丝竹的二胡演奏技艺

3 2012年，周皓在崇明表演江南丝竹

4 2010年，周皓举行江南丝竹收徒仪式

5 2004年，周皓在贵州省遵义市举办江南丝竹讲座

6 2012年，周皓在第四届北京传统音乐节上表演江南丝竹

2012年，周皓在第四届北京传统音乐节上演奏二胡

居素甫·玛玛依

Jusufu Mamayi

玛纳斯代表性传承人

柯尔克孜族，新疆维吾尔自治区克孜勒苏柯尔克孜自治州人，1918年出生，2014年6月1日去世。第一批国家级非物质文化遗产项目玛纳斯代表性传承人，享受国务院政府特殊津贴专家。

《玛纳斯》是柯尔克孜族的英雄史诗，是我国民间三大英雄史诗之一。内容是描写英雄玛纳斯及其七代子孙前仆后继、率领柯尔克孜人民与外来侵略者和各种邪恶势力进行斗争的事迹，体现了柯尔克孜人顽强不屈的民族性格和团结一致、奋发进取的民族精神。在我国，《玛纳斯》主要流传于新疆南部的克孜勒苏柯尔克孜自治州及北部的伊犁哈萨克自治州。玛纳斯从古老的柯尔克孜史诗与丰厚的柯尔克孜民间文学中汲取营养，包容了柯尔克孜古老神话、传说、习俗歌、民间叙事诗和民间谚语，集柯尔克孜民间文学之大成，是柯尔克孜民族民间文化百科全书。玛纳斯自16世纪以来，一直以口耳相传的方式流传，民间歌手在其中起着重要的作用。目前，一些重要的玛纳斯歌手相继去世，在世者也已年过古稀，传承形势严峻。

居素甫·玛玛依从8岁开始在哥哥的指导下学习演唱背诵《玛纳斯》史诗，用8年多时间把20多万行的八部《玛纳斯》全部背诵下来，是唯一一位能演唱八部《玛纳斯》史诗的大玛纳斯奇。他的唱本保存了大量古老神话，文化内涵十分丰富。居素甫·玛玛依曾获得第二届中国北方民间文学奖一等奖、第八届中国民间文艺“山花奖”、民间文艺终身成就奖。

在演唱玛纳斯的同时，居素甫·玛玛依还搜集整理了前辈们演唱的八部《玛纳斯》，把其中散文部分改成韵文，创作出具有个人演唱风格，结构宏阔、艺术感染力强、深受听众和读者及各族学者青睐的作品。他历时10余年，出版了柯尔克孜语的《玛纳斯》文本共18册，23万行。该书是迄今为止世界上首个最完整的《玛纳斯》印刷版本，实现了《玛纳斯》从口头传唱文学到文字印刷出版的转变。该书目前已有英、俄、汉、土、日、哈等多种译文。居素甫·玛玛依现在已有多名学徒。

△1991年，居素甫·玛玛依在北京参加《玛纳斯》出版发布会

▽居素甫·玛玛依90周岁生日，在阿合奇县招收10名徒弟（阿合奇县『非遗』办公室提供）

◁ 2008年，居素甫·玛玛依为阿合奇县群众演唱《玛纳斯》诗史（苏海龙摄，新疆艺术研究所提供）

△ 1/2

1 20世纪60年代，居素甫·玛玛依参加玛纳斯调查组（后排中）

2 1989年，居素甫·玛玛依与吉尔吉斯斯坦著名作家图格里拜交流

胡深

Hu Shen

泥塑（凤翔泥塑）代表性传承人

汉族，陕西省宝鸡市人，1931年出生。第一批国家级非物质文化遗产项目泥塑（凤翔泥塑）代表性传承人，中国艺术研究院民间艺术创作研究员，中国工艺美术大师。

凤翔泥塑，当地人称“泥货”，是一种流行于陕西省宝鸡市凤翔县的民间手工艺品。凤翔县位于关中平原西部，境内出土的春秋战国及汉唐墓葬中均有泥塑的陪葬陶俑，可见其泥塑工艺历史之久。当地老乡购泥塑置于家中，用以祈子、护生、辟邪、镇宅、纳福。凤翔泥塑有三大类型，一是泥玩具，以动物造型为主，多塑十二生肖形象；二是挂片，有脸谱、虎头、牛头、狮子头、麒麟送子、八仙过海等；三是立人，主要为民间传说及历史故事中的人物造像。凤翔泥塑共有170多个花色品种，使用黑黏土、大白粉、皮胶等材料制作，以模具定型，外形洗练，形态稚拙，图案繁复，色彩饱满、艳丽、喜庆，具有浓郁的乡土气息及民俗文化、民间艺术和美学研究价值。

胡深自幼随家父胡克勤学习家传泥塑制作，15岁成为把式，开始在村里有名气。70多年来，他潜心凤翔泥塑制作技艺，并形成鲜明的个人风格。胡深的凤翔泥塑代表性作品《座虎》，造型活泼、质朴，色彩明朗、热烈，乡土气息浓郁。他的多件作品被中央美术学院等国内外机构收藏。

胡深以口授带徒和集中培训的方式传承凤翔泥塑技艺，带领全家人从事凤翔泥塑制作数十年，授徒100余人。他还多次在县文化馆举办泥塑培训班，并带动六营村300多人从事泥塑工艺制作。徒弟的作品多次参加各级展览并获奖，《泥塑鸡》被选为鸡年特色邮票和首日封图案，作为西安美术学院校外培训基地，每年有近300多名学生来他家学习凤翔泥塑技艺。

△胡深向村民传授凤翔泥塑技艺

▽凤翔泥塑《泥塑马》（胡深 创作）

▽凤翔泥塑《彩绘挂虎》（胡深 创作）

△
胡深凤翔泥塑主要创作流程：
1 和泥
2 上模
3 粉白
4 勾线
5 上彩

◁ 胡深创作照

段铁成

Duan Tiecheng

高跷（高跷走兽）代表性传承人

汉族，山西省运城市人，1944年出生。第四批国家级非物质文化遗产项目高跷（高跷走兽）代表性传承人。

高跷也叫“高跷秧歌”，因舞蹈时多双脚踩踏木跷而得名，广泛流传于全国各地。高跷历史久远，源于古代百戏中的一种技术表演，盛行于清雍正初年，至今有300多年的历史。高跷走兽是山西省稷山县清河镇阳城村庙会文化活动中一种以凶猛的野兽道具为载体，人与兽形道具完美结合演艺故事情节的表演形式。高跷走兽由兽头、兽身和表演人员组成，表演时二人足踩高跷同演骑兽状，演员负重荷，按曲牌节拍行走。其中，兽头经做胎、修饰、裱糊、剪纸、绘画、油漆、成型等工艺制作完成；兽身由技术很高的艺人做出模型后，用麻丝、麻纸、细绳、细竹、铁丝、布料等材料缝制和绑缚而成，并涂以颜色，外形威武而精美。高跷走兽形象逼真，表演精彩，体现了当地老百姓祈盼风调雨顺、农业丰收的美好愿望。

段铁成从12岁开始师承第八代传人段兴旺学习阳城庙会锣鼓和高跷表演，18岁参加高跷走兽表演活动，从艺50多年，后又承担了高跷走兽各种道具的维修更新、兽头兽身的翻新制作、涂色上漆以及高跷走兽的表演指导、培养传人等工作，是一名全能的艺人。1986年至今，他搜集、整理高跷走兽相关历史资料，编辑出版《稷山高跷走兽》一书，用文字记录了阳城庙会高跷走兽的历史。

2002年以来，段铁成在每年春节期间，不但带领高跷（高跷走兽）表演团队在节庆文化活动中进行表演，还组织老艺人与中青年学员进行专场座谈，示范并传授高跷走兽表演技能和绑扎技术。他先后培养了3名集制作和表演于一身的全能传人、6名制作传人、14名优秀绑扎技术人才、8名特色演员和15名优秀演员。

△段铁成为脱胎后的高跷走兽兽头做整形加固处理

▽段铁成向高跷走兽表演者讲解绑扎高跷的程序和要领

▷

1 段铁成指导高跷走兽表演

2 段铁成传授高跷走兽表演

3 段铁成制作指导高跷走兽的兽头

◁ 段铁成在为高跷走兽表演者化妆

△段铁成在为高跷走兽的兽头涂颜色

▽2014年，段铁成组织高跷走兽表演队参加云丘山中和节民俗文化活动

秦德祥

Qin Dexiang

吟诵调（常州吟诵）代表性传承人

汉族，江苏省常州市人，1939年出生。第四批国家级非物质文化遗产项目吟诵调（常州吟诵）代表性传承人。

常州吟诵是植根于常州、运用常州方言进行的吟诵，主要分布在常州市区。常州吟诵属“吴吟”范畴，以个体表演、自赏自娱为特点，口头即兴创作，无谱。各吟诵传人的音调不同，“一人一调”，但总体上具有江南民间音乐特点。常州吟诵的内容丰富，有吟诗、吟词、吟文言文等；吟诵群体文化底蕴深厚，能较多、较好体现古典文学作品的声韵美和节奏美，抑扬顿挫格外分明。常州吟诵具有极高的文化品位和古典文学、传统音乐、语言学等多学科的科学研究价值，对于吴文化的保护、传承和研究，具有极重要的价值。

秦德祥幼年时期接受过短时期的私塾教育，爱好音乐与文学，又长期从事音乐教育，退休后从事中国传统音乐理论研究，主要方向为中国诗词吟诵、佛教梵呗等。他自1990年起个人采录常州吟诵资料，是全国最早采录此类音响资料者。2005年以来，他对常州吟诵进行大规模采录、资料收集整理、项目申报、传承教学等保护工作。他全面系统地掌握常州吟诵所有传人的吟调，集吟诵实践与理论研究于一身，先后发表了《常州吟诵音乐的采录与初步研究》等论文30余篇，编著出版《吟诵音乐》《赵元任、程曦吟诵遗音录》《“绝学”探微——吟诵文集》等6本常州吟诵专著。

秦德祥常年开展常州吟诵传承教学工作，曾在龙虎塘实验小学“常州吟诵传习基地”、常州市文化馆“常州吟诵传习所”、常州工程技术学院“常州吟诵传习基地”等处授课，并主持“常州吟诵研习班”，还免费举办多期暑期少儿吟诵培训班，传承常州吟诵技艺。他还利用吟诵会、雅集、座谈会、专题讲座，以及利用电台、电视台专题节目等多种形式、多种渠道开展常州吟诵的社会宣传。

△秦德祥在中华吟诵周舞台上进行常州吟诵

▽2013年，秦德祥在常州吟诵雅集活动中展示常州吟诵

▽ 1｜2 / 3

1 2011年，秦德祥在为研习班讲授常州吟诵

2 2013年，秦德祥在常州工程技术学院进行常州吟诵

3 2009年，秦德祥在电台进行常州吟诵

△ 2013年，秦德祥在常州做常州吟诵讲座

△2009年，秦德祥为常州工学院暑期社会实践活动展示常州吟诵

▽2013年，秦德祥为少儿吟诵培训班授课

△2013年，秦德祥指导孙女学习常州吟诵

莫德格

Mo Dege

蒙古族长调民歌代表性传承人

蒙古族，内蒙古自治区锡林郭勒盟人，1932年出生。第二批国家级非物质文化遗产项目蒙古族长调民歌代表性传承人。

长调，蒙古语称“乌日图因道”，意即长歌。蒙古族长调民歌是由北方草原游牧民族在畜牧业生产劳动中创造，在野外放牧和传统节庆时演唱的民歌。蒙古族长调民歌，传承历史久远，旋律悠长舒缓，意境开阔，声多词少，气息绵长，集中体现了蒙古游牧文化的特色与特征，并与蒙古民族的语言、文学、历史、宗教、心理、世界观、生态观、人生观、风俗习惯等联系紧密。长调民歌的题材与蒙古族社会生活紧密相连，基本题材包括牧歌、思乡曲、赞歌、婚礼歌和宴歌（也称酒歌）等。

莫德格十几岁即开始跟随母亲学习锡林郭勒长调民歌，1949年考入内蒙古歌舞团担任长调演员，2004年出版个人长调演唱专辑《绿段子》，2010年出版长调演唱专辑《清凉的杭盖——蒙古族长调大师莫德格演唱专辑》。几十年的艺术实践，莫德格积累了深厚的演唱功底，形成了独特的风格，将蒙古族长调歌曲提高到了一个崭新的阶段。她演唱的经典曲目有《清凉的杭盖》《铁青马》《丰尾枣骝马》《绿段子》《金翅翠鸟》《山林中的蓬松树》《美好的家乡》等歌曲。

2008年，莫德格被内蒙古艺术学院聘请为客座教授，在此期间，她培养、辅导了一批蒙古族青年长调歌手。她参与指导歌唱比赛，担任蒙古族长调民歌大奖赛评委或参加研讨会，她还经常给长调爱好者讲授蒙古族长调民歌课程，示范蒙古族长调民歌节目，传承和弘扬了蒙古族优秀传统艺术。

△莫德格表演蒙古族长调民歌

▽2010年，莫德格向乌兰牧骑演员传授蒙古族长调民歌（海日汗 摄）

莫德格表演蒙古族长调民歌

△ 1/2

1 2012年，莫德格在『锡林郭勒盟非物质文化遗产保护成果展暨苏尼特右旗第六届乌兰牧骑艺术节』上演唱蒙古族长调民歌

2 2012年，莫德格和两名徒弟在『莫德格』杯蒙古民族长调比赛中演唱蒙古族长调民歌

（查娜　摄）

夏吾角

Xia Wujiao

热贡艺术代表性传承人

土族，青海省黄南藏族自治州人，1966年出生。第三批国家级非物质文化遗产项目热贡艺术代表性传承人，高级技师。

热贡艺术是产生于13世纪青海黄南州的藏族地区，并随着隆务寺的兴盛而发展的造型艺术。主要包括唐卡、壁画、堆绣、雕塑等艺术形式。热贡艺术创作群体主要分布在黄南藏族自治州同仁县的五屯、年都乎、尕沙日、郭玛日、脱加等村落，自成体系。热贡艺术线条精细，色彩艳丽，设计精美，以藏传佛教中的佛本生故事、藏族历史人物和神话、传说、史诗等为主要内容，同时包括世俗化内容，以其独特的审美观念、独有的原材料和传承习惯，在藏传佛教、民间美术、建筑艺术等方面具有重要的历史价值和艺术价值。传统热贡艺术主要在藏传佛教寺院内部创作、传承，为藏传佛教服务，1958年以后开始流向民间。

夏吾角8岁时跟随父亲学习泥塑技艺，后师从热贡艺术大师登丁系统学习泥塑和唐卡等热贡艺术。夏吾角数十年钻研热贡艺术，其作品设计精美，生动传神，形成了自己的创作风格。夏吾角为全国各地制作数量众多的各类泥塑，作品多次获得各类奖项，深受群众好评。

夏吾角多次举办热贡艺术培训班，免费收学授艺，带出优秀徒弟30余名。他还经常到各地宣传推介热贡艺术，将热贡艺术作品展示给世人。

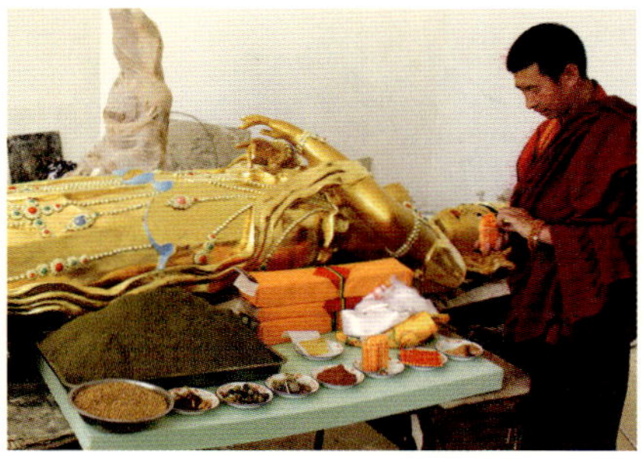

△ 1 | 3 | 5 / 2 | 4

夏吾角创作热贡艺术泥塑：

1 塑像

2 磨光

3 装藏

4 打底色

5 贴金

△ 1/2
夏吾角在制作
鎏金泥塑佛像

△ 1/2

1 热贡艺术《释迦牟尼头像》（夏吾角 创作）

2 热贡艺术《莲花生大师》（夏吾角 创作）

倪友芝

Ni Youzhi

剪纸（长白山满族剪纸）代表性传承人

满族，吉林省通化市人，1939年出生。第四批国家级非物质文化遗产项目剪纸（长白山满族剪纸）代表性传承人，通化师范学院客座教授。

长白山满族剪纸主要流布于长白山地区的通化、白山、吉林、延边、伊通一带。满族剪纸起源于满族所信奉的萨满教，最早是为萨满祭祀服务的，约出现在明朝末年的建州女真时代。明末女真人用土法造纸，为长白山剪纸的普及和流行起到了重要作用；同时，满族人也用桦树皮、树叶等材料作剪纸，别具一格。长白山满族剪纸的题材、造型和剪技独特，具有鲜明的民族特色与地方特色，具有重要的艺术价值。

倪友芝一直生活在长白山区，7岁开始跟母亲和姥姥学习剪纸。她的长白山满族剪纸，蕴含了长白山地域独特的原始文化信息和图腾崇拜观念，题材有古老民间传说，也有当地风情。其作品在1986年参加全国25省剪纸新作联展、第三届国际剪纸艺术展，并于1987年在北京举办的长白山满族剪纸专题展览上作现场表演，作品被多家美术馆收藏。倪友芝曾获第三届国际剪纸艺术展“终身成就奖”。

倪友芝重视满族剪纸的传承，其孙子、孙女、外孙女均受她的影响，从小跟随她学习剪纸。在家族传承的同时，倪友芝还将她的满族剪纸技艺带进学校，为通化师范学院大学生上课，为通化县中小学美术老师上课，所带学生的作品多次参加全国剪纸展览并出国展出，选入多种版本的剪纸集、剪纸教材中。

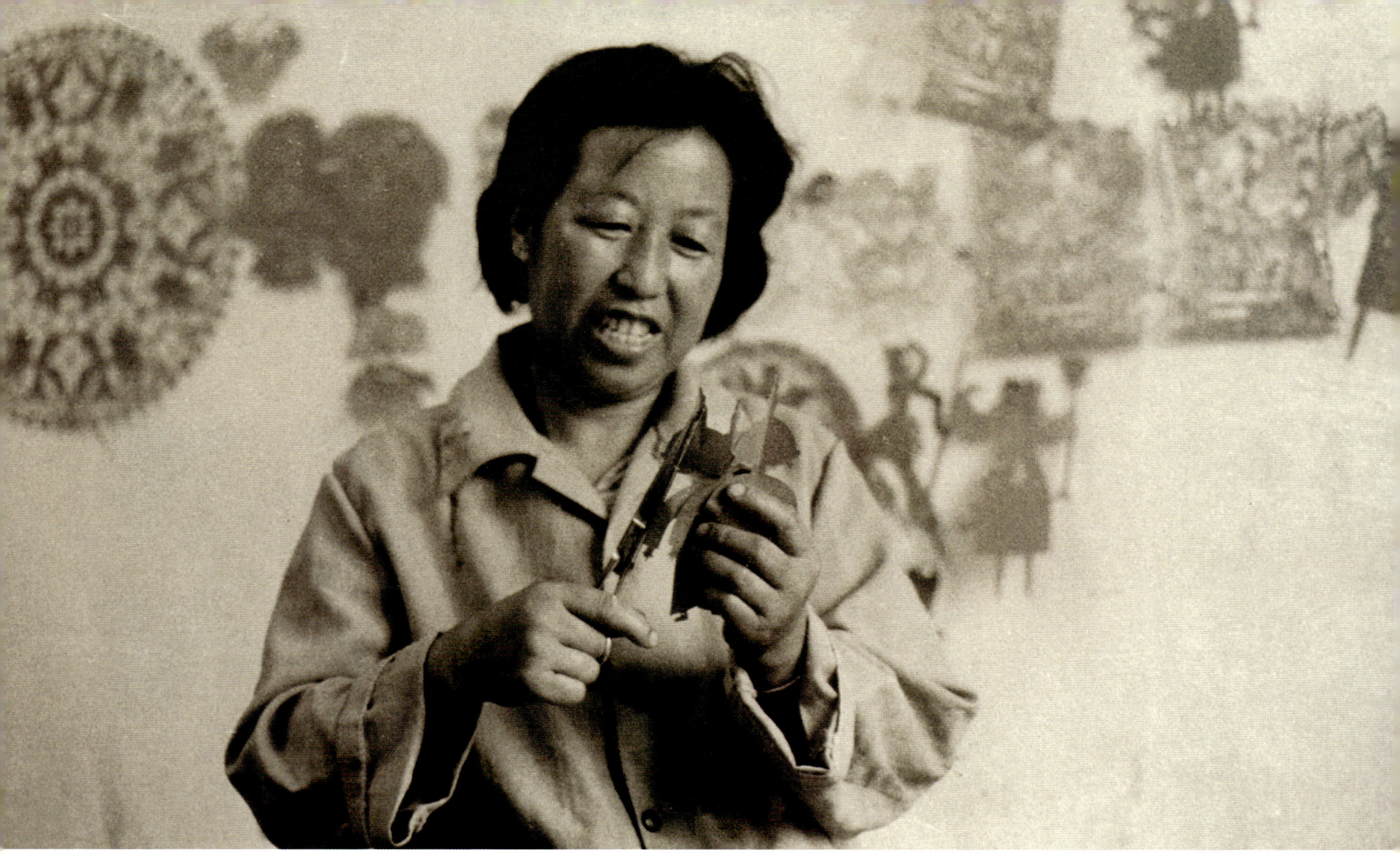

△ 1985年，倪友芝在剪纸

▽ 剪纸（长白山满族剪纸）《迎亲》（倪友芝 创作）

▷ 1/2/3

1 2008年，倪友芝在通化师范学院满族民间美术陈列馆向学生传授剪纸（长白山满族剪纸）技艺（王宏硕 摄）

2 剪纸主要创作工序：剪外形

3 剪纸主要创作工序：用折剪的方式剪鼻子、眼睛等内形

△剪纸（长白山满族剪纸）作品《嬷嬷人》（倪友芝 创作）

倪东方

Ni Dongfang

青田石雕代表性传承人

汉族，浙江省丽水市人，1928年出生。第三批国家级非物质文化遗产项目青田石雕代表性传承人，中国工艺美术大师。

青田石雕是指以青田石为材料雕制而成的汉族传统工艺品，因取材于浙江青田县所产优质叶腊石而得名。青田石质地温润，脆软相宜，色彩丰富，花纹奇特，是篆刻和石雕的理想石料。青田石雕工艺发端于六朝时期，讲究因材施艺，因色取巧，有相石、开坯、粗雕、细雕、封蜡、润色等工序，尤以镂雕技艺见长，且圆雕、镂雕、高浅浮雕、线刻交替使用。青田石雕题材广泛，均精雕细刻，神形兼备，工艺规范，自成一格。

倪东方15岁随母学艺，1955年进入青田县山口石雕厂，以花卉雕刻著称，进入创作组后以石雕创作为主要任务。1971年创作的青田石雕作品《谷子》在《人民画报》上发表，《秋》和《秋菊傲霜》分别获第三届中国工艺美术品“百花奖”、“优秀创作设计”二等奖、第六届中国工艺美术品“百花奖”、“优秀创作设计”一等奖。作品《秋菊傲霜》《杨梅》《俏色印雕》由国家征集收藏，《黄山松》由中南海紫光阁收藏；1992年12月发行了他的青田石雕代表作《花好月圆》邮票，该作品现由青田石雕博物馆收藏。

倪东方数十年致力于青田石雕技艺的传承。1989年，倪东方成立“青田县惜石斋”工作室，培养学徒70余人，其中有的已成为浙江省非物质文化遗产代表性传承人、中国工艺美术大师、浙江省工艺或高级工艺美术师。

△倪东方在创作青田石雕

▽倪东方与部分艺徒合影

青田封门冻石雕
《花好月圆》
（倪东方　创作）

青田夹板石雕

《比翼双飞》

（倪东方 创作）

徐振高

Xu Zhengao

民族乐器制作技艺（上海民族乐器制作技艺）代表性传承人

汉族，上海市人，1933年出生。第四批国家级非物质文化遗产项目民族乐器制作技艺（上海民族乐器制作技艺）代表性传承人，高级技师。

上海民族乐器制作技艺可追溯到清乾隆、嘉庆年间，主要包括古筝、琵琶、二胡等乐器的制作。20世纪初，城隍庙大街（今方浜中路）、五马路（今广东路）、六马路（今北海路）一带聚集了几十家乐器作坊。1956年，上海民族乐器业全行业实行合作化，其中86家民族乐器制作坊合并成为上海民族乐器合作社。1958年7月，合作社组建为集体所有制的上海民族乐器一厂。在民乐界著名人士的指导下，上海民族乐器一厂在产品工艺和音质等方面有实质性提高。民族乐器制作技术难度大，习艺周期长，工作辛苦，其制作技艺融入了历史、色彩、美学等元素，结合了造型、雕刻、彩绘、镶嵌等多种工艺手法，具有突出的文化和艺术价值。

徐振高于1952年开始从事乐器制作，1958年进上海民族乐器一厂，1959年起专事古筝制作，师从缪金林。在30多年的创作实践中，徐振高形成自己独特的艺术风格。他在古筝装饰、琴码调整、琴弦改良、引入标准化制筝模式等方面贡献突出。20世纪60年代，徐振高与师傅缪金林共同研制成功的“S”形岳山21弦筝，被国家轻工业部命名为优质产品，成为全国古筝的通用样式。

自20世纪60年代至今，徐振高共带徒百余人。他的徒弟、徒孙已成为中国古筝制作界的中坚力量，有的已成为上海民族乐器一厂古筝制作的第三代、第四代传承人。此外，徐振高积极参加社会公益活动，曾在国家大剧院、上海世博会、上海国际乐器展和香港古筝节等活动中现场展示古筝制作工艺，传授市民制作古筝的技巧和方法。他还多次赴新加坡和中国香港、台湾地区宣传中国古筝文化，为中国民族乐器开拓更广阔的天地。

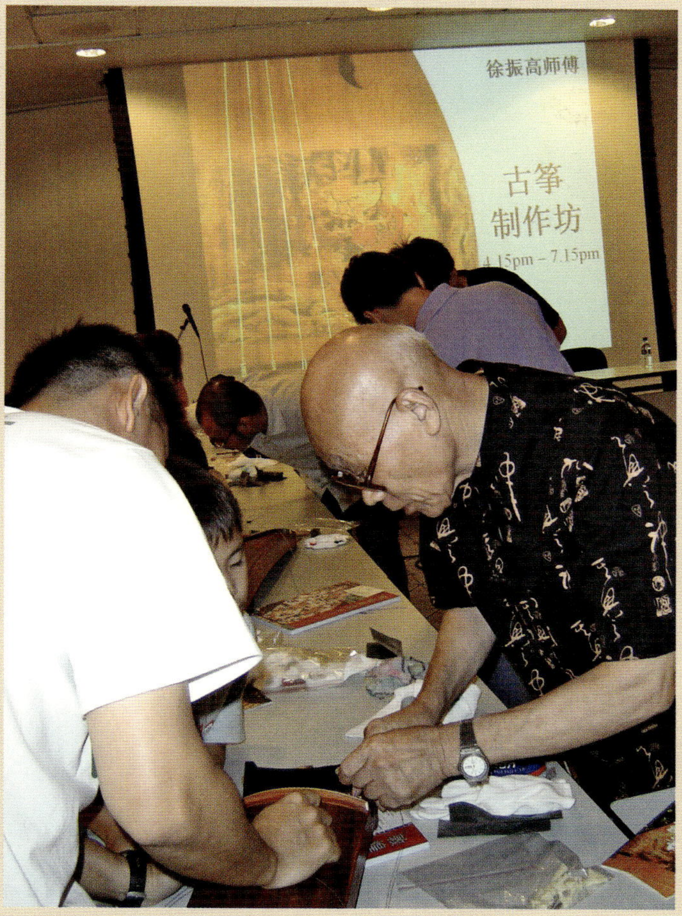

△2006年，徐振高在新加坡『古筝制作坊』传授古筝制作技艺

▽徐振高指导徒弟调试古筝

△ 1/2

1 古筝
《双鹤朝阳》
（徐振高 制作）

2 古筝
《金鹤朝阳》
（徐振高 制作）

1	4
2	5, 6
3	7

徐振高进行古筝制作：

1 捆绑面板

2 扎紧捆绳

3 刨面板

4 烘烤面板

5 制作岳山

6 设计花板

7 古筝校音

郭太运

Guo Taiyun

朱仙镇木版年画代表性传承人

汉族，河南省开封市人，1926年出生。第一批国家级非物质文化遗产项目朱仙镇木版年画代表性传承人。

据《东京梦华录》记载，朱仙镇木版年画产生于北宋时的开封，兴盛于明清时的朱仙镇，清末民初衰落，大多数作坊迁回开封市内，出现“天成”、“云记”、“汇川”等年画作坊。朱仙镇木版年画使用传统工艺，先画样稿，然后雕刻制版，再采用手工套印而成。朱仙镇木版年画十分讲究用色，以矿物、植物做原料，自行手工磨制颜料，磨出的颜料色彩十分纯净，印制出的年画，色彩鲜艳厚重，久不褪色，构图饱满匀称，线条粗犷简练，造型古朴夸张，艺术风格独特。它选择的题材多源于脍炙人口的民间故事、神话传说和戏曲人物等，种类繁多，形象生动。现在开封已挖掘、整理出朱仙镇木版年画老版220余块，重新印制历史老版年画300多套，并编印了《开封朱仙镇木版年画精选》《朱仙镇木版年画珍藏本》《朱仙镇木版年画故事集》等。

郭太运，又名郭泰运。13岁进入开封“云记”门神店当学徒，师从刘子云、李景运、宋金明、张文礼、徐乃礼等人学做年画。四年出师之后，成立“泰盛”年画店铺。1961年，郭太运和许多老艺人进入新建立的“开封年画社”，1983年郭太运进入“开封市朱仙镇木版年画社”，任古版研究室主任，与专业人员一起，对不同时期不同店号的雕版资料进行修补、复制和整理，得到年画研究专家们的肯定。

郭太运所授徒弟50余人，多数弟子现已成为省、市级非物质文化遗产代表性传承人。2004年他受聘于开封市博物馆，将近70年的朱仙镇木版年画制作经验和手艺传承下去。

△朱仙镇木版年画《娃娃抱鱼》（郭太运　创作）

▽朱仙镇木版年画《马上鞭（之二）》（郭太运　创作）

郭太运制作朱仙镇木版年画：

1 冲版

2 画样稿

3 刮版

4 捶样

5 刻版

▽2014年，郭太运在开封市博物馆向徒弟传授朱仙镇木版年画技艺（钟珊 摄）

△2014年，郭太运在开封市博物馆向徒弟传授朱仙镇木版年画雕刻技艺（钟珊 摄）

黄松坚

Huang Songjian

石湾陶塑技艺代表性传承人

汉族，广东省佛山市人，1941年出生。第四批国家级非物质文化遗产项目石湾陶塑技艺代表性传承人，中国工艺美术大师，国务院突出贡献奖、中国工艺美术终身成就奖获得者，享受国务院政府特殊津贴专家。

石湾陶塑在东汉时已见雏形，后经历代发展，形成具有人文性、地方性、民族性特点的传统技艺，现主要分布在广东佛山石湾镇街道及周边地区。石湾陶塑采用两广地区沉积黏土制作而成，按实物形态可分为人物陶塑、动物陶塑、器皿、微塑、瓦脊陶塑5大类，以人物造型为代表。石湾陶塑制作工艺有构思、泥料炼制、成形、装饰、上釉、龙窑煅烧等环节，包含雕、刻、捏、贴、捺、拉、卷、盘等技法。陶塑煅烧的火候全凭师傅的经验。龙窑的上、中、下不同位置有高、中、低三种火，分别用于移动烧制物品的不同部位，只有经验丰富、技艺娴熟的工匠才能把握。石湾陶塑技艺在大量外来元素干扰性注入的情势下，传统技艺保存困难，急需保护。

1959年，黄松坚进入佛山市新石湾美术陶瓷厂和石湾美术陶瓷学校，开始学习石湾陶塑技艺。在石湾陶塑技艺的学习和实践中，黄松坚汲取石湾瓦脊“贴塑”手法的精华，根据不同陶塑作品的具体创作要求，将“贴塑”与陶塑传统制作手法有机结合，形成了自己独特的艺术语言，拓展了石湾贴塑陶艺。50多年的创作实践，黄松坚形成了独特的艺术风格，作品豪放、朴素、优雅、传神。

黄松坚注重石湾陶塑技艺的传承，现有徒弟10多位，其中有的已成为中国陶瓷艺术大师、广东省工艺美术大师、广东省陶瓷艺术大师、佛山市陶瓷艺术大师，获得高级或中级职称。黄松坚还通过在大、中、小学和国外大学授课的方式，广泛传播石湾陶塑技艺，为石湾陶塑技艺的传承培育了众多杰出人才。

△黄松坚在进行石湾陶塑创作

▽石湾陶塑《春夏秋冬》（黄松坚　创作）

△ 1 | 2

1 石湾陶塑《乘龙妈祖》（黄松坚创作）

2 石湾陶塑《吹箫引凤》（黄松坚创作）

▽ 1 | 2

1 1974年，黄松坚（中）向中国工艺美术大师、师傅刘泽棉（左）学习石湾陶塑技艺

2 黄松坚向儿子们传授石湾陶塑技艺

石湾陶塑《如意寿星》（黄松坚 创作）

梁家梁

Liang Jialiang

琼剧代表性传承人

汉族，海南省海口市人，1934年出生。第四批国家级非物质文化遗产项目琼剧代表性传承人，国家二级演员。

琼剧是海南省唯一的地方大戏，用海南话演唱。清咸丰年后，梆簧声腔传入海南，琼剧兼收并蓄，逐步演化为板腔体为主、兼有少量曲牌的结构；琼剧艺人编写的剧目也大量涌现。约光绪二十三年（1897），军戏、青楼戏并入琼剧班，时称文武大班，行当体制分文戏佬倌和武戏佬倌两大系统。民国时编演文明戏，兴起改良琼剧和变革唱腔，以表现和反映现实生活。新中国成立后，琼剧挖掘大量的传统剧目、唱腔、曲牌和表演程式，创作新剧目，创新板腔，行当精简为生、旦、净、丑、末五大行。琼剧承载着海南人民的文化传统，在人类学、民俗学等方面都具有研究价值。

梁家梁从小酷爱琼剧艺术，考入剧团后得“三升半”王秀明、韩文华等前辈大师言传身教，并常向多位前辈问艺。梁家梁的琼剧表演戏路广阔，身兼多行。其扮相儒雅俊秀，台风挥洒自如，表演朴实大方，动作干净利落。他善于运用眼神变化表现人物心理活动；他出字急，收字圆，咬音准，收音实，委婉动听，用急进、小跳等多种旋律唱腔，平和中见真情。梁家梁在50多年的舞台艺术生涯中，成功地塑造了100多个剧目的主要角色，被誉为“唱、念、做、打总是情”的“千面小生”。其成名剧目《林攀桂》，代表性剧目有《张文秀》《百花公主》《汉文皇后》《搜书院》《七品芝麻官》等。

梁家梁以拜师方式收徒2名，其中，国家二级演员符传杰在多部剧目中担任主要角色，曾获第十三届中国戏剧节优秀表演奖，并多次获省级表演一等奖。梁家梁还常年指导琼剧院青年演员，传承琼剧技艺。

△ 2 | 1

1 1965年，梁家梁在琼剧《革命自有后来人》中扮演李玉和

2 1960年，梁家梁在琼剧《宋恩珍》中扮演宋恩珍

▽ 梁家梁指导学员表演琼剧（梁学武 摄）

△ 1 / 2 / 3

1 1982年，梁家梁在琼剧《七品芝麻官》中扮演县令唐成

2 1987年，梁家梁在琼剧《汉文皇后》中扮演刘恒（梁学武 摄）

3 1982年，梁家梁在琼剧《搜书院》中扮演张日文

△1980年，梁家梁在琼剧《张文秀》中扮演张文秀

葛凤麟

Ge Fenglin

中医诊法（葛氏捏筋拍打疗法）代表性传承人

汉族，北京市人，1955年出生。第四批国家级非物质文化遗产项目中医诊法（葛氏捏筋拍打疗法）代表性传承人，第七届全国青联委员，第四批北京市名老中医。

葛氏捏筋拍打疗法是以手指捏揉和用拍子拍打身体特定部位的经脉筋腱，以行气活血、调理脏腑，来达到强筋健骨、调和气血、防病治病的目的，是由我国古代“导引按跷”之术和武术家的“点穴法”相结合与演进的一种独特疗法。此疗法发端于清末，理论源自我国传统医学的经筋学说，治疗技术则滥觞于我国古代的“导引按跷”之术。葛氏家族原籍山东蓬莱，创始人葛献宝在山东悬壶济世，始创该疗法，至第三代葛长海，总结形成一套完整的理论和手法技术，后调入北京工作，北京市海淀区则成为葛氏捏筋拍打疗法的主要传承地区。

葛凤麟自幼随父学习家传捏筋拍打正骨疗法，是葛氏捏筋拍打疗法的第四代传人。葛凤麟在服兵役期间即用所学家传捏筋拍打正骨疗法给士兵治疗疾病，复员后到铁路总医院工作。1978年协助父亲把捏筋拍打正骨疗法进行研究和整理，出版了《捏筋拍打正骨学》。20世纪80年代，他与安徽医科大学合作，通过科学实验手段证明中医手法按摩可以改善颈椎病、椎间盘突出症病人的症状，使症状消失，从而达到治疗目的。1988年出版了《中医正骨手法》；同年，他结合《医宗金鉴》和“少林拳术精义”独创少林气功健身拍，并获得国家专利。1995年把中医按摩科和中医骨科整合为中医骨伤科。2010年发表《捏筋拍打疗法治疗颈性眩晕》及《葛氏正骨七大原则》。2012年出版《中国葛氏捏筋拍打疗法》。

葛凤麟非常重视传承工作，突破了家族传承界限，广为收徒授业，现徒弟上千人，遍及全国多个省份。同时，他多次赴海外讲学，使其学子遍及海内外。葛凤麟多次举办骨科培训学习班，为全国各地和东南亚地区培养了大批中医骨伤科进修医生，并成立全国铁路系统骨伤科疾病康复中心。他先后引进3名中医骨伤专业高学历人才，2名研究生现已独立工作。

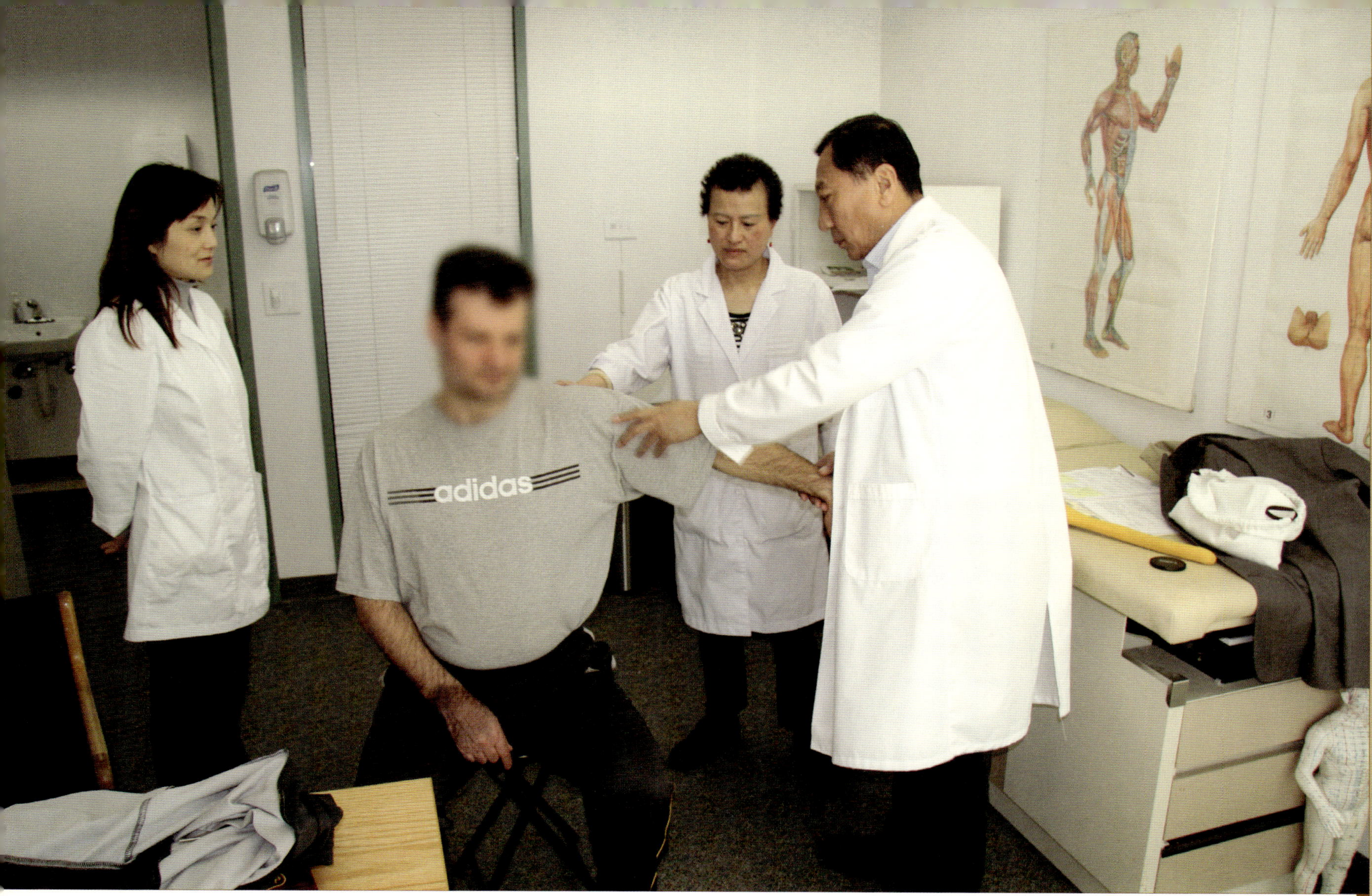

△2013年，葛凤麟受邀为美国国际医科大学讲授葛氏捏筋拍打疗法

▽葛凤麟在治疗中进行葛氏捏筋拍打疗法技艺传承

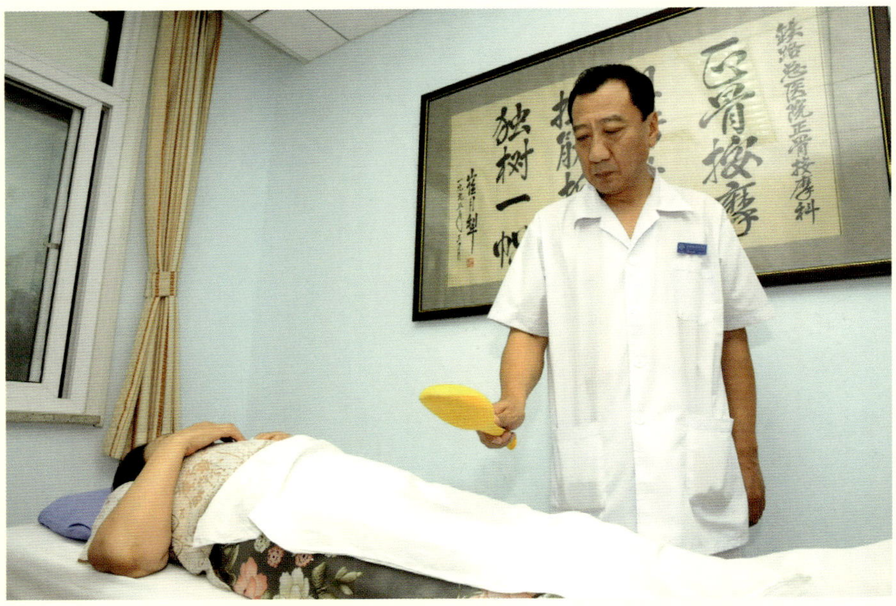

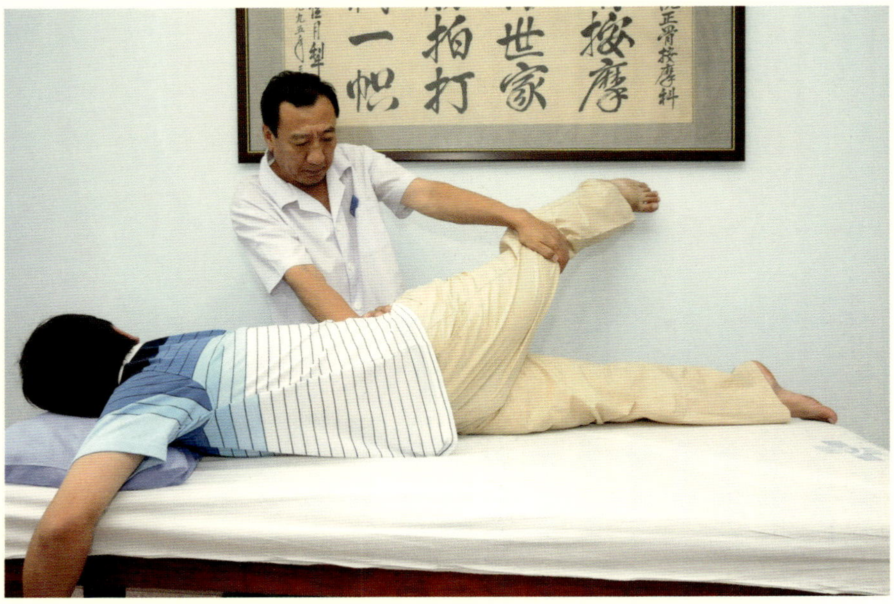

◁ 1/2

葛凤麟以葛氏捏筋拍打疗法为患者治疗

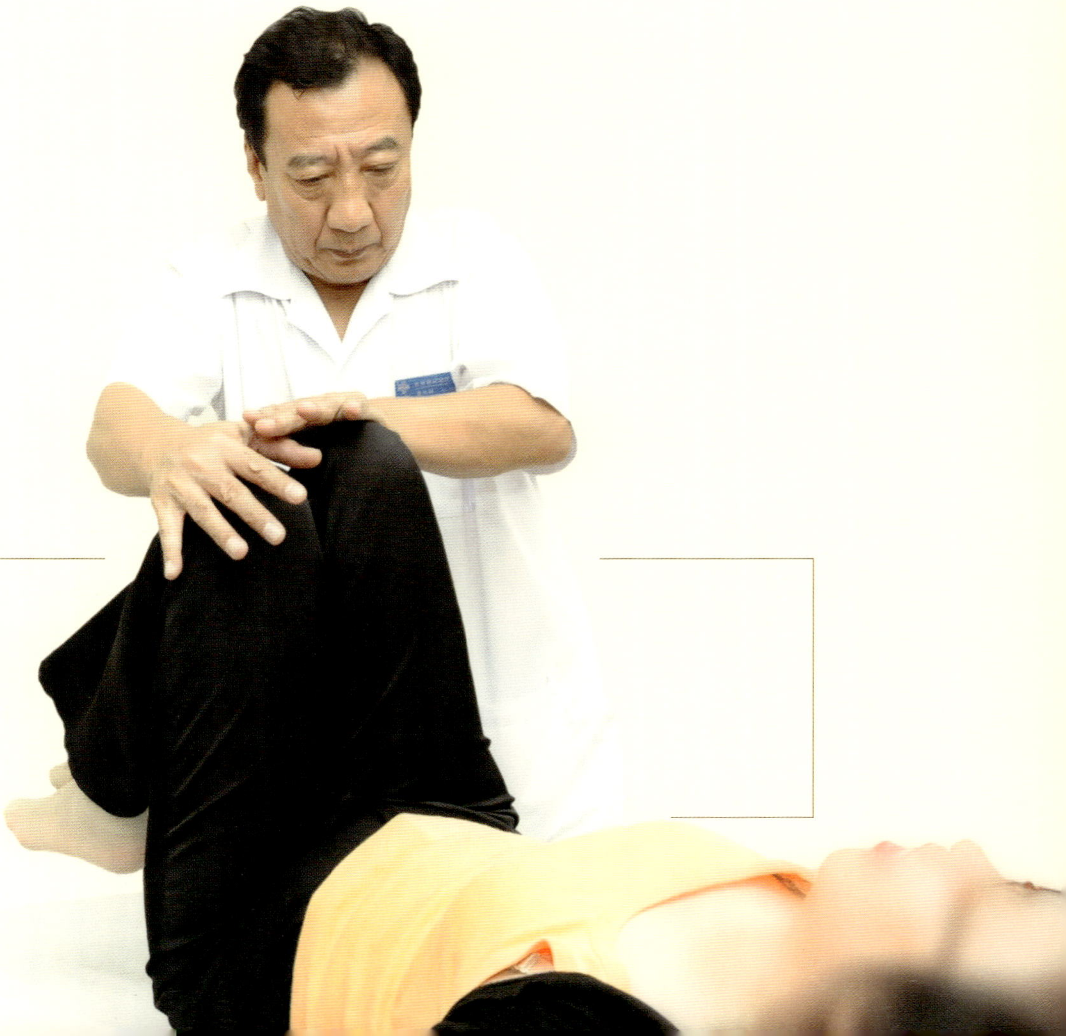

▷

葛凤麟以葛氏捏筋拍打疗法为患者治疗

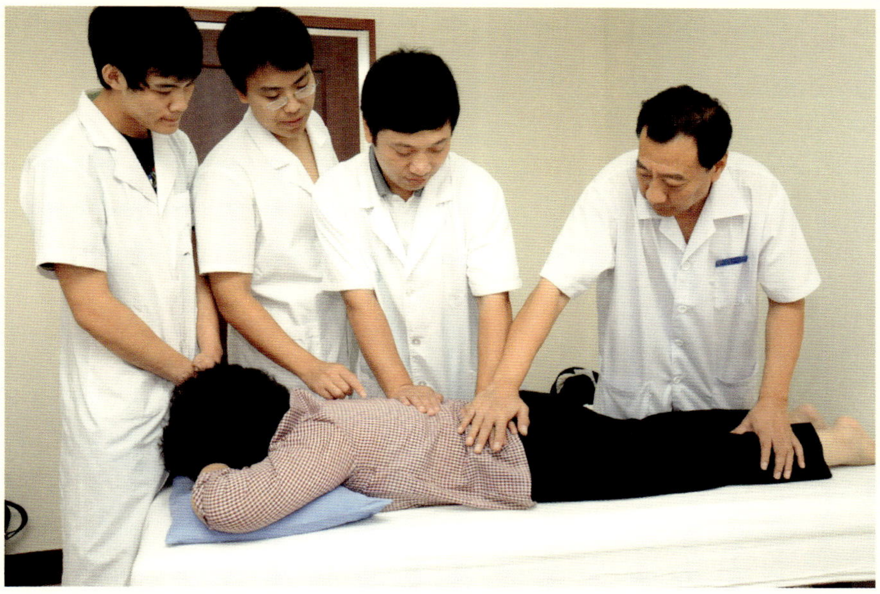

△ 1/2/3

1 葛凤麟指导徒弟看影像资料

2 葛凤麟向徒弟传授葛氏捏筋拍打疗法

3 葛凤麟向徒弟传授葛氏捏筋拍打疗法所使用的拍子制法

谢华

Xie Hua

枫溪手拉朱泥壶制作技艺代表性传承人

汉族，广东省潮州市人，1965年出生。第三批广东省级非物质文化遗产项目枫溪手拉朱泥壶制作技艺代表性传承人，中国工艺美术大师，广东省工艺美术研究所研究员，韩山师范学院客座教授。

手拉朱泥壶是广东枫溪的传统工艺，已有300多年历史。所用当地陶土氧化铁含量高，泥质细腻，制成的陶制品色泽红润，光鉴照人。手拉朱泥壶以辘轳为工具进行制作，以圆形器为基本造型，在此基础上千变万化；所制之壶壁薄、体小。枫溪手拉朱泥壶泡茶易起香而不失原味。传统枫溪手拉朱泥壶制作技艺“只传内、不传外”，在一定程度上制约了行业发展。

谢华出身枫溪手拉朱泥壶制作世家。17岁开始学习手拉朱泥壶制作技艺，1986年在广东陶瓷学校系统接受理论学习，研究明、清、民国时期的壶艺制作技艺。其后求教各地制壶名师，并创立谢华壶艺工作室，从事手拉朱泥壶的制作。在传统手拉朱泥壶制作技艺基础上，谢华首先使用“石中取泥”工艺，并提出“石中取泥”制作工艺流程和技术规范，使手拉朱泥壶在保鲜、透气等实用性上得到提升。谢华制作的枫溪手拉朱泥壶，拙朴亦见灵巧，精致不乏厚重。所制作品多次获奖，并被中国工艺美术馆、国家博物馆、钓鱼台国宾馆等机构收藏。代表性作品有《弓门提梁壶》《太极百岁壶》《腾飞提梁壶》《藏魂壶》《贵妃壶》《钟情亚运》《正德壶》等。

2000年以来，谢华收徒弟60多人，传承手拉朱泥壶制作技艺。为促进行业发展，他还免费提供场地和原料，开设培训班，面向社会传授手拉朱泥壶制作技艺，为手拉朱泥壶行业培育出众多杰出人才。他所传授的徒弟和学员中，有1人获得高级工艺美术师资格，8人获得中级工艺美术师资格，并在2014年广东手拉朱泥壶技艺大赛中获得一等奖和三等奖。

△谢华指导学员进行枫溪手拉朱泥壶制作（柯敏 摄）

▽枫溪手拉朱泥壶《仁寿壶》（谢华创作，柯敏 摄）

△ 1 | 2 | 3 / 4 | 5

谢华进行枫溪手拉朱泥壶制作：

1 和泥

2 拉坯

3 修坯

4 安壶嘴

5 安壶把

▷ 1/2

1 枫溪手拉朱泥壶《太极百岁壶》（谢华创作，柯敏 摄）

2 枫溪手拉朱泥壶《玉春壶》（谢华创作，柯敏 摄）

霍俊萍

Huo Junping

五音戏代表性传承人

汉族，山东省淄博市人，1947年出生。第二批国家级非物质文化遗产项目五音戏代表性传承人，第九届、第十届全国人大代表，享受国务院政府特殊津贴专家。

五音戏又名五人戏，是在民间秧歌、花鼓及肘鼓子调的基础上发展而成的。它起源于山东历城、章丘一带，主要流行于山东济南、淄博及周边地区。五音戏表演时一般是先吐字，后行腔，曲调口语化，腔调旋律变化较多。其演唱用本嗓，女腔尾音旋律延长，后尾用假嗓翻高，称为“云遮月”，极富抒情性。最初，五音戏的表演以二小（小旦、小生）戏、三小（小旦、小生、小丑）戏为主，无文场伴奏，内容多反映民间生活，后经发展增添了文场伴奏，剧目也更为丰富。由于表现的多是当地农村妇女的形象和生活状态，故生活气息强烈，地方特色浓郁，方言淳朴自然，常用民间谚语和形象比喻，言简意赅，深得一方百姓喜爱。

霍俊萍13岁考入五音剧团，14岁被鲜樱桃、筱樱桃收为徒弟。她继承了鲜樱桃唱中有说、说中带唱，演唱低回、委婉，具有深沉含蓄的演唱风格，又吸收借鉴了越剧、评剧和山东民间小调的唱腔元素。从艺50余年来，霍俊萍深入体验生活，从生活中提炼艺术，注重角色的性格刻画，从唱腔到表演形成自己独特的艺术风格。她主演的《窦女》《半把剪刀》都得到了观众的好评。霍俊萍获得了第五届、第十九届中国戏剧“梅花奖”，她排演的五音戏曾获中宣部全国“五个一精品工程”奖、文化部“文华新剧目”奖等多个奖项。

2008年以来，霍俊萍收徒10余名，有的获山东省地方戏曲比赛一等奖、中国国际小戏艺术节金奖。2010年创办了淄博师专附小“五音戏娃娃剧社”，收8岁至11岁学徒40名，并将该校和周村区旱码头剧社设为“霍俊萍传承基地”。

△霍俊萍与弟子们一起演唱禅茶曲

▽2003年，霍俊萍主演五音戏《观灯》

△2007年，霍俊萍在五音戏《半把剪刀》中扮演陈金娥

▽霍俊萍向弟子传授五音戏

△ 1|2

1 霍俊萍在传承基地向小弟子传授五音戏

2 霍俊萍在传承基地向弟子传授五音戏

▽2003年，霍俊萍与弟子同台演出五音戏《王小赶脚》

魏立中

Wei Lizhong

木版水印技艺代表性传承人

汉族，浙江省杭州市人，1968年出生。第四批浙江省级非物质文化遗产项目木版水印技艺代表性传承人。

木版水印技艺集绘画、雕刻和印刷为一体，以木材为版，使用水溶性颜料，根据水墨渗透原理显示笔触墨韵的传统印刷工艺。明末胡正言创办“十竹斋”，采用饾版、拱花等套色叠印技术，极大地推进了传统木版套色水印技术。杭州现代的木版套色水印是在继承我国传统技术的基础上发展而成的，制作工艺独特，需根据原作进行分版，再将不同版次的图形描摹在燕皮纸上，将纸反贴于木版表面，由刻版工依照文字或图像雕刻成左右反转的凸形图版。印刷时，将纸张覆于表面刷墨的印版上，用干净的刷子均匀施压，使墨色印在纸上，经过不同图版的多次套印，完成一幅木版水印作品。

魏立中出生于浙江省嵊州市的一个绘画世家，1990年进入浙江美术学院（现中国美术学院）学习版画，并正式拜木版水印名家陈品超、张耕源为师，从取料、分版、选题开始，学习了木版水印技艺；后又学习上色、上墨、水印及装帧等技艺，系统地掌握了传统的木版水印技艺。2012年，魏立中创立的杭州十竹斋艺术馆参加“中国非物质文化遗产生产性保护成果大展”，木版水印的《西湖十景》《雷峰塔藏经卷》等作品受到人们的欢迎。

魏立中传承木版水印技艺20余年，带徒多人。他还在中国美术学院版画系设立“魏氏木版水印奖学金”，鼓励年轻人学习木版水印技艺。同时，他还让外国留学生来木版水印工坊学习，向海外传播该技艺。

△木版水印《富春山居图》（魏立中 制作）

▽魏立中的徒弟在进行木版水印技艺操作

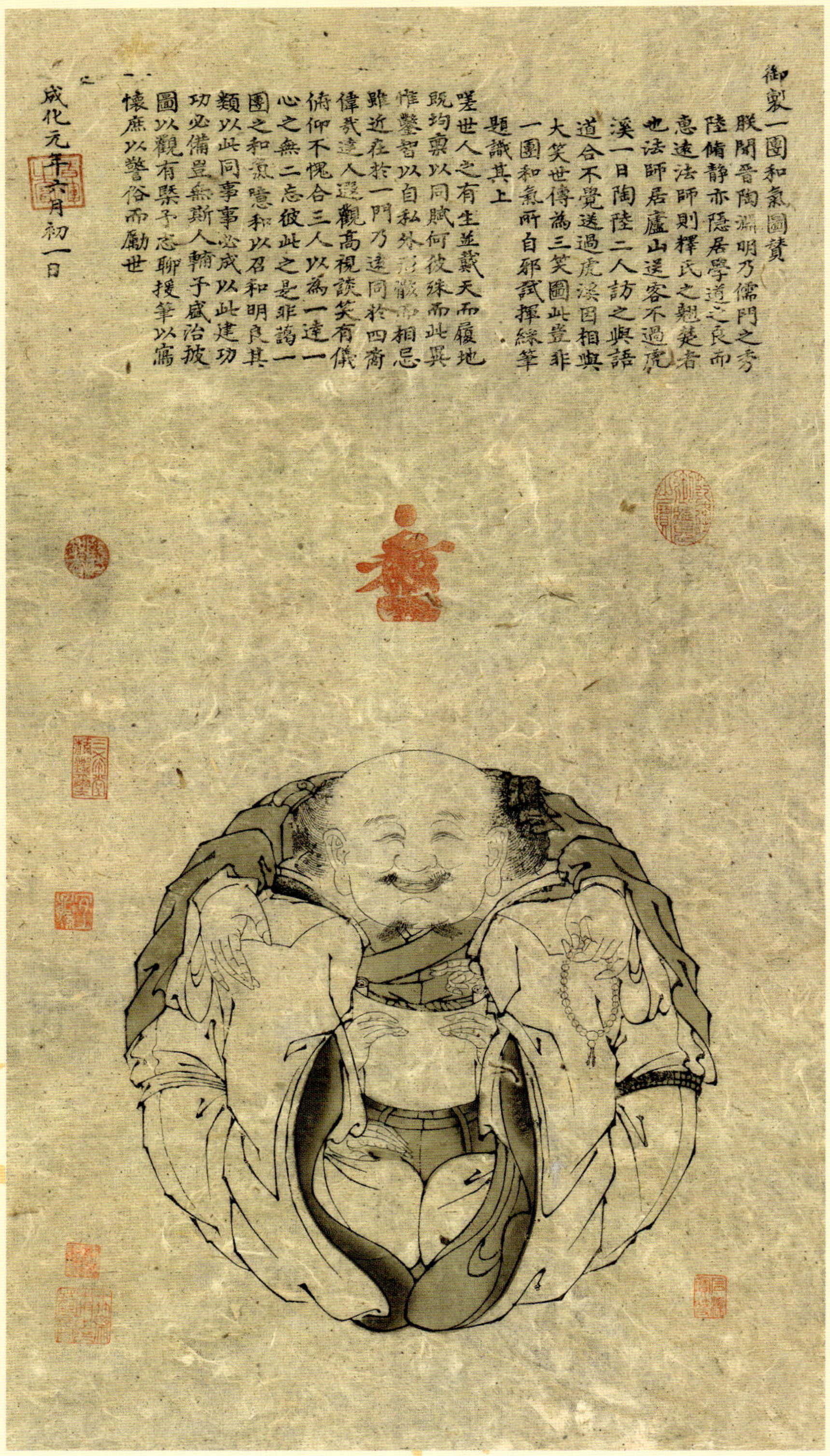

木版水印《一团和气图》（魏立中 制作）

△ 1/2

1 魏立中指导参观者体验木版水印技艺

2 魏立中指导参观者体验木版水印技艺

魏国秋

Wei Guoqiu

风筝制作技艺（天津风筝魏制作技艺）代表性传承人

汉族，天津市人，1961年出生。第四批国家级非物质文化遗产项目风筝制作技艺（天津风筝魏制作技艺）代表性传承人，中国艺术研究院民间艺术创作研究员。

我国风筝制作技艺历史悠久，主要产于北京、天津、江苏南通和山东潍坊等地。天津风筝魏制作技艺于清光绪十八年（1892）由魏元泰始创。魏元泰将木工的打眼扣榫、锡焊工的铜箍连接和天津民间绘画技法移植到风筝制作上，制作成可拆展、可折叠的软翅风筝，形成造型多变、彩绘逼真、飞行平稳、特技精湛和便于携带的艺术风格，被称为“风筝魏”。天津风筝魏制作技艺有创意、设计、选料、扎架、彩绘、糊面、试飞和总装八大工艺流程。在骨架扎制方面，采取打眼扣榫的方法，不用一针一线；彩绘着色则采用“退晕法”。全部工艺均为手工制作，能够拆展、折叠，便于珍藏、邮寄、运输，并有变形、鸣响等特技。

魏国秋生于“风筝魏”世家，6岁起随祖父魏慎行（“风筝魏”第二代传人）、父亲魏永昌（“风筝魏”第三代传人）学习天津风筝魏制作技艺。在继承传统技艺的基础上，魏国秋不断完善制作技艺，形成了独特的艺术风格。他把传统的硬翅平面风筝创作成3D立体风筝；把风筝制成成语故事，使其走进大学的校园，进一步弘扬中国传统文化。他还出访多个国家，举办展览、演示和讲座活动，把天津风筝魏制作技艺传播到海内外。魏国秋制作的风筝骨架精细，造型精美，放飞稳定。大的作品栩栩如生，小的作品精巧别致，并获中国工艺美术“百花奖”。

魏国秋招收徒弟3人，并把天津风筝魏制作技艺传给第五代传人魏博文。他在北京大学、北京外语学院、南开大学、天津大学等多所高校开展风筝技艺及其相关知识的传习教学活动，普及天津风筝魏制作技艺，培养传承人。他创办工作室、开办学习班，培养学生，进行风筝加工技艺的保护、传习工作。

△▽ 魏国秋向徒弟传授天津风筝魏制作技艺

◁ 风筝制作技艺（天津风筝魏制作技艺）《全眼蝴蝶风筝》（魏国秋 创作）

1 | 3 | 5
2 | 4 | 6

魏国秋进行天津风筝魏制作：
1 烤
2 扎
3 绘
4 糊
5 完成
6 放

后　记

“中华非物质文化遗产传承人薪传奖”（以下简称“薪传奖”）自2012年创立以来，引起了社会各界的热烈反响，对提升传承人的社会影响力发挥了重要作用。以此为基础，中国艺术研究院·中国非物质文化遗产保护中心继续与中国泛海控股集团有限公司合作，组织实施第三届“薪传奖”的评选工作。第三届“薪传奖”继续秉持公平、公正、严格、规范的评选原则，面向我国内地和港、澳、台地区，由各省（自治区、直辖市）非物质文化遗产保护中心推荐、专家提名和传承人自荐等方式产生候选人，最后经专家严格评审，评选出60名在非物质文化遗产传承方面贡献突出的传承人，获得此届“薪传奖”。

2014年6月6日，第三届“薪传奖”颁奖仪式在中国艺术研究院隆重举行。中国艺术研究院院长、中国非物质文化遗产保护中心主任王文章，文化部非物质文化遗产司司长马文辉，副司长马盛德、王福州，中国泛海控股集团有限公司董事、副总裁徐建兵，华晨宝马汽车有限公司高级副总裁雷小阳，中国艺术研究院党委书记、副院长、中国工艺美术馆馆长高显莉，副院长吕品田、牛根富、贾磊磊、刘宏昌，院长助理李树峰，中国非物质文化遗产保护中心常务副主任罗微，我国非物质文化遗产保护方面的有关专家，各省（自治区、直辖市）文化厅（局）及新疆生产建设兵团文化广播电视局的代表，有关媒体代表与获奖者代表共150余人出席了颁奖仪式。颁奖仪式由牛根富副院长主持。

王文章院长在颁奖仪式上致辞指出，保护好、利用好非物质文化遗产，对于凝聚和延续民族精神，培育和弘扬社会主义核心价值观，实现中华民族的伟大复兴，具有不可估量的重大作用。传承是非物质文化遗产保护工作的灵魂，尊重传承人，调动和发挥传承人的积极性，是做好保护工作的基础和关键。徐建兵副总裁代表中国泛海控股集团有限公司发言。他表示，支持中国文化的大发展是义不容辞的责任，理应为中华非物质文化遗产的传承和保护尽力。北京师范大学萧放教授代表专家对获奖者表示祝贺。国家级非物质文化遗产项目花茶制作技艺（张一元茉莉花茶制作技艺）代表性传承人王秀兰代表“薪传奖”获奖者发表获奖感言。

为记录这一盛举，中国艺术研究院·中国非物质文化遗产保护中心组织编撰了《第三届中华非物质文化遗产传承人薪传奖》画册。画册所用图片，除标明者外，均由获奖者提供或拍摄。画册的编撰出版，得到了文化部、文化部非物质文化遗产司、各省（自治区、直辖市）文化厅（局）非物质文化遗产处及保护中心、文化艺术出版社，以及各位获奖者的高度重视和大力支持。

在本画册出版之际，谨向所有给予支持和帮助的单位和个人表示衷心感谢！

中国艺术研究院·中国非物质文化遗产保护中心

2014年10月

编委会名单